Vorläufiger Rechtsschutz
im Kommunalverfassungsstreit

Europäische Hochschulschriften
Publications Universitaires Européennes
European University Studies

Reihe II
Rechtswissenschaft

Série II Series II
Droit
Law

Bd./Vol. 3066

PETER LANG
Frankfurt am Main · Berlin · Bern · Bruxelles · New York · Oxford · Wien

Ming-hsin Lin

Vorläufiger Rechtsschutz im Kommunalverfassungsstreit

PETER LANG
Europäischer Verlag der Wissenschaften

Die Deutsche Bibliothek - CIP-Einheitsaufnahme

Lin, Ming-hsin:

Vorläufiger Rechtsschutz im Kommunalverfassungsstreit / Ming-hsin Lin. - Frankfurt am Main ; Berlin ; Bern ; Bruxelles ; New York ; Oxford ; Wien : Lang, 2001
(Europäische Hochschulschriften : Reihe 2, Rechtswissenschaft ; Bd. 3066)
Zugl.: München, Univ., Diss., 2000
ISBN 3-631-37456-9

D 19
ISSN 0531-7312
ISBN 3-631-37456-9

Vorwort

Die vorliegende Arbeit wurde im Sommersemester 2000 an der Juristischen Fakultät der Ludwig-Maximilians-Universität München als Dissertation eingereicht. Für die Veröffentlichung konnten Literatur und Rechtsprechung bis Ende August 2000 berücksichtigt werden.

Im Zusammenhang mit der Anfertigung dieser Arbeit möchte ich mich zuallererst bei meinem verehrten Lehrer, Herrn Prof. Dr. Heinrich Scholler, bedanken: Ohne seine ständigen Anregungen und seine große Hilfsbereitschaft hätte meine Promotion nicht erfolgreich stattfinden können. Aber auch Herrn Prof. Dr. Rupert Scholz gilt mein Dank. Nur aufgrund seiner zügigen Erstellung des Zweitgutachtens konnte das Promotionsverfahren noch im Sommer dieses Jahres abgeschlossen werden.

Auch meinen Eltern verdanke ich viel. Ohne ihre langjährige Geduld und nicht zuletzt ihre finanzielle Unterstützung wäre dieses Buch nie geschrieben worden.

Mein Dank richtet sich schließlich aber auch an alle Freunde und Bekannte, die mir während meines Aufenthalts in Deutschland und während der schwierigen Zeit der Promotion geholfen haben. Namentlich erwähnt seien hier nur Herr Hannes Berger, Herr Yung-chih Chen, Herr Dr. Manfred Heinrich, Herr Wen-chi Kao, Herr Wladislaus Rzepka und Herr Dr. Philipp C. Stiel.

München, den 28. 9. 2000 Ming-hsin Lin

Inhaltsverzeichnis

Abkürzungsverzeichnis

A.; Aufl.	Auflage
a. A.	anderer Ansicht
aaO.	am angegebenen Ort
Abs.	Absatz
Abschn.	Abschnitt
a. E.	am Ende
allg.	allgemein
Anh.	Anhang
AöR	Archiv des öffentlichen Rechts (Zeitschrift)
arg.	argumentum
Art.	Artikel
AS	Amtliche Sammlung von Entscheidungen der Oberverwaltungsgerichte Rheinland-Pfalz und Saarland
Bay.	Bayern, bayerisch
BayVBl.	Bayerische Verwaltungsblätter (Zeitschrift)
BayVGHE	Sammlung von Entscheidungen des Bayerischen Verwaltungsgerichtshofes mit Entscheidungen des Bayerischen Verfassungsgerichtshofes und des Bayerischen Dienstgerichtshofes für Richter
Bbg.	Brandenburg; brandenburgisch
Bd.	Band
Berl.	Berlin; Berliner
Beschl.	Beschluß
BGBl.	Bundesgesetzblatt (Teil I/II)
BK	DOLZER, Rudolf (Gesamthrsg.): Bonner Kommentar zum Grundgesetz (s. Literaturverzeichnis)

Brem.	Bremen, bremisch
BT-Drs.	Drucksachen des Deutschen Bundestages (Wahlperiode/Nummer)
Buchholz	BUCHHOLZ, Karl (Begründer): Sammel- und Nachschlagewerk der Rechtsprechung des Bundesverwaltungsgerichts, Loseblatt, 1957 ff.
BVerfG	Bundesverfassungsgericht
BVerfGE	Entscheidungen des Bundesverfassungsgerichts
BVerfGG	Gesetz über das Bundesverfassungsgericht
BVerwG	Bundesverwaltungsgericht
BVerwGE	Entscheidungen des Bundesverwaltungsgerichts
BW	Baden-Württemberg
ders.	derselbe
dies.	dieselbe(n)
Diss.	Dissertation
DÖV	Die Öffentliche Verwaltung (Zeitschrift)
DVBl.	Deutsches Verwaltungsblatt (Zeitschrift)
Einf.	Einführung
Einl.	Einleitung
ESVGH	Entscheidungssammlung des Hessischen Verwaltungsgerichtshofes und des Verwaltungsgerichtshofes Baden-Württemberg mit Entscheidungen der Staatsgerichtshöfe beider Länder
ebd.	ebenda
Entw.	Entwurf
EuGH	Gerichtshof der Europäischen Gemeinschaften
f.; ff.	und folgende
FG	Festgabe
Fn.	Fußnote
FS	Festschrift
gem.	gemäß

GewArch.	Gewerbearchiv (Zeitschrift)
GG	Grundgesetz für die Bundesrepublik
GO	Gemeindeordnung
Grundz.	Grundzüge
GS	Gedächtnisschrift
GVBl.	Gesetz- und Verordnungsblatt
Hamb.	Hamburg; hamburgisch
Hess.	Hessen; hessisch
HGB	Handelsgesetzbuch
Hrsg.; hrsg.	Herausgeber; herausgegeben
h. M.	herrschende Meinung
HKWP	PÜTTNER, Günter (Hrsg.): Handbuch der kommunalen Wissenschaft und Praxis, 6 Bde., 2. Aufl. 1981 ff.
Halbs.	Halbsatz
HSGZ	Hessische Städte- und Gemeindezeitung (Zeitschrift)
HStR	ISENSEE, Josef/KIRCHHOF, Paul (Hrsg.): Handbuch des Staatsrechts der Bundesrepublik Deutschland, 8 Bde., 1987 ff.
InfAuslR	Informationsbrief Ausländerrecht (Zeitschrift)
JA	Juristische Arbeitsblätter (Zeitschrift)
Jura	Juristische Ausbildung (Zeitschrift)
JuS	Juristische Schulung (Zeitschrift)
JZ	Juristenzeitung (Zeitschrift)
KommR	Kommunalrecht
krit.	kritisch
KVS	Kommunalverfassungsstreit
LKV	Landes- und Kommunalverwaltung (Zeitschrift)
Lit.	Literatur
LS	Leitsatz
m. w. Nachw.	mit weiteren Nachweisen

MV	Mecklenburg-Vorpommern
MRVO 165	Verordnung Nr. 165 der Militärregierung über die Verwaltungsgerichtsbarkeit in der britischen Zone vom 15. 9. 1948 (Verordnungsblatt für die britische Zone S. 263), aufgehoben durch § 195 Abs. 2 Nr. 2 VwGO
Nds.	Niedersachsen, niedersächsisch
NdsVBl.	Niedersächsische Verwaltungsblätter (Zeitschrift)
n. F.	neue Folge
NJW	Neue Juristische Wochenschrift (Zeitschrift)
Nr.	Nummer
NVwZ	Neue Zeitschrift für Verwaltungsrecht (Zeitschrift)
NVwZ-RR	NVwZ-Rechtsprechungs-Report Verwaltungsrecht (Zeitschrift)
NW	Nordrhein-Westfalen
NWVBl.	Nordrhein-Westfälische Verwaltungsblätter (Zeitschrift)
OVG	Oberverwaltungsgericht
OVGE	Entscheidungen der Oberverwaltungsgerichte für das Land Nordrhein-Westfalen in Münster sowie für die Länder Niedersachsen und Schleswig-Holstein in Lüneburg
RGZ	Entscheidungen des Reichsgerichts in Zivilsachen
Rn.	Randnummer
RP	Rheinland-Pfalz
Rspr.	Rechtsprechung
Saarl.	Saarland saarländisch
Sächs.	Sächsisch
SächsVBl.	Sächsische Verwaltungsblätter (Zeitschrift)
scil.	scilicet
SH	Schleswig-Holstein
Slg.	Sammlung der Rechtsprechung des Gerichtshofes und des Gerichts erster Instanz der Europäischen Union (Jahr Teil I/II, Seite)

st. Rspr.	ständige Rechtsprechung
StaatsR	Staatsrecht
ThürVBl.	Thüringer Verwaltungsblätter (Zeitschrift)
Urt.	Urteil
VA	Verwaltungsakt
VBlBW	Verwaltungsblätter für Baden-Württemberg (Zeitschrift)
Verf.	Verfassung
Verwaltung	Die Verwaltung (Zeitschrift)
VerwArch.	Verwaltungsarchiv (Zeitschrift)
VG	Verwaltungsgericht
VGG RP	Landesgesetz über die Verwaltungsgerichtsbarkeit in Rheinland-Pfalz vom 14. 4. 1950 (GVBl. S. 103), aufgehoben durch § 190 Abs. 2 Nr. 5 VwGO
VGH	Verwaltungsgerichtshof
Vorb.	Vorbemerkung
VR	Verwaltungsrundschau (Zeitschrift)
VwGO	Verwaltungsgerichtsordnung
VwGOÄndG	Gesetz zur Änderung der Verwaltungsgerichtsordnung
VwPrR	Verwaltungsprozeßrecht
VwVfG	Verwaltungsverfahrensgesetz
WissR	Wissenschaftsrecht, Wissenschaftsverwaltung, Wissenschaftsförderung (Zeitschrift)
ZBR	Zeitschrift für Beamtenrecht (Zeitschrift)
ZPO	Zivilprozeßordnung
Zweitb.	Zweitbearbeitung
ZZP	Zeitschrift für Zivilprozeß (Zeitschrift)

Literaturverzeichnis

AHRENS, Hans-Jürgen: Wettbewerbsverfahrensrecht – Zum vorbeugenden Rechtsschutz durch einstweiligen Rechtsschutz, 1983.

ALBERTS, Hans-W.: Vorläufiger Rechtsschutz im Hochschulverfassungsstreit, WissR 1974, 50.

ARNDT, Hans-Wolfgang: Praktikabilität und Effizienz – Zur Problematik gesetzesvereinfachenden Verwaltungsvollzuges und der „Effektuierung" subjektiver Rechte, 1983.

BAUER, Horst: Gerichtsschutz als Verfassungsgarantie – Zur Auslegung des Art. 19 Abs. 4 GG, 1973.

BAUER, Martin/KRAUSE, Bettina: Innerorganisatorische Streitigkeiten im Verwaltungsprozeß, JuS 1996, 411 und 512.

BAUMBACH, Adolf/LAUTERBACH, Wolfgang/ALBERS, Jan/HARTMANN, Peter: Zivilprozeßordnung mit Gerichtsverfassungsgesetz und anderen Nebengesetzen, Kommentar, 58. Aufl. 2000.

BAUR, Fritz: Studien zum einstweiligen Rechtsschutz, 1967.

BENDER, Bernd: Die einstweilige Anordnung (§ 123 VwGO), in: H.-U. Erichsen/W. Hoppe/A. v. Mutius (Hrsg.), System des verwaltungsgerichtlichen Rechtsschutzes – Festschrift für Christian-Friedrich Menger zum 70. Geburtstag, 1985, S. 657.

BERGER, Christian: Zur Statthaftigkeit der auf Feststellung gerichteten einstweiligen Verfügung, ZZP 110 (1997), 287.

BETHGE, Herbert: Probleme verwaltungsrechtlicher Organstreitigkeiten, Die Verwaltung 1975, 459.

– Der Kommunalverfassungsstreit, in: G. Püttner (Hrsg.), Handbuch der kommunalen Wissenschaft und Praxis, 2. Aufl. 1982, Bd. 2, § 29, S. 176.

BETTERMANN, Karl August: Sofortiger Vollzug und Erfolgsaussichten der Anfechtung, DVBl. 1976, 64.

BINNE, Wolfgang: Die innerkommunale Widerspruchs- und Beanstandungspflicht – Eine Untersuchung der rechtlichen und rechtspolitischen Probleme dieses Rechtsinstituts unter Einbeziehung der hessischen Widerspruchs- und Beanstandungspraxis, 1991.

BLEUTGE, Rolf: Der Kommunalverfassungsstreit, 1970.

BRACHER, Christian-Dietrich: Zum einstweiligen Rechtsschutz im verwaltungsgerichtlichen Organstreit, NWVBl. 1994, 409.

BRÜHL, Raimund: Vorläufiger Rechtsschutz im Verwaltungsstreitverfahren, JuS 1995, 627, 722, 818 und 916.

DOLZER, Rudolf (Gesamthrsg.): Bonner Kommentar zum Grundgesetz, Loseblatt, Stand: Dezember 1999.

DREIER, Horst (Hrsg.): Grundgesetz, Kommentar, Band 1: Artikel 1-19, 1996.

EHLERS, Dirk: der Beklagte im Verwaltungsprozeß, in: H.-U. Erichsen/W. Hoppe/A. v. Mutius (Hrsg.), System des verwaltungsgerichtlichen Rechtsschutzes – Festschrift für Christian-Friedrich Menger zum 70. Geburtstag, 1985, S. 379.

– Die Klagearten und besonderen Sachentscheidungsvoraussetzungen im Kommunalverfassungsstreitverfahren, NVwZ 1990, 105.

ERICHSEN, Hans-Uwe: Die einstweilige Anordnung nach § 123 VwGO, Jura 1984, 644.

– Der Innenrechtsstreit, in: H.-U. Erichsen/W. Hoppe/A. v. Mutius (Hrsg.), System des verwaltungsgerichtlichen Rechtsschutzes – Festschrift für Christian-Friedrich Menger zum 70. Geburtstag, 1985, S. 211.

ERICHSEN, Hans-Uwe/BIERMANN, Christian: Der Kommunalverfassungsstreit, Jura 1997, 157.

EYERMANN, Erich u. a.: Verwaltungsgerichtsordnung, Kommentar, 10. Aufl. 1998.

FEHRMANN, Wilderich: Kommunalverwaltung und Verwaltungsgerichtsbarkeit – Entwicklungstendenzen in der neueren Rechtsprechung, DÖV 1983, 311.

– Rechtsfragen des Organstreits – Entwicklungstendenzen in der neueren Rechtsprechung, NWVBl. 1989, 303.

FELIX, Dagmar: Das Remonstrationsrecht und seine Bedeutung für den Rechtsschutz des Beamten, 1993.

FELIX, Dagmar/SCHWARPLYS, Judith: Die Notwendigkeit der allgemeinen Gestaltungsklage am Beispiel der dienstlichen Weisung im Beamtenrecht, ZBR 1996, 33.

FINKELNBURG, Klaus: Das Gebot der Effektivität des Rechtsschutzes in der Rechtsprechung des Bundesverwaltungsgerichts, in: O. Bachof/L. Heigl/K. Redeker (Hrsg.), Verwaltungsrecht zwischen Freiheit, Teilhabe und Bindung – Festgabe aus Anlaß des 25jährigen Bestehens des Bundesverwaltungsgerichts, 1978, S. 169.

– Vorläufiger Rechtsschutz im Verwaltungsstreitverfahren, 2. Aufl. 1979.

– Einstweiliger Rechtsschutz nach dem Entwurf einer Verwaltungsprozeßordnung, NVwZ 1982, 414

FINKELNBURG, Klaus/JANK, Klaus Peter: Vorläufiger Rechtsschutz im Verwaltungsstreitverfahren, 4. Aufl. 1998.

FRANZKE, Hans-Georg: Grundstrukturen des Anordnungsverfahrens, NWVBl. 1993, 321.

GERN, Alfons: Deutsches Kommunalrecht, 2. Aufl. 1997.

GÖNNENWEIN Otto: Gemeinderecht, 1963.

GRAF Wolfgang: Verwaltungsgerichtliche Kassation kommunal-verfassungsrechtlicher Akte, BayVBl. 1982, 332.

GRESSMANN, Michael: Die einstweilige Anordnung im bayerischen Verfassungsprozeßrecht, 1990.

GRUNSKY, Wolfgang: Grundlagen des einstweiligen Rechtsschutzes, JuS 1976, 277.

– Der einstweilige Rechtsschutz im öffentlichen Recht, JuS 1977, 217.

GRUPP, Klaus: Zur allgemeinen Gestaltungsklage im Verwaltungsprozeßrecht, in: H. Prütting/H. Rüßmann (Hrsg.), Verfahrensrecht am Ausgang des 20. Jahrhunderts – Festschrift für Gerhard Lüke zum 70. Geburtstag, 1997, S. 207.

HAAG, Theodor August: „Effektiver Rechtsschutz" – grundrechtlicher Anspruch oder Leerformel?, Diss. Konstanz 1986.

HAIBACH, Georg: Vorläufiger Rechtsschutz im Spannungsfeld von Gemeinschaftsrecht und Grundgesetz, DÖV 1996, 60.

HAURAND, Günter/VAHLE, Jürgen: Das Eilverfahren in der VwGO, VR 1992, 117.

HEERMANN, Werner: Der Gemeinderatsbeschluß – Rechtsnatur und Verfahren, 1975.

HENRICHS, Wilhelm: Kommunalverfassungsstreitverfahren vor den Verwaltungsgerichten, DVBl. 1959, 548.

HESSE, Konrad: Grundzüge des Verfassungsrechts der Bundesrepublik Deutschland, 20. Aufl. 1995.

HOPPE, Werner: Organstreitigkeiten vor den Verwaltungs- und Sozialgerichten – Zum organisationsrechtlichen subjektiv-öffentlichen Recht innerhalb rechtsfähiger Verwaltungseinheiten, 1970.

HUBA, Hermann: Grundfälle zum vorläufigen Rechtsschutz nach der VwGO, JuS 1990, 382, 805 und 983.

HUFEN, Friedhelm: Verwaltungsprozeßrecht, 3. Aufl. 1998.

JAKOBS, Otto-Wilhelm: Der vorläufige Rechtsschutz im Prüfungsrecht, VBlBW 1984, 129.

– Eine Magna Jurisprudentia des vorläufigen Rechtsschutzes – Gedanken zu Friedrich Schoch: Vorläufiger Rechtsschutz und Risikoverteilung im Verwaltungsrecht, VBlBW 1990, 446.

JARASS, Hans D./PIEROTH, Bodo: Grundgesetz für die Bundesrepublik Deutschland, Kommentar, 5. Aufl. 2000.

JAUERNIG, Othmar: Der zulässige Inhalt einstweiliger Verfügungen, ZZP 79 (1966), 321.

JESTAEDT, Matthias: Der „richtige" Beklagte? – Ein Beitrag zum juristischen Zweck und zur dogmatischen Einordnung des § 78 VwGO, NWVBl. 1989, 45.

KARPEN, Ulrich: Der einstweilige Rechtsschutz im Verfassungsprozeß, JuS 1984, 455.

KARST, Michael: Der rechtswidrige Gemeinderatsbeschluß – Bindungswirkung und gerichtliche Überprüfung, 1994.

KIOCK, Wolfgang: Die Kommunalverfassungsstreitigkeiten und ihre Eingliederung in die Verwaltungsgerichtsordnung, Diss. Köln, 1972.

KISKER, Gunter: Insichprozeß und Einheit der Verwaltung – Zur Frage der Zulässigkeit von Insichprozessen vor den Verwaltungsgerichten, 1968.

KNEMEYER, Franz-Ludwig: Bayerisches Kommunalrecht, 10. Aufl. 2000.

KOCH, Hans-Joachim/RÜSSMANN, Helmut: Juristische Begründungslehre – Eine Einführung in Grundprobleme der Rechtswissenschaft, 1982.

KOHLER, Jürgen: Feststellende einstweilige Verfügungen?, ZZP 103 (1990), 184.

KOPP, Ferdinand O.: Verwaltungsgerichtsordnung, Kommentar, 10. Aufl. 1994.

KOPP, Ferdinand O./SCHENKE, Wolf-Rüdiger: Verwaltungsgerichtsordnung, Kommentar, 11. Aufl. 1998.

KREBS, Walter: Rechtsprobleme des Kommunalverfassungsstreits, VerwArch. 68 (1977), 189.

LANGE, Arnold: Anmerkung zum Urteil des BayVGH vom 31. 7. 1974 – Nr. 2 IV 72 (Fundstelle: BayVBl. 1976, 753), BayVBl. 1976, 755.

LANGE, Klaus: Fraktionsausschluß kommunaler Mandatsträger und vorläufiger Rechtsschutz – VGH Kassel NVwZ 1992, 506, und OVG Münster, NVwZ 1993, 399, JuS 1994, 296.

LECHNER, Hans/ZUCK, Rüdiger: Bundesverfassungsgerichtsgesetz, Kommentar, 4. Aufl. 1996.

LEIPOLD, Dieter: Grundlagen des einstweiligen Rechtsschutzes im zivil-, verfassungs- und verwaltungsgerichtlichen Verfahren, 1971.
– Strukturfragen des einstweiligen Rechtsschutzes, ZZP 90 (1977), 258.

LERCHE, Peter: Strukturfragen des verwaltungsgerichtlichen Organstreits, in: D. Merten/R. Schmidt/R. Stettner (Hrsg.), Der Verwaltungsstaat im Wandel – Festschrift für Franz Knöpfle zum 70. Geburtstag, 1996, S. 171.

LISSACK, Gernot: Bayerisches Kommunalrecht, 1997.

LORENZ, Dieter: Zur Problematik des verwaltungsgerichtlichen Insichprozesses, AöR 93 (1968), 308.

MARTENSEN, Jürgen: Grundfälle zum Kommunalverfassungsstreit, JuS 1995, 989 und 1077.

MAUNZ, Theodor/DÜRIG, Günter u. a.: Grundgesetz, Loseblatt-Kommentar, Stand: Februar 1999.

MAURER, Hartmut: Anmerkung zum Beschluß des BVerfG vom 25. 10. 1988 – 2 BvR 745/88 (Fundstelle: BVerfGE 79, 69), JZ 1989, 294.

MEYER, Gert: Beschlüsse kommunaler Vertretungskörperschaften, 1995.

MEYER, Hans: Kommunalrecht, in: H. Meyer/M. Stolleis (Hrsg.), Staats- und Verwaltungsrecht für Hessen, 3. Aufl. 1994.

VON MANGOLDT Hermann/KLEIN, Friedrich/STARCK, Christian u. a.: Das Bonner Grundgesetz, Kommentar, 4. Aufl., Band 1: Präambel, Art. 1-19, 1999.

VON MÜNCH, Ingo/KUNIG, Philip u. a.: Grundgesetz-Kommentar, Band 1 (Präambel bis Art. 19), 5. Aufl. 2000.

VON MUTIUS, Albert: Kommunalrecht, 1996.

NEUNER, Jörg: Die Rechtsfindung contra legem, 1992.

OBERMAYER, Klaus: Bemerkungen zur einstweiligen Anordnung im Verwaltungsprozeß, in: H. Conrad/H. Jahrreiß/P. Mikat/H. Mosler/H. C. Nipperdey/J. Salzwedel (Hrsg.), Gedächtnisschrift Hans Peters, 1967, S. 875.

PAPIER, Hans-Jürgen: Einstweiliger Rechtsschutz bei öffentlich-rechtlichen Streitigkeiten, JA 1979, 561 und 646.

– Die verwaltungsgerichtliche Organklage – Ein Beitrag zum Arbeitskreis IX des 6. Deutschen Verwaltungsrichtertages –, DÖV 1980, 292.

Rechtsschutzgarantie gegen die öffentliche Gewalt, in: J. Isensee/P. Kirchhof (Hrsg.), Handbuch des Staatsrechts der Bundesrepublik Deutschland, Band VI Freiheitsrechte, 1989, § 154, S. 1233.

PESTALOZZA, Christian: Verfassungsprozeßrecht – Die Verfassungsgerichtsbarkeit des Bundes und der Länder mit einem Anhang zum internationalen Rechtsschutz, 3. Aufl. 1991.

PIEROTH, Bodo/SCHLINK, Bernhard: Grundrechte – Staatsrecht II, 15. Aufl. 1999.

PIETZNER, Rainer/RONELLENFITSCH, Michael: Das Assessorexamen im Öffentlichen Recht, Widerspruchsverfahren und Verwaltungsprozeß, 10. Aufl. 2000.

PREUSCHE, Burkhard: Zu den Klagearten für kommunalverfassungsrechtliche Organstreitigkeiten, NVwZ 1987, 854.

QUARITSCH, Helmut: Die einstweilige Anordnung im Verwaltungsprozeß, VerwArch. 51 (1960), 210 und 342.

RAISCH, Peter: Juristische Methoden – Vom antiken Rom bis zur Gegenwart, 1995.

RAMBECK, Hans: Die einstweilige Anordnung im Verwaltungsprozeß, NJW 1961, 1333.

RAUSCH, Jan-Dirk: Beteiligtenfähigkeit und Passivlegitimation bei der Kommunalverfassungsstreitigkeit, JZ 1994, 696.

REDEKER, Konrad: Die Neugestaltung des vorläufigen Rechtsschutzes in der Verwaltungsgerichtsordnung, NVwZ 1991, 526.

REDEKER, Konrad/VON OERTZEN, Hans-Joachim: Verwaltungsgerichtsordnung, Kommentar, 12. Aufl. 1997.

RENCK, Ludwig: Zum Schadensersatz bei Vollstreckung eines zu Unrecht sofort vollziehbaren Verwaltungsakts, NVwZ 1994, 1177.

RENCK-LAUFKE, Martha: Zur verwaltungsgerichtlichen Überprüfung kommunalverfassungsrechtlicher Akte, BayVBl. 1971, 17.

– Verwaltungsgerichtliche Kassation kommunalverfassungsrechtlicher Akte?, BayVBl. 1982, 75.

ROHMEYER, Hartwig: Geschichte und Rechtsnatur der einstweiligen Anordnung im verwaltungsprozeß und ihre Konsequenzen für die einstweilige Anordnung in Ermessens- und Beurteilungsangelegenheiten, 1967.

ROTTER, Hubertus: Hilfe zum Lebensunterhalt durch einstweilige Anordnung des Verwaltungsgerichts, NVwZ 1983, 727.

RUCKDÄSCHEL, Oskar: Vorbeugender Rechtsschutz im Verwaltungsprozeß, DÖV 1961, 675.

RZEPKA, Walter: Anmerkung zum Beschluß des BVerfG vom 25. 10. 1988 – 2 BvR 745/88 (Fundstelle: BVerfGE 79, 69), BayVBl. 1989, 209.

SACHS, Michael (Hrsg.): Grundgesetz, Kommentar, 2. Aufl.1998.

SCHENKE, Wolf-Rüdiger: Verwaltungsprozeßrecht, 6. Aufl. 1998.

– Der vorläufige Rechtsschutz zwischen Rechtsbewahrung und Flexibilitätsanforderungen, VBlBW 2000, 56.

SCHILKEN, Eberhard: Die Befriedigungsverfügung – Zulässigkeit und Stellung im System des einstweiligen Rechtsschutzes, 1976.

SCHLAICH, Klaus: Das Bundesverfassungsgericht – Stellung, Verfahren, Entscheidung, 4. Aufl. 1997.

SCHLOSSER, Peter: Gestaltungsklagen und Gestaltungsurteile, 1966.

SCHMIDT-ASSMANN, Eberhard: Art. 19 IV GG als Teil des Rechtsstaatsprinzips, NVwZ 1983, 1.

– Funktion der Verwaltungsgerichtsbarkeit, in: H.-U. Erichsen/W. Hoppe/A. v. Mutius (Hrsg.), System des verwaltungsgerichtlichen Rechtsschutzes – Festschrift für Christian-Friedrich Menger zum 70. Geburtstag, 1985, S. 107.

– Kommunalrecht, in: E. Schmidt-Aßmann (Hrsg.), Besonderes Verwaltungsrecht, 11. Aufl. 1999, S. 1.

SCHMIDT-JORTZIG, Edzard: Kommunalrecht, 1982.
– Gemeideverfassungstypen in der Bundesrepublik Deutschland, DÖV 1987, 281.
– Effektiver Rechtsschutz als Kernstück des Rechtsstaatsprinzips nach dem Grundgesetz, NJW 1994, 2569.

SCHMITT GLAESER, Walter/HORN, Hans-Detlef: Verwaltungsprozeßrecht, 15. Aufl. 2000.

SCHNAPP, Friedrich E.: Der Streit um die Sitzungsöffentlichkeit im Kommunalrecht – Zugleich ein Beitrag zum subjektiven öffentlichen Recht im organisatorischen Binnenbereich, VerwArch. 78 (1987), 407.

SCHOCH, Friedrich: Der Kommunalverfassungsstreit im System des verwaltungsgerichtlichen Rechtsschutzes – OVG Koblenz, NVwZ 1985, 283, JuS 1987, 783.
– Vorläufiger Rechtsschutz und Risikoverteilung im Verwaltungsrecht, 1988.
– Grundfragen des verwaltungsgerichtlichen vorläufigen Rechtsschutzes, VerwArch. 82 (1991), 145.
– Europäisierung der Verwaltungsrechtsordnung, VBlBW 1999, 241.

SCHOCH, Friedrich/SCHMIDT-ASSMANN, Eberhard/PIETZNER, Rainer (Hrsg.): Verwaltungsgerichtsordnung, Loseblatt-Kommentar, Stand: März 1999.

SCHOLLER, Heinrich: Grundzüge des Kommunalrechts in der Bundesrepublik Deutschland, 4. Aufl. 1990.

SCHWARPLYS, Judith: Die allgemeine Gestaltungsklage als Rechtsschutzform gegen verwaltungsinterne Regelungen – Am Beispiel der Kommunalverfassungsstreitigkeit in Bayern, 1996.

SENDLER, Horst: Möglichkeiten zur Beschleunigung des verwaltungsgerichtlichen Verfahrens – Zur „hausgemachten" Überlastung der Verwaltungsgerichte –, DVBl. 1982, 923.

SODAN, Helge/ZIEKOW, Jan (Hrsg.): Nomos-Kommentar zur Verwaltungsgerichtsordnung, Loseblatt, Stand: Juli 1998.

STEIN, Friedrich/JONAS, Martin u. a.: Kommentar zur Zivilprozeßordnung, 21. Aufl. 1993 ff.

STEINER, Udo: Kommunalrecht, in: W. Berg/F.-L. Knemeyer/H.-J. Papier/U. Steiner, Staats- und Verwaltungsrecht in Bayern, 6. Aufl.1996, Teil C.

STERN, Klaus: Das Staatsrecht der Bundesrepublik Deutschland, Band III/1: Allgemeine Lehre der Grundrechte, 1988, Band III/2: Allgemeine Lehre der Grundrechte, 1994.

– Verwaltungsprozessuale Probleme in der öffentlich-rechtlichen Arbeit, 7. Aufl. 1995.

STOBER, Rolf: Kommunalrecht in der Bundesrepublik Deutschland, 3. Aufl. 1996.

STRAHL, Gerhard: Die allgemeine Gestaltungsklage als Klageart im Verwaltungsprozeß, Diss. Bonn 1987.

STREINZ, Rudolf: Die Rechtsstellung der Mitglieder kommunaler Ausschüsse in Bayern, BayVBl. 1983, 705 und 744.

STUMPF, Christoph: Die allgemeine Gestaltungsklage im Kommunalverfassungsstreit, BayVBl. 2000, 103.

TSATSOS, Dimitris Th.: Der verwaltungsrechtliche Organstreit – Zur Problematik verwaltungsgerichtlicher Auseinandersetzungen zwischen Organen einer Körperschaft des öffentlichen Rechts, 1969.

ULE, Carl Hermann: Verantwortung der Verwaltungsgerichte für wirtschaftliches Risiko? – Über die Voraussetzungen von Anordnungen nach § 80 Abs. 5 VwGO im Bau- und Immissionschutzrecht, GewArch. 1978, 73.

– Verwaltungsprozeßrecht, 9. Aufl. 1987.

URBAN, Richard: Eingeschränkte Verwerfungskompetenz der Verwaltungsgerichte im Eilverfahren gem. § 123 VwGO, NVwZ 1989, 433.

VOGG, Stefan: Einstweiliger Rechtsschutz und vorläufige Vollstreckbarkeit – Gemeinsamkeiten und Wertungswidersprüche, 1991.

– Einstweilige Feststellungsverfügung?, NJW 1993, 1357.

WALKER, Wolf-Dietrich: Der einstweilige Rechtsschutz im Zivilprozeß und im arbeitsgerichtlichen Verfahren, 1993.

WIECZOREK, Bernhard/SCHÜTZE, Rolf A. (Hrsg.): Zivilprozeßordnung und Nebengesetze, Großkommentar, 3. Aufl., 1994 ff.

WIESELER, Willi: Der vorläufige Rechtsschutz gegen Verwaltungsakte, 1967.

WILFINGER, Peter: Das Gebot effektiven Rechtsschutzes in Grundgesetz und Europäischer Menschenrechtskonvention – Konkretisierungsansätze zur Beschleunigung gerichtlicher Verfahren, 1995.

WÜRTENBERGER, Thomas: Verwaltungsprozeßrecht, 1998.

ZIEKOW, Jan: Der Fraktionsausschluß im Kommunalrecht: Zulässigkeit und vorläufiger Rechtsschutz, NWVBl. 1998, 297.

Einleitung

I. Die Bedeutung wissenschaftlicher Untersuchungen zum Kommunalverfassungsstreit

Der Terminus „Kommunalverfassungsstreit“ (KVS)[1] wird bekanntlich als Sammelbezeichnung für all diejenigen Rechtsstreitigkeiten verwendet, die über die Rechtmäßigkeit des kommunalorganschaftlichen Funktionsablaufs entweder zwischen verschiedenen Organen einer kommunalen Gebietsköperschaft (Interorganstreit) oder aber direkt innerhalb eines solchen Organs (Intraorganstreit) entstehen[2]. Seitdem nun derartige Rechtsstreitigkeiten allgemein als vor

---

[1]Obwohl der *Begriff* des Kommunalverfassungsstreits in bezug auf seine sogleich im Text referierte Begriffsbestimmung in Literatur wie Rechtsprechung kaum in Zweifel gezogen wird, stößt seine *Bezeichnung*, also das Wort „Kommunalverfassungsstreit“ selbst – weil der Wortbestandteil „Verfassung“ hier irreführend ist! – auch heutzutage noch immer wieder auf Kritik (so zuletzt etwa bei *Ehlers*, in: Schoch/Schmidt-Aßmann/Pietzner, VwGO, § 40 Rn. 130): Beim „Kommunal-Verfassungs-Streit“ handele es sich nicht um Streitigkeiten des „staatlichen Verfassungsrechts“, sondern allein um Streitigkeiten in der „Verfassung“, d. h. im „innerorganisatorischen Bereich“ einer Kommune, der aus Normen des einfachen Rechtes geformt werde. Der Kommunalverfassungsstreit dürfe daher unter keinen Umständen als eine Streitigkeit „verfassungsrechtlicher Art“ mißverstanden werden, die nach § 40 I 1 VwGO aus der Verwaltungsgerichtsbarkeit ausgenommen ist. Der Kommunalverfassungsstreit gehöre eben den „öffentlich-rechtlichen Streitigkeiten *nicht*verfassungsrechtlicher Art“ an, bei denen der Verwaltungsrechtsweg nach § 40 VwGO grundsätzlich gegeben ist. Nun ist eine solche Kritik zwar in der Sache zutreffend, doch auf die Frage nach dem Ob und Wie einer anderen Terminologie soll hier nicht weiter eingegangen werden. Denn angesichts der unbestreitbaren Tatsache, daß der Terminus „Kommunalverfassungsstreit“ für den betreffenden Topos nach wie vor gängig ist, will die vorliegende Arbeit trotz alledem an diesem – im übrigen auch schon früher in BVerfGE 8, 122 (130) verwendeten – Fachausdruck festhalten.

[2]Diese Begriffsbestimmung erfolgt vor allem in Anlehnung an *Bleutge*, Kommunalverfassungsstreit, S. 25, dessen Definition des Kommunalverfassungsstreits auf Literatur und Rechtsprechung entscheidenden Einfluß hat. Zu Entwicklung und Detailbestimmung des Begriffs „Kommunalverfassungsstreit“ vgl. zudem die ausführlichen Darstellungen bei *Schwarplys*, Allg. Gestaltungsklage, S. 17 ff. *Bleutge* hat aaO., S. 23 für das offenkundig lange Wort „Kommunalverfassungsstreit“ die Abkürzung „KVS“ eingeführt; angesichts ihrer

den Verwaltungsgerichten austragbar anerkannt worden sind[3], ist der Kommunalverfassungsstreit wegen seines häufigen Aufscheinens im gerichtlichen Alltag und der damit verbundenen hohen praktischen Bedeutung ein beliebtes Untersuchungsthema in der Verwaltungsrechtswissenschaft: Immer wieder und in verschiedenster Hinsicht hat sich die Literatur mit diesem Thema beschäftigt, und die Bilanz dieser Bemühungen ist beeindruckend.

Das gilt schon im Hinblick auf die Anzahl der bisher dem Thema des Kommunalverfassungsstreits gewidmeten Schriften; das hierzu beschriebene Papier vermag ganze Regale zu füllen. Der Ertrag der bisher vorgenommenen wissenschaftlichen Untersuchungen zum Kommunalverfassungsstreit erschöpft sich allerdings nicht in der bloßen Vielzahl der zu diesem Thema erschienenen Schriften; auch ihr Wert für die Weiterentwicklung der gerichtlichen Praxis ist beachtlich und verdient besondere Erwähnung. Genau auf dieses positive Verhältnis von wissenschaftlicher Untersuchung einerseits zu gerichtlicher Praxis andererseits sei hier noch ein wenig näher eingegangen:

Der Kommunalverfassungsstreit gehört zum Kreis der sog. Innenrechtsstreitigkeiten. Zwar ist es ihm trotz dieser Rechtsnatur nach allgemeiner Auf-

---

mittlerweile weiten Verbreitung soll sie denn auch im folgenden in den Fußnoten Verwendung finden.

[3]Zur Beantwortung der Frage, ob der KVS vor den Verwaltungsgerichten ausgetragen werden kann, sind der allgemeinen Auffassung zufolge drei Teilfragen entscheidend, die jeweils wiederum eine in der VwGO als für einen Antrag auf gerichtliche Entscheidung erforderlich genannte Sachentscheidungsvoraussetzung betreffen:

- Ist der Verwaltungs*rechtsweg* im Hinblick auf die sog. Impermeabilitätstheorie auch für den innenrechtsartigen KVS zugänglich?
- Gibt es im KVS überhaupt ein klagbares *subjektives (organschaftliches) Recht*, so daß eine in der VwGO unerwünschte Popularklage vermieden werden kann?
- Könnte das Bestehen der Staatsaufsicht als das für das Kommunalrecht geltende Rechtsüberwachungsinstitut unter dem Blickwinkel des *Rechtsschutzbedürfnisses* einen kommunalverfassungsstreitbezogenen Antrag auf gerichtlichen Schutz unzulässig werden lassen?

Diese drei Fragen hatten schon früher heftige Diskussionen ausgelöst, sind dann jedoch bereits am Ende der sechziger Jahre zugunsten des KVS geklärt worden (vgl. hierzu insb. *Schoch*, JuS 1987, 783 ff. m. w. Nachw. von Lit. u. Rspr., sowie *Martensen*, JuS 1995, 989 ff., 1077 [1078]). Daher ist es nunmehr auch nicht strittig, daß der KVS im Prinzip vor den Verwaltungsgerichten ausgetragen werden kann. Zur obigen Frage 2 vgl. im übrigen noch unten Einl. Fn. 10.

fassung in Literatur und Rechtsprechung[4] schon lange nicht mehr verwehrt, unter der Bezeichnung „öffentlich-rechtliche Streitigkeit nichtverfassungsrechtlicher Art" gemäß § 40 Abs.1 Satz 1 VwGO zur Verhandlung vor dem Verwaltungsgericht gebracht zu werden. Aber dennoch leidet er als verwaltungsgerichtlich zu entscheidender innerorganisatorischer Rechtsstreit[5] noch immer unter Anpassungsschwierigkeiten an das Rechtsschutzsystem der Verwaltungsgerichtsordnung. Denn dieses System ist, auch wenn es gemäß § 40 VwGO dem den Innenrechtsstreitigkeiten zugehörigen Kommunalverfassungsstreit zugänglich sein soll, im einzelnen doch eher auf Außenrechtsstreitigkeiten zugeschnitten, ohne dabei die Besonderheiten der Innenrechtsstreitigkeiten, und damit auch ohne die besonderen Aspekte des Kommunalverfassungsstreits, mitzudenken. Im Hinblick auf die Justiziabilität des Kommunalverfassungsstreits muß man also stets versuchen, jene eigentlich im Hinblick auf Innenrechtsstreitigkeiten recht lückenhaften Bestimmungen der Verwaltungsgerichtsordnung etwa mittels großzügiger Auslegung oder sogar mittels Rechtsfortbildung auch auf den Fall des eben im Kreis des Innenrechts liegenden Kommunalverfassungsstreits anpassend „anzuwenden", um von einer trotz aller Schwierigkeiten rechtmäßigen Entscheidung sprechen zu können. Ein solcher Versuch ist allerdings mit erheblichen Schwierigkeiten verbunden; aus der Beschäftigung mit dem Kommunalverfassungsstreit als justiziablem Streitfall erwachsen eine Reihe kaum lösbarer Probleme.

Die Probleme, die mit der Eingliederung des Kommunalverfassungsstreits in das Rechtsschutzsystem der Verwaltungsgerichtsordnung entstehen, sind dabei auch keineswegs nur von akademischem Interesse, sondern vielmehr schon früh im Zuge zahlreicher realer Fälle des Kommunalverfassungsstreits nach und nach in der gerichtlichen Praxis aktuell geworden. Von Bedeutung sind hier vor allem Fragen im Zusammenhang mit den sog. Sachentscheidungsvoraussetzungen eines Klageantrags[6], wie z. B. die Probleme der Betei-

---

[4]Siehe hierzu bereits Fn. 3; vgl. aber *Papier*, DÖV 1980, 292 (293 f.), der der herrschenden Auffassung über die Eröffnung des Verwaltungsrechtswegs für den KVS nach § 40 VwGO noch mit Zurückhaltung begegnet.

[5]Näher zum KVS als kommunalem innerorganisatorischem Rechtsstreit s. bereits oben Fn. 1.

[6]Zu wesentlichen in der Praxis aufscheinenden Problemen vgl. vor allem *Martensen*, JuS 1995, 989 ff., 1077 ff., wobei der Autor aber, wie auch sonst üblich (siehe sogleich in Einl., II), nur die Problematik des KVS im *Klage*verfahren behandelt. Vgl. zudem *Bau-*

ligungsfähigkeit, der Klageart und der Klagebefugnis, Fragen also, die in der Verwaltungsgerichtsordnung in besonderer Weise gerade auf das Modell des Außenrechtsstreits zugeschnitten sind. Die jeweils für die real zu entscheidenden Fälle eines Kommunalverfassungsstreits zuständigen Gerichte sind damit häufig bereits vor einer Entscheidung in der Sache gezwungen, sich mit der Frage zu beschäftigen, ob im betreffenden Fall die Klage überhaupt zulässig ist[7].

Deshalb haben sich in der Vergangenheit die Gerichte auch mehr oder minder mühevoll mit nahezu sämtlichen Problemen des Kommunalverfassungsstreits auseinandergesetzt. Ausdiskutiert wurden die Probleme dabei jedoch nicht. Denn die Rechtsprechung unternimmt die Klärung rechtlicher Fragen

---

er/Krause, JuS 1996, 411 ff., 512 ff. mit Ausführungen zu innerorganisatorischen Streitigkeiten im Verwaltungsprozeß insgesamt, also etwa auch zu Universitätsverfassungsstreitigkeiten und zu Rundfunkverfassungsstreitigkeiten.

[7] Im Verwaltungsprozeßrecht herrscht, wie im Zivilprozeßrecht, bislang die Auffassung, daß die Sachentscheidungsvoraussetzungen, die idR die Zulässigkeit einer Klage oder eines anderen Rechtsschutzgesuchs ausmachen, *stets* (manche behaupten aber: nur im Prinzip) *vor* der Sachentscheidung, also vor der Begründetheitsuntersuchung zu prüfen seien (statt vieler: *Ehlers*, in: Schoch/Schmidt-Aßmann/Pietzner, VwGO, Vorb. § 40 Rn. 3 f.; *Stern*, Verwaltungsproz. Probleme, Rn. 10, beide m. w. Nachw.; vgl. für das Zivilprozeßrecht etwa *Hartmann*, in: Baumbach/Lauterbach/Albers/Hartmann, ZPO, Grundz. § 253 Rn. 14). Diese herrschende Auffassung vom sog. Prüfungsvorrang der Zulässigkeit stößt allerdings immer wieder auf Kritik, und zwar insb. für den Fall, daß ein Rechtsschutzantrag offensichtlich unbegründet und die Zulässigkeitsfrage hingegen schwer zu entscheiden ist. Deshalb wird von einer Mindermeinung nach wie vor vertreten, daß etwa im Interesse der *Verfahrensbeschleunigung* eine Lockerung des Prüfungsvorrangs der Zulässigkeit gegenüber der Begründetheit geboten sei (so im Verwaltungsprozeßrecht etwa *Sendler*, DVBl. 1982, 923 [929] im allgemeinen und *Jank*, in: Finkelnburg/Jank, Vorläufiger Rechtsschutz, Rn. 56 nur im Zusammenhang mit dem vorläufigen Rechtsschutz). Wiewohl diese Mindermeinung eben in Erinnerung an die immer wieder beklagte Verschleppung der Gerichtsverfahren durchaus eine vertiefte Untersuchung verdiente, soll eine solche hier aber unterbleiben, weil es sich dabei eher um ein Thema des allgemeinen Prozeßrechts, nicht jedoch speziell des die vorliegende Arbeit interessierenden KVS handelt. An dieser Stelle sei insofern nur auf die jüngere ausführliche Untersuchung bei *Walker*, Einstweiliger Rechtsschutz, Rn. 168 ff. verwiesen, die sich sehr überzeugend mit der These auseinandersetzt, daß die Frage, ob die Begründetheit nur bei Vorliegen aller Zulässigkeitsvoraussetzungen geprüft und entschieden werden darf, nur anhand des *Zweckes jeder einzelnen Voraussetzung* beantwortet werden kann (aaO., Rn. 177).

eher von Fall zu Fall, so daß viele Probleme im Zusammenhang mit dem Kommunalverfassungsstreit verständlicherweise noch offengeblieben sind. Hinzu kommt die Tatsache, daß sich die Argumente, die in verschiedenen Entscheidungen zur Lösung ein und derselben Frage eingesetzt werden, häufig widersprechen, was zur Folge hat, daß die betreffenden Fragen einerseits zwar beantwortet, zugleich aber andererseits auch immer wieder neu gestellt werden. Insgesamt gesehen sind also viele reale verwaltungsprozessuale Probleme des Kommunalverfassungsstreits bisher von der gerichtlicher Praxis noch nicht gelöst, sondern nur entdeckt und bloß mehr oder weniger weit herausgearbeitet worden. Wenn man nun all diese Probleme einer überzeugenden Lösung zuführen will, bedarf es einer systematischen Bearbeitung, die in kritischer Auseinandersetzung mit der einschlägigen Rechtsprechung zu verfertigen ist. Diese Aufgabe wird in der Tat schon lange von der Wissenschaft wahrgenommen.

Das rechtswissenschaftliche Schrifttum hat sich, wie schon gesagt, bei der Untersuchung des Kommunalverfassungsstreits bereits eindrucksvoll hervorgetan. Die einschlägigen Bemühungen beziehen sich dabei zuallermeist auf eben diejenigen Probleme, die in der Rechtsprechung ständig auftauchen, doch weiterhin ungeklärt sind[8]. Die wissenschaftliche Untersuchung des Kommunalverfassungsstreits ist somit sehr eng an die praktischen Bedürfnisse gebunden. Da aber schließlich die Wissenschaft mehr oder weniger der Praxis dienen soll, ist die damit im Schrifttum eingeschlagene Richtung auch durchaus zu befürworten.

Die bisherigen Untersuchungen zum Kommunalverfassungsstreit im Schrifttum haben denn auch erhebliche Auswirkungen auf die Entwicklung der gerichtlichen Praxis; immerhin sind durch sie manche Probleme, die einst umstritten und in der Rechtsprechung noch offen waren, mittlerweile entweder erledigt oder aber zumindest deutlich entschärft worden. Um dafür neben zahlreichen anderen[9] nur ein besonders prägnantes Beispiel zu nennen, sei hier an

---

[8]So schon früh *Bleutge*, KVS (eine nach wie vor wichtige und gründliche Untersuchung zum Thema). Siehe jüngst noch *Bauer/Krause*, JuS 1996, 411 ff., 512 ff.; *Erichsen/Biermann*, Jura 1997, 157 ff.

[9]So z. B. die fragliche Rechtsfigur der „Klageart sui generis"; dank der Kritik des Schrifttums findet diese einst als einzig richtige Klageform für den KVS angesehene Rechtsfigur heutzutage auch in der gerichtlichen Praxis kaum mehr Anwendung. Hierzu ausführl.

die Frage nach dem Vorliegen der sog. subjektiven und mithin klagefähigen organschaftlichen Rechte innerhalb der Kommunalverfassung erinnert: Diese strittige Frage, die, wie ganz entsprechend auch die Suche nach den subjektiven öffentlichen Rechten des Außenrechtskreises, vor allem hinsichtlich der Verhinderung einer Popularklage von Bedeutung ist, war früher in der Rechtsprechung nur gelegentlich behandelt worden; sie wurde jedoch im Schrifttum in kritischer Auseinandersetzung mit der einschlägigen Rechtsprechung gründlich diskutiert, so daß diese Problematik – zumindest in ihrem Kern – mittlerweile einer relativ klaren Lösung zugeführt werden konnte[10]. Da nun das Problem der „Subjektivierung der Rechte" nach wie vor bekanntermaßen eine Zentralfrage des deutschen Verwaltungs(prozeß)rechts darstellt, sind die bisher auf die subjektiven organschaftlichen Rechte bezogenen wissenschaftlichen Untersuchungen unverkennbar von großer Bedeutung. Auf jeden Fall haben sie zugunsten der ständigen Rechtsprechung die entscheidende These, auch der Kommunalverfassungsstreit sei kein objektives Beanstandungsverfahren, bekräftigt, und können künftig, falls die gerichtliche Praxis einmal in falsche Bahnen gerät, dies korrigieren oder jedenfalls davor warnen[11]. Allein schon hierin erweist sich, daß die bisherigen wissenschaftlichen Untersuchungen zum Kommunalverfassungsstreit die Aufgabe der Wissenschaft, auch der Praxis zu dienen, im Prinzip erfüllt haben. Dies aber ist, wie zu Beginn dieser Arbeit schon betont wurde, ein nicht zu unterschätzender Erfolg.

Schoch, JuS 1987, 783 (787); *Bauer/Krause*, JuS 1996, 411 (412 f.) sowie – besonders überzeugend – *Lerche*, in: FS Knöpfle, S. 171 (175 ff.).

[10]Die wissenschaftlichen Untersuchungen über die subjektiven organschaftlichen Rechte in der Kommunalverfassung bzw. in den anderen Innenrechten fanden vor allem gegen Ende der sechziger Jahre statt (vgl. Fn. 3); diesem Thema haben sich insbesondere die – oben im Literaturverzeichnis näher bezeichneten – Monographien von *G. Kisker* (1968), *D. Th. Tsatsos* (1969), *R. Bleutge* (1970) und *W. Hoppe* (1970) gewidmet. Hierzu und zur nachträglichen Entwicklung siehe insb. *Schoch*, JuS 1987, 783 (786, 789 ff.) mit ausführl. Nachw. und eigener Stellungnahme; vgl. zudem *Wahl/Schütz*, in: Schoch/Schmidt-Aßmann/Pietzner, VwGO, § 42 Abs. 2 Rn. 91 ff.

[11]Zu dieser Warnung zuletzt etwa *Martensen*, JuS 1995, 989 (990).

II. Die Problemstellung

In den voraufgehenden Ausführungen wurden die rechtswissenschaftlichen Untersuchungen zum Kommunalverfassungsstreit gerade im Hinblick auf die Aufgabe der Wissenschaft, auch der Praxis zu dienen, durchaus positiv beurteilt. Sofern man allerdings die damit eher an den Bedürfnissen der Praxis orientierten Anforderungen etwas höher ansetzt, erweisen sich diese wissenschaftlichen Untersuchungen dann doch in gewisser Hinsicht als lückenhaft. Kritik ist dabei aber weniger dahingehend zu üben, daß manche im Zusammenhang mit dem Kommunalverfassungsstreit stehenden Probleme trotz intensiver Untersuchung noch nicht endgültig gelöst wurden. Zu kritisieren ist vielmehr, daß es ganz bestimmte Problembereiche gibt, welche die Wissenschaft ungeachtet ihrer deutlich gestiegenen praktischen Relevanz nach wie vor mehr oder weniger unbehandelt läßt. Als ein solcher Problembereich ist hier nun insbesondere gerade der vorläufige Rechtsschutz zu nennen, der in §§ 80 bis 80b, 123 und 47 Abs. 6 VwGO geregelt ist[12].

---

[12]Die Termini zum Oberbegriff von sämtlichen in §§ 80 ff., 123 und 47 VI VwGO sowie außerhalb der VwGO etwa in §§ 916 ff. ZPO und § 32 BVerfGG geregelten und zudem miteinander verwandten Rechtsinstituten werden bisher in Schrifttum und Rechtsprechung nicht einheitlich verwendet. Am häufigsten sind jedoch die Begriffe „vorläufiger Rechtsschutz" und „einstweiliger Rechtsschutz". Zwar ist dabei wiederum umstritten, ob es zwischen diesen beiden Begriffen einen Unterschied geben kann bzw. soll (hierzu ausführl. etwa *Schoch*, Vorläufiger Rechtsschutz, S. 157 ff.; *Walker*, Einstweiliger Rechtsschutz, Rn. 3 ff.); auf diese terminologische Frage soll hier jedoch nicht näher eingegangen werden. Daß im Rahmen der vorliegenden Arbeit der Terminus „vorläufiger" Rechtsschutz, nicht aber der Begriff „einstweiliger" Rechtsschutz gebraucht wird, ergibt sich allein aus folgendem: Die Auffassung, daß für den KVS nur § 123, nicht aber auch §§ 80 ff. VwGO anwendbar sei, ist zwar h. M., stößt aber nach wie vor immer wieder auf Kritik (hierzu näher unten Teil 2, Abschn. 1). Da nun bereits der Text des § 123 VwGO von „einstweiliger" Anordnung spricht, bevorzugt die vorliegende Arbeit, um hinsichtlich jener Streitfrage eine mögliche Voreingenommenheit zu vermeiden, den eher neutralen Ausdruck „vorläufigen" Rechtsschutz als Oberbegriff für die Gesamtheit der Rechtsinstitute in §§ 80 ff., 123 und 47 VI VwGO.

Im übrigen sei noch darauf hingewiesen, daß § 47 VI VwGO einer zutreffenden Auffassung zufolge (*Schoch*, in: Schoch/Schmidt-Aßmann/Pietzner, VwGO, § 47 Rn. 126 und vor allem 136 f.) allein als ausdrückliche Erklärung für die Anwendbarkeit der in § 123 VwGO geregelten einstweiligen Anordnung auf den Fall der Normenkontrolle zu verstehen ist. Die Frage, ob und ggf. wie die Bestimmung des § 47 VI VwGO auch auf den KVS angewandt

Zum Gegenstand wissenschaftlicher Untersuchung wurde der Kommunalverfassungsstreit bisher praktisch nur im Zusammenhang mit dem verwaltungsgerichtlichen Klageverfahren. Kaum ernst genommen wurden jedoch die Probleme des vorläufigen Rechtsschutzes, die jeweils mit einem Kommunalverfassungsstreit verbunden sind. In der bisherigen wissenschaftlichen Debatte über den Kommunalverfassungsstreit fehlt eine Vertiefung in die Probleme, die bei dieser Rechtsstreitigkeit hinsichtlich des Verfahrens des vorläufigen Rechtsschutzes aufgeworfen werden, nahezu völlig.

Diese Zurückhaltung der Wissenschaft ist dabei höchst problematisch; immerhin wird damit eine bedeutende Entwicklung in der gerichtlichen Praxis ignoriert und insofern deren Bedürfnis nach wissenschaftlicher Klärung nicht mehr nachgekommen. Die gegenwärtige gerichtliche Praxis zeigt nämlich, wie zahlreiche veröffentlichte Gerichtsentscheidungen belegen können[13], daß in der Verwaltungsgerichtsbarkeit der Kommunalverfassungsstreit längst nicht mehr allein als ein Fall im Klageverfahren auftritt. Seit geraumer Zeit und vor allem bedingt durch die zunehmende Verschleppung der Klageverfahren pfle-

---

werden kann, wird allerdings, wie später in Einl., III, 2 noch näher dargelegt, nicht zur Untersuchung in die vorliegende Arbeit aufgenommen.

[13]Die veröffentlichten Gerichtsentscheidungen zum KVS betrafen früher fast nur die Klageverfahren; die Entscheidungen in bezug auf den vorläufigen Rechtsschutz, wie etwa *OVG Lüneburg*, OVGE 27, 35, im Jahre 1970, waren dabei rar. Seit der zweiten Hälfte der 80er Jahre ist die Zahl solcher Entscheidungen jedoch plötzlich angestiegen (vgl. Anhang); ihre Anzahl ist seither mit derjenigen der auf den KVS im Klageverfahren bezogenen Gerichtsentscheidungen vergleichbar. Diese Zunahme von KVS im Verfahren des vorläufigen Rechtsschutzes wird auch von *Fehrmann*, NWVBl. 1989, 303 (308 insb. Fn. 71) hervorgehoben; nach seinen Angaben sind beim 15. Senat des OVG NW in den Jahren 1987 und 1988 nahezu ebensoviele Beschwerdeverfahren wegen der Gewährung vorläufigen Rechtsschutzes in einem Organstreit wie entsprechende Berufungsverfahren anhängig geworden.

Der KVS im Verfahren des vorläufigen Rechtsschutzes ist andererseits aber auch keineswegs ein neues Thema unserer Zeit. Spätestens in den 50er Jahren, in denen die VwGO noch nicht in Kraft war, hatten sich die Gerichte nämlich bisweilen schon nach den damals geltenden jeweiligen Verwaltungsgerichtsgesetzen der Länder in bezug auf den vorläufigen Rechtsschutz mit dem KVS auseinandergesetzt (so etwa *OVG NW*, OVGE 3, 79; 13, 350; *OVG RP*, AS 5, 412). Solche Gerichtsentscheidungen waren allerdings schon damals – und sind es nun ebenso heute für die Problemerörterungen – von nicht allzugroßer Bedeutung. Zu dieser älteren einschlägigen Rspr. vgl. *Henrichs*, DVBl. 1959, 548 (554, 558 f.).

gen die am Kommunalverfassungsstreit beteiligten Rechtsschutzsuchenden nämlich neben dem als Hauptsacherechtsbehelf angestrengten Klageverfahren oder sogar noch in dessen Vorfeld ein üblicherweise auch als „Eilverfahren" bezeichnetes Verfahren des vorläufigen Rechtsschutzes zu betreiben. Dies geschieht insbesondere, um zu verhindern, daß die Verwirklichung der behaupteten Rechte insofern vereitelt wird, als bei der zu erwartenden langen Dauer des Hauptsacheklageverfahrens noch vor Abschluß des Rechtsstreits unverrückbare Tatsachen geschaffen werden. Mit anderen Worten: Das immer häufigere In-Erscheinung-Treten eines Eilverfahrens ist in der Verwaltungsgerichtsbarkeit nicht nur für den Bereich der Außenrechtsstreitigkeiten wohlbekannt; dieses Phänomen hat sich vielmehr schon längst auch auf die Innenrechtsstreitigkeiten erstreckt und dort insbesondere auch den Kommunalverfassungsstreit erfaßt. Insofern hat die Rechtsprechung hinsichtlich des Kommunalverfassungsstreits hier einen neuen Problembereich entdeckt, auf den das Schrifttum bislang noch keine genügende Aufmerksamkeit richtet.

Zwar soll nicht bestritten werden, daß im jüngeren Schrifttum vereinzelt auch über die in der Praxis zu verzeichnende Zunahme des vorläufigen Rechtsschutzes im Kommunalverfassungsstreit berichtet[14] und dabei zudem die ständige Verlangsamung des gerichtlichen Klageverfahrens als wesentlicher Hintergrund dieses verwaltungsprozessualen Phänomens eingehend analysiert[15] wird. Hinzu kommen sogar noch die Bemühungen mancher Autoren, die im Hinblick auf die einschlägige Rechtsprechung bereits einzelne konkrete Probleme des kommunalverfassungsstreitbezogenen vorläufigen Rechtsschutzes mehr oder minder vertieft behandeln[16]. Es ist aber dennoch darauf hinzuweisen, daß bedauerlicherweise all diese vereinzelten Annäherungen an den vorläufigen Rechtsschutz im Kommunalverfassungsstreit im Rahmen des gesamten Schrifttums noch immer als eher seltene Ausnahmen erscheinen. Insgesamt betrachtet wird also die praktische Bedeutung des Themas „vorläufiger Rechtsschutz im Kommunalverfassungsstreit" derzeit von der Wissenschaft noch nicht ausreichend erkannt, geschweige denn, daß die bis-

---

[14]Soweit ersichtlich, nur von *Fehrmann*, NWVBl. 1989, 303 (308) und von *Bracher*, NWVBl. 1994, 409.

[15]Siehe oben Fn. 14; vgl. aber auch *Schoch*, in: Schoch/Schmidt-Aßmann/Pietzner, VwGO, § 123 Rn. 44.

[16]So insb. *Bracher*, NWVBl. 1994, 409 ff. und *K. Lange*, JuS 1994, 296 ff; *Ziekow*, NWVBl. 1998, 297 ff.

her in der Praxis relevant gewordenen einschlägigen Probleme gar zum Gegenstand konkreter Untersuchungen gemacht würden. Diese Probleme müssen also von der Rechtsprechung noch immer allein und ohne nennenswerte wissenschaftliche Unterstützung gelöst werden. Da aber, wie stets zu betonen ist, die Wissenschaft auch der Praxis zu dienen hat, ist eine solche Zurückhaltung nicht länger hinnehmbar; im Interesse der gerichtlichen Praxis sollte sich die Wissenschaft auch um den Problembereich des kommunalverfassungsstreitbezogenen vorläufigen Rechtsschutzes ernsthaft bemühen.

So beschäftigt sich die vorliegende Arbeit denn auch gerade mit dem vorläufigen Rechtsschutz im Kommunalverfassungsstreit, mit einem Thema also, dessen praktische Relevanz jüngst zwar sehr zugenommen hat, ohne daß dadurch aber in der Wissenschaft eine entsprechende Forschungsneugier hervorgerufen worden wäre. Die vorliegende Arbeit will daher dazu beitragen, eine im Bereich der wissenschaftlichen Untersuchung des Kommunalverfassungsstreits klaffende Lücke zu schließen, die gerade im Hinblick auf die Bedürfnisse der gerichtlichen Praxis nicht länger offengelassen werden darf.

Nun erhebt sich allerdings die Frage, wie denn diese der vorliegenden Arbeit vor allem im Hinblick auf die gegenwärtige praktische Entwicklung gestellte Aufgabe erfüllt werden kann. Diese in erster Linie den genauen Untersuchungsgegenstand der vorliegenden Arbeit und den bei der Untersuchung zu beschreitenden Weg berührende Frage soll nun nachfolgend im einzelnen beantwortet werden.

III. Die Untersuchung

1. Der wesentliche Gegenstand der Untersuchung

Die vorliegende Arbeit will, wie bereits dargetan, die bisher in der Rechtswissenschaft noch kaum berührten Probleme des kommunalverfassungsstreitbezogenen vorläufigen Rechtsschutzes im Hinblick auf dessen gestiegene praktische Relevanz zum Gegenstand der Untersuchung machen. Dabei sollen aber keineswegs alle nur erdenklichen Fragen ins einzelne gehend behandelt werden, die das Thema „vorläufiger Rechtsschutz im Kommunalverfassungsstreit“ auch nur im entferntesten tangieren. Die Arbeit wird sich vielmehr weitestgehend an den Bedürfnissen der Praxis orientieren, so daß im wesentlichen nur solche Rechtsfragen näher untersucht werden, die auch in der gerichtlichen Praxis eine gewisse Bedeutung erlangt haben. Untersuchungsgegenstand der vorliegenden Arbeit sind also in erster Linie die praktisch relevanten Probleme des kommunalverfassungsstreitbezogenen vorläufigen Rechtsschutzes[17].

Diese praktisch relevanten Probleme sind nun, wie nicht weiter verwunderlich, vor allem den in stets wachsender Zahl veröffentlichten einschlägigen Gerichtsentscheidungen zu entnehmen, deren Fundstellen – naturgemäß in Form einer nur mehr oder minder umfassenden Auswahl – der vorliegenden Arbeit als Anhang beigefügt sind. Die Probleme, die in diesen Gerichtsentscheidungen[18] zur Sprache kommen, sollen hier im Rahmen eines geordneten Ablaufs der Untersuchung weiter bearbeitet werden, wobei sich jedoch der Gang der Untersuchung gerade auch an den zu behandelnden Problemen orientieren wird.

2. *Die grundlegende Vorgehensweise*

Im Hinblick auf die praktisch relevanten Probleme des kommunalverfassungsstreitbezogenen vorläufigen Rechtsschutzes, wie sie der einschlägigen Rechtsprechung zu entnehmen sind, ist zunächst ein wichtiger Umstand festzuhalten: Zwar ist der vorläufige Rechtsschutz als für die allgemeine Verwaltungsgerichtsbarkeit geltendes Rechtsinstitut bekanntlich in drei verschiedenen Verfah-

---

[17]Insofern entspricht dies auch den bisher im Schrifttum vorliegenden Untersuchungen zum Thema des KVS, die sich, wie gesagt, im wesentlichen ebenfalls auf diejenigen Probleme konzentrieren, die in der Rechtsprechung real zu Tage getreten sind. Ein Unterschied zu jenen Untersuchungen besteht allerdings darin, daß diese sich zumeist allein auf das Klageverfahren beziehen, während in der vorliegenden Arbeit auf den vorläufigen Rechtsschutz eingegangen werden soll.

[18]Ganz bewußt nicht berücksichtigt werden im Rahmen dieser Arbeit solche Gerichtsentscheidungen, die den Einwohner-, bzw. Bürgerantrag, das Bürgerbegehren oder den Bürgerentscheid betreffen. Denn obwohl die Rechtsstreitigkeiten, die im Zusammenhang mit solchen Verfahren der sog. unmittelbaren Demokratie der Kommunen stehen, in der Rechtsprechung oftmals ebenfalls als Fälle des KVS behandelt werden, stellen sich die damit verbundenen Probleme, sei es in materiellrechtlicher, sei es in prozeßrechtlicher Hinsicht, doch möglicherweise ganz anders als die Fragen, die in bezug auf den „traditionellen" KVS gestellt werden. Solche atypischen Probleme entsprechen nur schwerlich der Thematik der vorliegenden Arbeit und sollen deshalb hier außer Betracht bleiben.

rensarten verankert, die zum einen in §§ 80 bis 80b, zum anderen in § 123 und als drittes schließlich in § 47 Abs. 6 VwGO geregelt sind und von denen eine jede jeweils nur in bezug auf bestimmte Formen des Hauptsacherechtsbehelfs in Anspruch genommen werden kann. Obwohl damit die Verwaltungsgerichtsordnung also immerhin drei in ihrem Anwendungsbereich unterschiedliche Verfahrensarten des vorläufigen Rechtsschutzes kennt, spielen nun aber für den Kommunalverfassungsstreit diese drei Arten von Eilverfahren in der Praxis keineswegs eine gleichgewichtige Rolle. Auffällig ist vielmehr, daß, wie aufgrund zahlreicher veröffentlichter Gerichtsentscheidungen zu belegen ist, in den Fällen, in denen der vorläufige Rechtsschutz durch einen Kommunalverfassungsstreit veranlaßt worden ist, bisher stets nur das Verfahren auf einstweilige Anordnung gemäß § 123 VwGO als geeignet erscheinende Rechtsschutzform herangezogen wurde[19]. Der kommunalverfassungsstreitbezogene vorläufige Rechtsschutz stellt sich damit in der Praxis einseitig als ein Problem dar, das lediglich anhand des § 123 VwGO zu entscheiden ist. Insofern betreffen auch sämtliche Rechtsfragen, die in der bisherigen Rechtsprechung zum Thema „vorläufiger Rechtsschutz im Kommunalverfassungsstreit" praktisch relevant geworden sind, immer nur Probleme, die in unlösbarem Zusammenhang mit § 123 VwGO stehen. Diesem in der Rechtsprechung eindeutig zu Tage tretenden Umstand muß nun auch in der vorliegenden Arbeit Rechnung getragen werden. Denn will sie praktisch orientiert sein, so ist selbstverständlich gerade das, was tatsächlich in der Praxis geschieht, auch in besonderer Weise zu berücksichtigen. Die hier vorzunehmenden Untersuchungen werden damit einen Weg einschlagen müssen, welcher eben diesen Anforderungen am besten gerecht wird.

Auf dieser Grundlage wird man nun, will man den im folgenden zu beschreitenden Pfad der Untersuchungen noch konkreter vorzeichnen, zwei Schwerpunkte setzen müssen:

(1) Zum einen sollen die in der vorliegenden Arbeit vorzunehmenden Untersuchungen im wesentlichen gerade im Hinblick auf das Verfahren der einst-

---

[19]Diese bisherige Haltung der gerichtlichen Praxis ist allerdings nicht unumstritten. Vereinzelt wird vielmehr behauptet, daß ggf. neben der Rechtsschutzform des § 123 VwGO insbesondere auch das in §§ 80 ff. VwGO geregelte Eilverfahren in Betracht komme. Diese Fragestellung bedarf noch der Klärung und soll denn auch in der vorliegenden Arbeit nicht unbeachtet bleiben; eine eingehende Erörterung dieser Problematik wird in Teil 2, Abschn. 1 stattfinden.

weiligen Anordnung nach § 123 VwGO erfolgen. Denn nur auf diese Weise können die praktisch relevanten Probleme des kommunalverfassungsstreitbezogenen vorläufigen Rechtsschutzes einer optimalen Behandlung zugeführt werden, da diese Probleme eben, wie bereits dargelegt, bisher gerade im Hinblick auf das Verfahren des § 123 VwGO zu Tage getreten sind.

(2) Das Verfahren der einstweiligen Anordnung gemäß § 123 VwGO (im folgenden nur: Anordnungsverfahren)[20] ist zum anderen jedoch nicht die einzige Verfahrensart, die in der allgemeinen Verwaltungsgerichtsbarkeit zum Zwecke des vorläufigen Rechtsschutzes zur Verfügung steht. Denn neben dieser Art des Eilverfahrens gibt es ja noch die beiden anderen Arten, die in §§ 80 bis 80b VwGO bzw. in § 47 Abs. 6 VwGO geregelt sind und die unter Berücksichtigung ihrer verschiedenen Anwendungsbereiche zusammen mit dem Verfahren des § 123 VwGO gemeinsam dem vorläufigen Rechtsschutz in verwaltungsrechtlichen Streitsachen dienen.

Zwar werden jene zwei Arten von Eilverfahren, weil sie bisher in der Praxis im Zusammenhang mit dem Kommunalverfassungsstreit keine nennenswerte Rolle spielen, in der vorliegenden Arbeit nicht gesondert behandelt; doch sollen sie damit nicht etwa völlig aus den hier vorzunehmenden Untersuchungen herausgegehalten werden. Denn obwohl der vorläufige Rechtsschutz als verwaltungsprozessuales Institut derzeit noch in fester Abgrenzung auf die genannten drei verschiedenen Verfahrensarten verteilt ist, kann diese bekanntermaßen eher dem historischen Zufall zuzuschreibende Aufspaltung[21] längst nicht mehr den Blick darauf verstellen, daß die drei im Hinblick auf ihren gemeinsamen Zweck des vorläufigen Rechtsschutzes parallel laufenden Eilverfahrensarten in einem unlösbaren Funktionszusammenhang stehen. Diese Erkenntnis und die daraus resultierende Betrachtungsweise ist nun allerdings keineswegs neu, sondern kann vielmehr als eine Auffassung angesehen werden, die sich in Schrifttum wie Rechtsprechung schon lange[22] durchgesetzt

[20]Dieser Abkürzung entsprechend sei im folgenden auch etwa der Antrag auf einstweilige Anordnung gem. § 123 VwGO als „Anordnungsantrag“, die gerichtliche Entscheidung über einen solchen Antrag als „Anordnungsentscheidung“ bezeichnet.

[21]Dazu *Schoch*, in: Schoch/Schmidt-Aßmann/Pietzner, VwGO, Vorb. § 80 Rn. 41 und nicht zuletzt *Rohmeyer*, Geschichte, S. 45 ff. m. w. Nachw.

[22]Vgl. z. B. bereits aus dem Jahr 1960, also dem Jahr, in dem die VwGO in Kraft getreten ist, *Quaritsch*, VerwArch. 51 (1960), 342, 349. Besonders eindrucksvoll ist, daß der Au-

hat[23]. Da zudem diese Auffassung in der Vergangenheit bei den Diskussionen über den vorläufigen Rechtsschutz vielfach bereits große Erfolge zu verbuchen hatte[24], gibt es keinen Grund, sie im Rahmen der vorliegenden Arbeit aufzugeben. Insofern müssen sich auch die Untersuchungen, die in dieser Arbeit primär nur hinsichtlich des Anordnungsverfahrens gemäß § 123 VwGO vorzunehmen sind, im Hinblick auf den genannten Funktionszusammenhang ggf. auch mit §§ 80 bis 80b und 47 Abs. 6 VwGO auseinandersetzen, vor allem um auf diesem Wege in vergleichender Weise manche eher bei § 123 VwGO angesiedelten Fragen einer endgültigen Klärung zuführen zu können. Auch diese vergleichende Methode gelangt allerdings nicht erstmals hier zum Einsatz; sie entspricht vielmehr gerade solchen Bemühungen in Schrifttum und Rechtsprechung, die in der Berufung auf den Funktionszusammenhang jener drei Eilverfahrensarten ihren wesentlichen Ansatz erblicken.

3. *Der konkrete Gang der Untersuchung*

Bisher wurde die für diese Arbeit geplante Vorgehensweise in zwei Punkten geklärt. Insbesondere wurden dabei die ständig im Rahmen des § 123 VwGO erörterten praktisch relevanten Probleme des kommunalverfassungsstreitbe-

---

tor hier unter Berufung auf den Suspensiveffekt des § 80 VwGO den hinsichtlich § 123 VwGO herrschenden Grundsatz des sog. Verbots der Vorwegnahme der Hauptsache als „eine prozessuale Legende" bezweifelt. Zur Problematik des Vorwegnahmeverbots eingehend unten Teil 1.

[23]Man spricht dabei gelegentlich auch von „Funktionsidentität" (*Schoch*) bzw. „Funktionsgleichheit" (*Leipold*) der in der VwGO geregelten drei Eilverfahrensarten. Zu dieser Funktionsidentitäts-These vgl. insb. *Schoch*, in: Schoch/Schmidt-Aßmann/Pietzner, VwGO, Vorb. § 80 Rn. 33 ff. (insb. 45 ff.) m. w. Nachw.; vgl. zudem noch *Leipold*, Grundlagen, S. 38 (mit zahlreichen Nachweisen aus der früheren Literatur in Fn. 1) sowie aus der Rspr. etwa BVerfGE 51, 268 (285 f).

[24]Es sei hier nur auf *Schochs* Arbeiten (zuletzt in Schoch/Schmidt-Aßmann/Pietzner, VwGO, Vorb. § 80; §§ 80 f.; § 123 sowie § 47 Rn. 126 ff.) hingewiesen: Großer Erfolg war seinen Bemühungen um eine Systematisierung des vorläufigen Rechtsschutzes im Verwaltungsprozeßrecht bereits hinsichtlich seines Ansatzes „Funktionsidentität bei Konstruktionsdisparität [der drei Eilverfahrensarten]" (dazu aaO., Vorb. § 80 Rn. 33 ff. [insb. Rn. 45 ff.]) beschieden. Vgl. auch die positive Beurteilung von *Schochs* Habilitationsschrift „Vorläufiger Rechtsschutz und Risikoverteilung im Verwaltungsrecht", 1988, durch *Jakobs*, VBlBW 1990, 446 (448).

zogenen vorläufigen Rechtsschutzes als wesentlicher Gegenstand der nachfolgenden Untersuchungen hervorgehoben. Doch die damit einhergehende Frage, in welcher Reihenfolge diese im Rahmen einer gründlichen Auseinandersetzung zu erörternden Probleme denn nun behandelt werden sollen, wurde dabei noch offengelassen. Auch dies bedarf aber einer Klärung, auf deren Grundlage dann auch der konkrete Gang der in dieser Arbeit anzustrengenden Untersuchungen herausgearbeitet werden kann.

Die praktisch relevanten Probleme des kommunalverfassungsstreitbezogenen vorläufigen Rechtsschutzes, hier also diejenigen des kommunalverfassungsstreitbezogenen Anordnungsverfahrens, sind auf den ersten Blick vielfältig. Bei genauerem Hinsehen ist jedoch festzustellen, daß sie in Wahrheit in zwei Gruppen eingeteilt werden können: Während die erste Gruppe von Problemen unter dem bekannten Stichwort „Vorwegnahme der Hauptsache" bzw. ihrem Verbot zusammengefaßt werden kann, betreffen die Probleme der zweiten Gruppe sämtlich die Frage nach den Sachentscheidungsvoraussetzungen eines Antrags auf einstweilige Anordnung. Da aber die im Rahmen dieser Arbeit vorzunehmenden Betrachtungen sich ja gerade an den ihnen vorgegebenen praktisch relevanten Problemen ausrichten sollen, ist es denn auch empfehlenswert, sie ebenfalls in zwei entsprechende Teile zu gliedern.

a) Der erste Teil der vorliegenden Arbeit soll sich daher mit der Problematik der Vorwegnahme der Hauptsache beschäftigen. Der Begriff „Vorwegnahme der Hauptsache" ist als eine fest an das Rechtsinstitut der einstweiligen Anordnung gebundene Frage schon lange bekannt[25]. Sie betrifft also nicht nur

---

[25]Die Problematik der Vorwegnahme der Hauptsache darf hierbei nicht als eine ausschließlich im Hinblick auf § 123 VwGO zu stellende Frage mißverstanden werden. Sie hat bekanntermaßen ihren Ursprung vielmehr im Zivilprozeßrecht. Dort hat man sich nämlich bereits vor dem Inkrafttreten der VwGO in bezug auf die in §§ 935 ff. ZPO geregelte einstweilige Verfügung mit derselben Frage auseinandergesetzt (zu diesen früheren Diskussionen vgl. insb. *Schilken*, Die Befriedigungsverfügung, S. 30 ff. u. passim). Da somit das Rechtsinstitut der einstweiligen Anordnung des § 123 VwGO nicht erst für den Verwaltungsprozeß neu erfunden, sondern statt dessen ganz unter Orientierung an der zivilprozessualen einstweiligen Verfügung gebildet worden ist (so ausdrücklich schon die amtliche Begründung zu § 122 Entw. der VwGO [= § 123 VwGO], BT-Drs. III/55, S. 44), liegt die Annahme nahe, daß die schon vorher im Zivilprozeßrecht erörterte Problematik der Vorwegnahme der Hauptsache nur gewissermaßen auf die einstweilige Anordnung des § 123 VwGO übergesprungen ist. Auch sei hier noch darauf hingewiesen, daß sich die Problematik der Vorwegnahme der Hauptsache darüber hinaus auch bei den einstweiligen Anord-

speziell den Kommunalverfassungsstreit, sondern ganz allgemein alle Rechtsstreitigkeiten, die zum Zwecke des vorläufigen Rechtsschutzes mittels einer einstweiligen Anordnung entschieden werden sollen. Zwar ist die Problematik der Vorwegnahme der Hauptsache von daher in Schrifttum wie Rechtsprechung bereits Gegenstand umfangreicher Diskussionen gewesen; allerdings sind diese Diskussionen, auch wenn sie schon mannigfache Erkenntnisse erbracht haben, bei Lichte besehen doch noch keineswegs als erschöpfend anzusehen. Denn man hat die Problematik bislang nur in bezug auf die Außenrechtsstreitigkeiten erörtert; die Frage aber, ob es eventuell bei den Innenrechtsstreitigkeiten und mithin dem Kommunalverfassungsstreit Besonderheiten gibt, wurde kaum je gestellt[26].

Insofern vermag es nicht zu überraschen, daß die Vorwegnahme der Hauptsache auch heutzutage in der gerichtlichen Praxis noch als eines der schwierigsten Probleme des kommunalverfassungsstreitbezogenen vorläufigen Rechtsschutzes erscheint[27]. Denn die Gerichte werden hier sozusagen mit ei-

---

nungen etwa des § 32 BVerfGG und des § 47 VI VwGO wiederfindet, weil die zivilprozessuale einstweilige Verfügung auch bei der Schaffung dieser beiden Normen Pate stand und die oben erwähnte Problemübertragung mithin auch hier stattfand. Alles in allem läßt sich also sagen, daß die Problematik der Vorwegnahme der Hauptsache im Grunde eine allgemein für das Rechtsinstitut der einstweiligen Verfügung/Anordnung jeglicher Gerichtsbarkeit geltende Rechtsfrage ist.

[26]Die Ausnahmen von der Regel sind hier *Fehrmann*, NWVBl. 1989, 303 (308 f.) und vor allem *Bracher*, NWVBl. 1994, 409 ff.; beide haben nämlich die Problematik der Vorwegnahme der Hauptsache bewußt und eingehend gerade in bezug auf die Innenrechtsstreitigkeiten und mithin auch auf den KVS untersucht. Das Problem berührten fernerhin aber auch *K. Lange*, JuS 1994, 296 (300) u. *Ziekow*, NWVBl. 1998, 297 (307 f.).

[27]*VGH BW*, NVwZ-RR 1989, 425 (426); *BayVGH*, BayVBl. 1985, 88; 1988, 83 (85); NVwZ-RR 1990, 99 (100); *BbgOVG*, LKV 1999, 34 f.; *BremOVG*, NVwZ 1990, 1195 (1196 f.); *HessVGH*, NVwZ 1984, 54; 1985, 604; 1988, 81; 1988, 88 (89 f.); 1990, 391 (392); NVwZ-RR 1999, 188; *OVG MV*, LKV 1999, 109; *OVG NW*, DVBl. 1989, 940 (942); NWVBl. 1990, 191 (193); DVBl. 1993, 212 (213); 1993, 213 (215); *OVG RP*, NVwZ-RR, 1990, 98; *SaarlOVG*, NVwZ 1992, 281 (282); NVwZ-RR 1996, 462; *SächsOVG*, SächsVBl. 1997, 13 (16); *VG Frankfurt/M*, NVwZ 1983, 373 (374); *VG Darmstadt*, NVwZ-RR 1990, 104 (105); *VG Göttingen*, NdsVBl. 1999, 218 (218, 220); *VG Dessau*, LKV 1994, 188. Vgl. zudem noch die Nennung vieler nicht veröffentlichter Entscheidungen des *OVG NW* über das Problem der Vorwegnahme der Hauptsache bei *Fehrmann*, NWVBl. 1989, 303 (309 m. Fn. 81-84) und bei *Bracher*, NWVBl. 409 (410 m. Fn. 6).

ner „anormalen" Frage konfrontiert, die zwar ebenfalls dem bereits vieldiskutierten Thema der Vorwegnahme der Hauptsache unterfällt, die aber de facto in der Diskussion bislang immer beiseite gelassen wurde. Insofern bedarf das Thema der Vorwegnahme der Hauptsache einer nochmaligen gründlichen Auseinandersetzung, wobei allerdings gerade die Besonderheiten des Kommunalverfassungsstreits in Rechnung zu stellen sind. Auch diese Aufgabe soll in der vorliegenden Arbeit angegangen werden. Und da, wie später noch zu zeigen sein wird, die in diesem Sinne zu untersuchende Problematik der Vorwegnahme der Hauptsache in untrennbarem Zusammenhang mit dem richtigen Verständnis der Funktion des vorläufigen Rechtsschutzes bei Rechtsstreitigkeiten jeglicher Art steht, sollen die einschlägigen Untersuchungen bereits im ersten Teil dieser Arbeit vorgenommen werden.

b) Im zweiten Teil dieser Arbeit soll dann auf die Sachentscheidungsvoraussetzungen eines durch einen Kommunalverfassungsstreit veranlaßten Antrags auf einstweilige Anordnung eingegangen werden. Auch diese Thematik ist, wie in der einschlägigen Rechtsprechung vielfach belegbar, nach wie vor praktisch relevant, so daß eine gründliche Beschäftigung mit ihr unerläßlich ist.

aa) Während aber die Vorwegnahme der Hauptsache auch heutzutage noch als ein allgemein (d. h. unabhängig von der Natur der in Rechtshängigkeit geratenen Streitsache) ungelöstes Problem im Anordnungsverfahren des § 123 VwGO angesehen werden muß, weist demgegenüber das Thema „Sachentscheidungsvoraussetzungen" für das übliche Verfahren der einstweiligen Anordnung, also für dasjenige Anordnungsverfahren, in dem es um Streitigkeiten außenrechtlicher Art geht, längst keine nennenswerten Schwierigkeiten mehr auf[28]. Hoch problematisch sind die Sachentscheidungsvoraussetzungen jedoch noch immer im kommunalverfassungsstreitbezogenen Verfahren auf einstweilige Anordnung (im folgenden nur: „kommunalverfassungsstreitbezogenes Anordnungsverfahren"). Denn im geltenden System unseres Verwaltungsprozeßrechts sind, wie schon weiter oben dargetan[29], die für ein Rechtsschutzgesuch geltenden Sachentscheidungsvoraussetzungen eher auf Außenrechtsstreitig-

---

[28] Zu den Sachentscheidungsvoraussetzungen im Anordnungsverfahren siehe die allgemeinen, doch ausführlichen Darstellungen bei *Schoch*, in: Schoch/Schmidt-Aßmann/Pietzner, VwGO, § 123 Rn. 98 ff. und bei *Jank*, in: Finkelnburg/Jank, Vorläufiger Rechtsschutz, Rn. 57 ff.

[29] Vgl. oben I.

keiten zugeschnitten; für Innenrechtsstreitigkeiten und somit auch für den Kommunalverfassungsstreit bedürfen sie insofern noch einer entsprechenden „Umsetzung". Dies gilt allerdings nicht allein für das kommunalverfassungsstreitbezogene Klageverfahren; auch für das kommunalverfassungsstreitbezogene Anordnungsverfahren muß eine solche Umsetzung stattfinden. Im Vergleich zum üblichen Anordnungsverfahren dürfen damit also die Sachentscheidungsvoraussetzungen im kommunalverfassungsstreitbezogenen Anordnungsverfahren – weil sie hier und nur hier (!) einer Umsetzung bedürfen – als besonderes Problem angesprochen werden. Insofern wird sich denn auch der die Sachentscheidungsvoraussetzungen betreffende zweite Teil dieser Arbeit einzig und allein mit dem kommunalverfassungsstreitbezogenen Anordnungsverfahren beschäftigen; eine übergreifende Erörterung, wie im ersten Teil hinsichtlich der Vorwegnahme der Hauptsache, gar etwa im Hinblick auf das gesamte Rechtsinstitut des Anordnungsverfahrens, kann und soll hingegen unterbleiben. Der Umfang der Untersuchung wird von daher im zweiten Teil dieser Arbeit auch deutlich geringer sein als in ihrem ersten Teil.

bb) Die Sachentscheidungsvoraussetzungen gehören bei alledem, wie erwähnt[30], im Bereich des Kommunalverfassungsstreits schon längst zu einem der wesentlichen Untersuchungsgegenstände. Zwar hat sich hier das Schrifttum bislang, wie ebenfalls bereits gesagt[31], mit den einschlägigen Problemen beinahe allein in bezug auf das Klageverfahren beschäftigt; doch weil bekanntlich die Sachentscheidungsvoraussetzungen eines Anordnungsantrags ohnehin in erheblichem Umfang mit denjenigen eines entsprechenden Klageantrags vergleichbar sind[32], sind die bisherigen Untersuchungsergebnisse des Schrifttums mehr oder weniger auch auf den Problembereich der Sachentscheidungsvoraussetzungen im Anordnungsverfahren übertragbar. Insofern gibt es denn keinen Anlaß, sämtliche Probleme der Sachentscheidungsvoraussetzungen noch wieder in bezug auf das kommunalverfassungsstreitbezogene Anordnungsverfahren im einzelnen aufzurollen[33]; denn hinsichtlich der meisten

---

[30]Vgl. oben I.

[31]Vgl. oben II.

[32]Dazu *Ehlers*, in: Schoch/Schmidt-Aßmann/Pietzner, VwGO, Vorb. § 40 Rn. 9; *Schoch*, ebendort, § 123 Rn. 98.

[33]Hier sei insofern nur auf *Ziekow*, NWVBl. 1998, 297 ff. verwiesen, wo die Probleme der Sachentscheidungsvoraussetzungen insb. in bezug auf das Anordnungsverfahren be-

hier relevanten Fragen kann schon auf die vielfältige Literatur zur Problematik der Sachentscheidungsvoraussetzungen im kommunalverfassungsstreitbezogenen Klageverfahren verwiesen werden[34]. Damit brauchen im zweiten Teil dieser Arbeit also nur solche Probleme untersucht zu werden, die in bezug auf das kommunalverfassungsstreitbezogene Anordnungsverfahren eine Besonderheit aufweisen.

Zu nennen sind in diesem Zusammenhang insbesondere drei Fragestellungen, die aufgrund ihrer besonderen Bedeutung dann auch den alleinigen Gegenstand der Untersuchungen des zweiten Teiles dieser Arbeit ausmachen werden. Es handelt sich um folgende drei Probleme:

(1) Das Problem, ob das Rechtsinstitut der einstweiligen Anordnung auch die richtige Rechtsschutzform im Eilverfahren ist für die im Schrifttum oftmals als zur Entscheidung über den Kommunalverfassungsstreit besonders tauglich angesehene, doch in vielerlei Hinsicht noch umstrittene „allgemeine Gestaltungsklage", mit der, wie mit der Anfechtungsklage, ein gerichtliches Aufhebungsurteil angestrebt wird[35]. Hier soll also die Statthaftigkeit eines kommunalverfassungsstreitbezogenen Eilantrags – in der Rechtsschutzform des § 123

---

handelt werden (Fraktionsausschluß des kommunalen Mandatsträgers als konkreter Beispielsfall).

[34]Vgl. vor allem *Martensen*, JuS 1995, 989 (911 f.), 1077 f. und *Bauer/Krause*, JuS 1996, 411 ff., 512 ff., beide m. w. Lit.nachw.

[35]Der Terminus für diese Art von Klage, die also, wie die Anfechtungsklage, auf ein gerichtliches Aufhebungsurteil gerichtet ist, wird bislang im Schrifttum – trotz überwiegenden Gebrauchs der Bezeichnung „allgemeine Gestaltungsklage" – noch nicht einhellig verwendet. Man spricht vielmehr auch von „Aufhebungsklage", von „atypischer Anfechtungsklage" oder von „anderer Gestaltungsklage". Die Bezeichnung „allgemeine Gestaltungsklage" ist aber insofern im Schrifttum besonders verbreitet, als sie entsprechend dem Verhältnis der allg. Leistungsklage zur Verpflichtungsklage gerade an eine ähnliche Beziehung zwischen der betreffenden Klageart einerseits und der Anfechtungsklage andererseits zu erinnern vermag: Während die Verpflichtungs- und die Anfechtungsklage hier also als Leistungs- und (kassatorische) Gestaltungsklage *besonderer* Art nur in VA-Angelegenheiten Anwendung finden können, sind die allg. Leistungs- und Gestaltungsklage die entsprechenden Klageformen eben in *allgemeiner* Fassung; sie dienen daher den gerichtlichen Entscheidungen über sämtliche einschlägige Begehren, die nicht speziell in die VA-Angelegenheiten fallen (vgl. dazu nur *Schwarplys*, Allg. Gestaltungsklage, S. 78 f.). Ebenfalls aus diesem Grund will die vorliegende Arbeit an der Bezeichnung „allgemeine Gestaltungsklage" festhalten.

VwGO oder doch (in analoger Anwendung) der §§ 80 bis 80 b VwGO – allein im Hinblick auf die allgemeine Gestaltungsklage in Frage gestellt werden.

(2) Das Problem der Zulässigkeit und der Notwendigkeit einer kommunalverfassungsstreitbezogenen einstweiligen Feststellungsanordnung, insbesondere für den Fall, daß eine vorläufige Feststellung der Nichtigkeit bzw. der Rechtswidrigkeit eines Beschlusses des kommunalen Vertretungsorgans[36] begehrt wird. Bei diesem Problem spricht man gelegentlich auch von Statthaftigkeit – bzw. Unstatthaftigkeit – eines bestimmten Anordnungsantrags[37]. Diese Formulierung ist allerdings, wie später in der Untersuchung noch zu zeigen sein wird, unzutreffend.

(3) Das Problem des richtigen Antragsgegners im kommunalverfassungsstreitbezogenen Anordnungsverfahren, insbesondere für den Fall, daß die vorläufige Aussetzung der Vollziehung des Beschlusses eines kommunalen Vertretungsorgans beantragt wird. Bei dieser Problemstellung geht es – nach richtiger Auffassung[38] – um die sog. passive Prozeßführungsbefugnis, die im

---

[36]Der Begriff „kommunales Vertretungsorgan" wird in dieser Arbeit stets als Sammelbezeichnung für diejenigen kommunalen Hauptorgane verwendet, die von Gemeinde- bzw. (Land-)Kreisbürgern als ihre Vertretung auf kommunaler Ebene gewählt und nach wie vor bundesweit je nach den Bestimmungen der einschlägigen kommunalen Gesetze der Länder unterschiedlich als Kreistag, Gemeinderat, Gemeindevertretung usw. bezeichnet sind. Zu den verschiedenen Bezeichnungen solcher Organe auf der Gemeindeebene s. die Liste bei *Stober*, KommR, S. 183 f.

[37]So eindeutig *OVG NW*, NWVBl. 1996, 334 (335).

[38]Ob die Frage nach dem richtigen Verfahrensgegner, die in der VwGO nur ganz singulär in § 78 für die Anfechtungs- und Verpflichtungsklage angesprochen ist, in der verwaltungsprozessualen Rechtsdogmatik überhaupt als eine Frage der *passiven Prozeßführungsbefugnis* begriffen und mithin beim Problem der *Sachentscheidungsvoraussetzungen* bzw. der *Zulässigkeit* des gerichtlichen Verfahrens eingeordnet, oder ob sie nicht eher als Problem der *Passivlegitimation* angesehen und damit erst bei der *Begründetheit* des gerichtlichen Verfahrens erörtert werden sollte, ist seit langem in Rechtsprechung wie Schrifttum äußerst umstritten: Während das *BVerwG* (etwa in: NVwZ-RR 1990, 44) unter dem Beifall mancher Wissenschaftler (so z. B. *Würtenberg*, VwPrR, Rn. 599) nach wie vor auf der zweiten Auffassung (Passivlegitimation) beharrt, setzt sich mittlerweile im Schrifttum nach und nach die erste Auffassung (passive Prozeßführungsbefugnis) durch (s. zuletzt ausführl. *Meissner*, in: Schoch/Schmidt-Aßmann/Pietzner, VwGO, § 78 Rn. 4 ff.). Ohne diese umstrittene Frage hier nun aber weiter vertiefen zu wollen, schließt sich die vorliegende Arbeit im Hinblick auf die im Schrifttum bereits vorhandenen ausführlichen und überzeu-

kommunalverfassungsstreitbezogenen Anordnungsverfahren auch als Sachentscheidungsvoraussetzung anerkannt werden sollte.

Die im zweiten Teil der vorliegenden Arbeit vorzunehmenden Betrachtungen zu diesen drei Problemfeldern sollen dabei im übrigen unter besonderer Berücksichtigung von Beschlüssen kommunaler Vertretungsorgane vorgenommen werden. Denn Beschlüsse kommunaler Vertretungsorgane spielen im Kommunalverfassungsstreit ja nach wie vor eine besondere Rolle; wie hinsichtlich ihrer denn nun aber prozessual verfahren werden soll, ist bislang weitgehend ungeklärt. Sofern es die Sachentscheidungsvoraussetzungen des Anordnungsantrags betrifft, will die vorliegende Arbeit daher auch auf diese besondere Thematik[39] eingehen.

---

genden Begründungen der zweiten Auffassung an. Der Aspekt des richtigen Verfahrensgegners wird im Rahmen dieser Arbeit also als Problem der passiven Prozeßführungsbefugnis betrachtet und mithin zu den Sachentscheidungsvoraussetzungen eines Rechtsschutzgesuchs gezählt. Eine solche relativ rasche Entscheidung erscheint hier auch durchaus vertretbar, da das Problem, das im Rahmen der vorliegenden Arbeit in bezug auf den richtigen Antragsgegner zur Untersuchung gestellt wird, in der Tat in einem ganz anderen Bereich liegt, als die besagte Frage nach Zulässigkeit oder Begründetheit. Auch wenn man nämlich das Problem des richtigen Verfahrensgegners als eine Frage der Passivlegitimation verstehen wollte, dann hieße dies nur, daß es nicht als Zulässigkeitsfrage definiert, sondern in die Begründetheit verlagert würde, was jedoch am sachlichen Gehalt der hier zu behandelnden Problematik nichts änderte. Die Frage nach Zulässigkeit bzw. Begründetheit spielt im Hinblick auf das Problem des richtigen Verfahrensgegners hier insofern also letztlich keine große Rolle.

[39] Zu dieser Thematik vgl. vor allem *Heermann*, Gemeinderatsbeschluß, S. 297 ff.; *Karst*, Gemeinderatsbeschluß, S. 122 ff.; vgl. zudem auch *G. Meyer*, Beschlüsse. S. 160 ff. Diese drei Abhandlungen beziehen sich jeweils aber fast ausschließlich auf die Sachurteilsvoraussetzungen im Klageverfahren.

Erster Teil

Die Vorwegnahme der Hauptsache als allgemeines Problem im Anordnungsverfahren

Der nachfolgende erste Teil dieser Arbeit beschäftigt sich mit der „Vorwegnahme der Hauptsache im kommunalverfassungsstreitbezogenen Anordnungsverfahren". In ihm wird die Frage gestellt, ob überhaupt, und wenn ja, unter welchen Voraussetzungen, das Gericht in einem kommunalverfassungsstreitbezogenen Anordnungsverfahren durch einstweilige Anordnung dem Antragsteller vorab bereits das gewähren kann, was er sonst nur in einem entsprechenden Hauptsacheprozeß erreichen könnte[1]. Obwohl die Zulässigkeit einer solchen einstweiligen Anordnung wegen ihres inhaltlichen Vorgriffs auf die Hauptsacheentscheidung[2] durchaus nicht unumstritten ist, bereitet diese

---

[1]Diese speziell auf den Begriff der Vorwegnahme der Hauptsache im KVS-Anordnungsverfahren ausgerichtete Fragestellung wurde vor allem mit Blick auf *BayVGH*, BayVBl. 1997, 664; *SächsOVG*, SächsVBl. 1997, 268 (270) formuliert. Der Begriff der Vorwegnahme der Hauptsache wird hier aber durchaus auch in seiner üblichen Bedeutung verwendet; zu dieser vgl. etwa *Schoch*, in: Schoch/Schmidt-Aßmann/Pietzner, VwGO, § 123 Rn. 141. Zu einer noch wieder ganz anderen Bedeutung desselben Begriffs vgl. aber unten Fn. 2.

[2]In der Vergangenheit wurde im Schrifttum die Bezeichnung „Vorwegnahme der Hauptsache" vereinzelt aber auch in anderem Sinne verwendet, so etwa – dies ist das berühmteste Beispiel – bei *Leipold*, Grundlagen, passim und insb. S. 15 f. (vgl. noch *ders.*, ZZP 90 [1977], 258 [266 ff.]). Dort wurde die Vorwegnahme der Hauptsache als „Vorausprüfung der Erfolgsaussichten des Hauptsacheverfahrens in einem Eilverfahren" verstanden, wobei mit dem Begriff des „Eilverfahrens" aber nicht nur das Verfahren der einstweiligen Anordnung, sondern auch die Verfahren des vorläufigen Rechtsschutzes jeglicher Art in Verfassungs-, Verwaltungs- und Zivilprozeß erfaßt sind. *Leipold* selbst gab denn auch zu, daß der von ihm verwendete Begriff der Vorwegnahme der Hauptsache völlig von der allgemein üblichen Terminologie abweicht; er sprach daher im Hinblick auf die von ihm zugrunde gelegte Bedeutung von „*Prüfungs*vorwegnahme", im Hinblick auf das allgemein übliche Begriffsverständnis von „*Maßnahme*vorwegnahme" (*ders.*, Grundlage, S. 15 und eingehend zur Maßnahmevorwegnahme auf S. 210 ff.; vgl. zudem *ders.*, ZZP 90 [1977], 258 [268]). Im Gegensatz dazu verwechselte *Greßmann*, Einstweilige Anordnung, S. 66, 91 mit Fn. 427, die beiden Bedeutungen offenbar miteinander; ohne klare Differenzierung zwischen beiden Be-

Frage jedoch mittlerweile im „normalen“, von Bürgern gegen den Staat geführten Anordnungsverfahren unter Geltung der bekannten These vom „Vorwegnahmeverbot mit Ausnahmen“, praktisch gesehen, kaum mehr Probleme. Sofern sie allerdings in bezug auf einen Kommunalverfassungsstreit aufgeworfen wird, ist sie, weil jene These hier nicht so ohne weiteres angewandt werden kann, von einer Lösung nach wie vor weit entfernt. Das Problem der Vorwegnahme der Hauptsache im kommunalverfassungsstreitbezogenen Anordnungsverfahren ist von daher in der gerichtlichen Praxis weiterhin höchst umstritten[3], so daß eine tiefgreifende Untersuchung zu diesem Thema unumgänglich ist und im folgenden auch vorgenommen werden soll. Zweckmäßigerweise muß sie jedoch in drei aufeinanderfolgende Abschnitte unterteilt werden und damit Schritt um Schritt erfolgen.

---

deutungen aber auch *Ule*, GewArch. 1978, 73 (77). Vgl. zum Begriff der Vorwegnahme der Hauptsache im Sinne von „Maßnahmevorwegnahme“ einerseits und „Prüfungsvorwegnahme“ andererseits schließlich noch *Schoch*, Vorläufiger Rechtsschutz, S. 1399.

[3] Eine Liste der einschlägigen Rechtsprechung findet sich bereits oben in Einl. Fn. 27.

Abschnitt 1

Die Fragestellung

I. Überblick über die Rechtsprechung

Die Vorwegnahme der Hauptsache stellt nach wie vor das größte Problem in der Praxis des kommunalverfassungsstreitbezogenen Anordnungsverfahrens dar. Die Rechtsprechung hat hier zwar verschiedentlich versucht, dem heiklen Thema ein für allemal auf den Grund zu gehen; ob allerdings diese Bemühungen bereits von Erfolg gekrönt sind, erscheint durchaus fraglich[1]. Zu bezweifeln ist insbesondere, ob das Kernproblem der Vorwegnahme der Hauptsache im Zusammenhang gerade mit dem Kommunalverfassungsstreit tatsächlich schon als bewältigt angesehen werden kann.

1. Das Vorwegnahmeverbot als Ausgangspunkt

Zunächst einmal ist nach der bislang nahezu einheitlichen Auffassung der Rechtsprechung[2] eine Vorwegnahme der Hauptsache in bezug auf Anordnungsverfahren jeglicher Art grundsätzlich nicht zuzulassen. Dieser angeblich „dem Wesen und dem Zweck der einstweiligen Anordnung entsprechende"[3] Grundsatz des sogenannten „Vorwegnahmeverbots"[4] wurde in der Vergangen-

---

[1]So sind z. B. in bezug auf den seit den Entscheidungen in NWVBl. 1990, 191 (193); DVBl. 1993, 212 (213); 213 (215) kontinuierlich entwickelten Ansatz des OVG NW die einschlägigen Besprechungen durchaus unterschiedlich; vgl. dazu *Fehrmann*, NWVBl. 1989, 303 (308 f.) mit positiver Beurteilung einerseits und *Bracher*, NWVBl. 1994, 409 ff. mit scharfer Kritik andererseits. Skeptisch auch *K. Lange*, JuS 1994, 296 (300) u. *Ziekow*, NWVBl. 1998, 297 (307 f.).

[2]Vgl. dazu nur *Schoch*, in: Schoch/Schmidt-Aßmann/Pietzner, VwGO, § 123 Rn. 141 (insb. Fn. 620) m. zahlreichen Nachweisen aus der Rspr.

[3]Dazu exemplarisch *BayVGH*, BayVBl. 1997, 664.

[4]Der Begriff des „Vorwegnahmeverbots" als Abkürzung für „Verbot der Vorwegnahme der Hauptsache" hat sich in der Rechtswissenschaft mittlerweile eingebürgert (s. dazu etwa

heit denn auch von Gerichtsentscheidungen, die sich mit den kommunalverfassungsstreitbezogenen Anordnungsanträgen beschäftigten, unmißverständlich bekräftigt und festgeschrieben[5]. Zwar hat die einschlägige Rechtsprechung hier, wiederum einer ebenfalls längst in der gerichtlichen Praxis verbreiteten Ansicht[6] folgend, zugestanden, daß auch unter Geltung des sogenannten Vorwegnahmeverbots zugunsten der durch Art. 19 Abs. 4 Satz 1 GG verbürgten Effektivität des Rechtsschutzes ggf. eine notwendige Vorwegnahme der Hauptsache als Ausnahme von der Regel anzuerkennen sei. Problematisch ist nun allerdings die Frage, ob eine solche Ausnahme, der angeblich die Gewährung effektiven Rechtsschutzes zugrunde liege, auch für den Bereich des kommunalverfassungsstreitbezogenen Anordnungsverfahrens gilt; dieser Frage sind die entscheidenden Gerichte bislang jedoch sämtlich mit großer Zurückhaltung begegnet[7]. Denn nach der gegenwärtig noch allgemein verbreiteten Auffassung[8] unterliegt der Kommunalverfassungsstreit auf keinen Fall der Anwendung des Art. 19 Abs. 4 Satz 1 GG. Da aber diese Verfassungsnorm aufgrund ihres Abzielens auf die Gewährung effektiven Rechtsschutzes eine rechtliche Basis für Ausnahmen vom Vorwegnahmeverbot bildet, kann eine solche Argumentation nicht gleichermaßen für das kommunalverfassungsstreitbezogene Anordnungsverfahren gelten. Das Anordnungsverfahren dieser Art verbleibt damit letztlich als ein spezieller Fall, in dem nur der Grundsatz des Vorwegnahmeverbots gilt, ohne durch die genannten Ausnahmen eingeschränkt zu werden[9].

Jank, in: Finkelnburg/Jank, Vorläufiger Rechtsschutz, Rn. 212 ff.). Er soll daher auch im Rahmen dieser Arbeit verwendet werden.

[5]Siehe dazu die in Einl. Fn. 27 nachgewiesene einschlägige Rechtsprechung.

[6]Insb. anhand der einschlägigen Rechtsprechung dazu eingehend *Kopp/Schenke*, VwGO, § 123 Rn. 14 ff.; *Schoch*, in: Schoch/Schmidt-Aßmann/Pietzner, VwGO, § 123 Rn. 142 ff.

[7]Siehe hierzu ebenfalls die in Einl. Fn. 27 nachgewiesene Rechtsprechung.

[8]So statt vieler *BVerwG*, Buchholz 310 § 40 VwGO Nr. 215 sowie *Schmidt-Aßmann*, in: Schoch/Schmidt-Aßmann/Pietzner, VwGO, Einl. Rn. 5 m. w. Nachw. Diese Auffassung ist als solche allerdings nicht unumstritten (s. dazu unten Teil 1, Abschn. 2, III, 1), was hier jedoch im Hinblick auf die sogleich im Text noch vorzunehmenden Darstellungen zunächst nicht behandelt werden soll.

[9]Bedenklich sind hier insofern *BbgOVG*, LKV 1999, 34; *HessVGH*, NVwZ 1988, 81; 1990, 391 (392); *OVG RP*, NVwZ-RR 1990, 98; *VG Göttingen*, NdsVBl. 1999, 218, da sie in

Der Umstand, daß der Kommunalverfassungsstreit nicht zum Anwendungsbereich des Art. 19 Abs. 4 Satz 1 GG gehört, hat andererseits der Rechtsprechung jedoch auch große Schwierigkeiten bereitet. Ebenso wie beim Rechtsstreit außenrechtlicher Arten ist bei den Kommunalverfassungsstreitigkeiten im konkreten Fall eine Vorwegnahme der Hauptsache nämlich in vielen Fällen nahezu unvermeidbar[10]: Denn so wie etwa im Rahmen des Streits, ob in einer bevorstehenden Kreistagssitzung über einen bestimmten Antrag geheim abgestimmt werden soll, wenn überhaupt, dann offenbar nur eine eben den Kreistag zur geheimen Abstimmung verpflichtende Anordnung als hier zu erlassende einstweilige Anordnung denkbar ist[11], kann dem Eilantrag eines zuvor unzulässigerweise aus der Ratsfraktion ausgeschlossenen Fraktionsmitglieds ebenfalls nur durch eine die beklagte Fraktion zur vorläufigen Hinnahme der Mitwirkung des Klägers in der Fraktion verpflichtende Anordnung nachgekommen werden[12]. Damit aber würden beide allein in Betracht kommenden einstweiligen Anordnungen jeweils eine unzulässige Vorwegnahme der Hauptsache herbeiführen. Daß angesichts dessen die Gerichte insofern in ein Dilemma geraten sind, aus dem sie – in welcher Weise auch immer – auf jeden Fall herausfinden müssen, ist offenkundig.

2. *Das Problem der Nichtanwendbarkeit des Art. 19 Abs. 4 Satz 1 GG*

Die Problematik der Vorwegnahme der Hauptsache, die demgemäß im kommunalverfassungsstreitbezogenen Anordnungsverfahren aufgrund des Vor-

---

bezug auf das KVS-Anordnungsverfahren in lapidarer Kürze und ohne Begründung für eine aus der Effektivität des Rechtsschutzes und/oder Art. 19 IV GG hergeleitete Ausnahme vom Vorwegnahmeverbot eintreten. Ohne die Effektivität des Rechtsschutzes zu nennen, kommt aber auch *BayVGH*, BayVBl. 1988, 83 (85), auf die Ausnahme vom Vorwegnahmeverbot zu sprechen.

[10]So hat denn auch *Baur*, Studien, S. 60 schon früher in bezug auf das Vorwegnahmeverbot zutreffend prognostiziert, daß „die Variationsbreite der ein minus und aliud darstellenden Maßnahmen [scil.: der Anordnungsmaßnahmen ohne Vorwegnahme]... faktisch geringer ist."

[11]Siehe dazu *HessVGH*, NVwZ 1988, 81 als einen konkreten Beispielsfall.

[12]Siehe dazu wiederum *HessVGH*, HSGZ 1987, 209; NVwZ 1990, 391; 1992, 506; *NdsOVG*, NVwZ 1994, 506; *OVG NW*, DVBl. 1989, 940; 1993, 213; *SaarlOVG*, NVwZ-RR 1996, 462; *VG Darmstadt*, NVwZ-RR 1990, 104.

wegnahmeverbots einerseits und der Nichtanwendbarkeit des Art. 19 Abs. 4 Satz 1 GG andererseits in spezieller Form besteht, ist in der gerichtlichen Praxis längst bekannt. So sind denn auch verschiedene, voneinander abweichende Lösungsansätze entwickelt worden: Während etwa das OVG Bremen[13] unter Hinweis darauf, daß im Kommunalverfassungsstreit der Mangel der Verfassungs-Nichtbetroffenheit gleichermaßen auf der klagenden wie auf der beklagten Seite liege, die Ausnahmen vom Vorwegnahmeverbot trotz fehlender Anwendbarkeit des Art. 19 Abs. 1 Satz 1 GG als irgendwie gegeben annehmen will, betrachtet das Sächsische OVG[14] die einfachgesetzliche Bestimmung des § 42 Abs. 2 VwGO als unmittelbare Rechtsgrundlage für eine notwendige und somit ausnahmsweise zulässige Vorwegnahme der Hauptsache. Von besonderem Interesse ist allerdings die Entscheidungspraxis in Nordrhein-Westfalen[15], nach der das Problem mittels einer speziell im Hinblick auf das Interesse der kommunalen Körperschaft als solcher vorgenommenen intensiven Prüfung zu überwinden sein soll. Diese Sonderauffassung des OVG Münster hat nämlich im Schrifttum eine besonders heftige Diskussion ausgelöst[16].

Aber auch somit werden in Schrifttum in bezug auf das Thema der Vorwegnahme der Hauptsache im kommunalverfassungsstreitbezogenen Anordnungsverfahren die verschiedenen Lösungsansätze der Rechtsprechung allesamt kurz behandelt, ohne daß sich dabei jedoch eine herrschende Auffassung herausgebildet hätte. Was also ist die richtige Lösung?

Zunächst ist festzustellen, daß beim Problem der Vorwegnahme der Hauptsache im kommunalverfassungsstreitbezogenen Anordnungsverfahren sämtliche Gerichte trotz ihrer verschiedenen Ansätze von der Geltung des sogenannten Vorwegnahmeverbots auch in gerade dieser Art des Anordnungsverfahrens ausgegangen sind. Aber wenn sie dabei auch insofern richtig darauf

---

[13]NVwZ 1990, 1195 (1196).

[14]SächsVBl. 1997, 13 (16); vgl. zudem aber auch *SächsOVG*, SächsVBl. 1997, 268 (270) in bezug auf die Organstreitigkeiten innerhalb der Sächsischen Landesanstalt für privaten Rundfunk und neue Medien.

[15]Siehe dazu *OVG NW*, NWVBl. 1990, 191 (193); DVBl. 1993, 212 (213); 213 (215); vgl. außerdem die unveröffentlichten Entscheidungen desselben Gerichts bei *Fehrmann*, NWVBl.1989, 303 (309).

[16]Dazu zuerst *Fehrmann*, NWVBl. 1989, 303 (308 f.) sowie im Anschluß daran *Bracher* NWVBl. 1994, 409 ff.; *K. Lange*, JuS 1994, 296 (300); *Ziekow*, NWVBl. 1998, 297 (307 f.).

hingewiesen haben, daß Ausnahmen vom Vorwegnahmeverbot wegen des Ausscheidens des Kommunalverfassungsstreits aus dem Anwendungsbereich des Art. 19 Abs. 4 Satz 1 GG hier nicht bzw. zumindest nicht aus dem Grund der verfassungsrechtlichen Garantie der Effektivität des Rechtsschutzes in Frage kommen, so wird dabei jedoch die logisch vorrangige Frage übergangen, ob das Vorwegnahmeverbot denn selbst überhaupt Anspruch auf Richtigkeit erheben kann. Gerade dies ist aber zu bezweifeln.

Das Vorwegnahmeverbot als ein in der Praxis der Verwaltungsrechtsprechung unüberschreitbares Dogma wird bekanntlich seit langem von Wissenschaftlern ironisch als „prozessuale Legende"[17] bezeichnet. Auch wenn dieser sogenannte „Grundsatz des allgemeinen Prozeßrechts"[18] im Schrifttum mitunter Beifall gefunden hat[19], hat jedoch die scharfe Kritik an ihm Jahr um Jahr zugenommen[20]. Zwar sind auch solche skeptischen Stimmen sicherlich noch auf ihre Richtigkeit hin nachzuprüfen; das heißt aber wiederum, daß derjenige, der in bezug auf den Kommunalverfassungsstreit die Vorwegnahme der Hauptsache als eine Sonderfrage behandeln will, sich zuvor mit dem Dogma des Vorwegnahmeverbots als einem allgemeinen Thema auseinandersetzen muß. Denn im Zusammenhang mit diesem Dogma gibt es noch viele offene Fragen, die schwierig zu klären sind.

Aus diesem Grund soll im folgenden zunächst der Frage nach der Richtigkeit des Dogmas des Vorwegnahmeverbots nachgegangen werden, und erst danach und *im gegebenen Fall* soll dann die Vorwegnahme der Hauptsache anhand der einschlägigen Rechtsprechung als ein nunmehr noch speziell im

---

[17]So *Quaritsch*, VerwArch. 51 (1960), 342 (349).

[18]So *Karpen*, JuS 1984, 455 (458). Diese Behauptung ergibt sich nämlich daraus, daß das sog. Vorwegnahmeverbot nicht nur im Bereich des allgemeinen Verwaltungsprozesses, sondern seit jeher als ein für das Rechtsinstitut der einstweiligen Anordnung/Verfügung geltender Grundsatz in jeglicher Gerichtsbarkeit herrscht. Vgl. dazu bereits oben Einl. Fn. 25.

[19]So etwa bei *Brühl*, JuS 1995, 916 (919); *Kopp*, VwGO, 10. A., § 123 Rn. 13 ff.; *Schenke*, VwPrR, Rn. 1034 ff.; *Stern*, Verwaltungsproz. Problem, Rn. 216 f.; *Würtenberger*, VwPrR, Rn. 550 f.

[20]So schon früher *Quaritsch*, VerwArch. 51 (1960), 342 (347 ff.) u. zuletzt besonders ausführl. *Schoch*, Vorläufiger Rechtsschutz, S. 740 ff.; 1395 ff.; *ders*, in: Schoch/Schmidt-Aßmann/Pietzner, VwGO, § 123 Rn. 141 ff. (insb. 146 ff.).

kommunalverfassungsstreitbezogenen Anordnungsverfahren existierendes Problem gesondert behandelt werden[21].

II. Stellungnahme zum Dogma des Vorwegnahmeverbots

Das Dogma des Vorwegnahmeverbots hat, wie schon oben dargetan[22], in Wahrheit zwei Aspekte zum Inhalt. Es sind dies einmal der Grundsatz des Vorwegnahmeverbots als solcher und zum anderen dessen Ausnahmen. Ob nun beide Teile jeweils überzeugen können, sei im folgenden untersucht.

1. Die Ausnahmen vom Vorwegnahmeverbot

Zunächst zu den Ausnahmen vom Vorwegnahmeverbot. Zwar erscheinen solche Ausnahmen, praktisch besehen, mehr oder weniger nützlich; bei Lichte betrachtet, wird man mit ihnen jedoch nur sehr vorsichtig umgehen müssen:

Nach der herrschenden Auffassung in der Rechtsprechung[23] leiten sich Ausnahmen vom Vorwegnahmeverbot aus der Gewährung effektiven Rechtsschutzes her. Fraglich ist dabei allerdings, ob das Rechtsinstitut der einstweiligen Anordnung als solches nicht schon von seiner allgemeinen Zielsetzung her zum Zwecke der Verwirklichung effektiven Rechtsschutzes geschaffen worden ist. Diese Frage mag früher noch mehr oder weniger zweifelhaft gewesen sein; heutzutage ist sie dank der Bemühungen des Bundesverfassungsgerichts[24]

---

[21]Besonders hervorgehoben sei in diesem Zusammenhang der Aufsatz von *Bracher*, NWVBl. 1994, 409 (insb. 413). Bei seiner Besprechung der KVS-Eilentscheidungen des OVG NW ist der Autor u. a. unmittelbar auf die Frage eingegangen, ob das sog. Vorwegnahmeverbot überhaupt noch Gültigkeit beanspruchen kann.

[22]Vgl. oben Teil 1, Abschn. 1, I, 1.

[23]Vgl. dazu bereits oben Teil 1, Abschn.1 Fn. 6.

[24]So grundlegend BVerfGE 46, 166 (LS 1, 178 f.); im Anschluß daran aber auch BVerfGE 51, 268 (284 ff.); 54, 39 (41 f.); 55, 349 (369); 79, 69 (LS 1, 74 f.). Vgl. zur neueren Rechtsprechung fernerhin *Schulze-Fielitz*, in: Dreier, GG, Art. 19 IV Rn. 85 u. nicht zuletzt *Finkelnburg/Jank*, Vorläufiger Rechtsschutz, Rn. 5 ff., beide m. w. Nachw.

jedoch in bejahendem Sinne geklärt[25]. Sofern aber im konkreten Fall ein wirksamer Rechtsschutz von vornherein nur durch eine der Hauptsacheentscheidung vorgreifende einstweilige Anordnung erreicht werden kann, ist angesichts dessen in diesem Fall die vorzunehmende Vorwegnahme der Hauptsache wohl eher als die Regel anzusehen und nicht nur als eine Ausnahme[26]. Gerade in diesem Punkt hat die Verwaltungsrechtsprechung bislang nach wie vor keinerlei Klärung gebracht; unbeantwortet bleibt damit aber auch die Frage, welchem anderen Zweck über den der Effektivität des Rechtsschutzes hinaus eine einstweilige Anordnung denn sonst noch dienen soll, wenn das Vorwegnahmeverbot, wie die Rechtsprechung es ja behauptet, einen unverrückbaren Grundsatz darstellt.

Ebenfalls der Rechtsprechung zufolge sind fernerhin in zahlreichen Fallkonstellationen Ausnahmen vom Vorwegnahmeverbot gegeben. Einzelbeispiele sind geradezu Legion; was fehlt, sind jedoch allgemeine Kriterien[27]. Zwar haben die Gerichte jüngst häufig von einer sorgfältigen Prüfung des Anordnungsanspruchs einerseits und des Anordnungsgrunds andererseits gesprochen[28]. Es stellt sich jedoch die Frage, in welchem Zusammenhang eine solche Prüfungsintensität mit jener angeblichen Rechtsgrundlage der ausnahmsweise zulässigen Vorwegnahme der Hauptsache, also der Effektivität des Rechtsschutzes, steht[29]. Auch hierauf hat die Rechtsprechung bislang keine plausible Antwort gegeben. Inwiefern aber eine ausnahmsweise Vorwegnahme der Hauptsache unter der Bedingung einer sorgfältigen Prüfung des Anordnungsanspruchs und des Anordnungsgrunds im Hinblick auf die Gewährung effekti-

---

[25]Die Auffassung des BVerfG läßt sich in der Tat bereits auf die Gesetzmaterialien zur VwGO stützen; nach der amtlichen Begründung (BT-Drs. III/55, S. 44) dient § 122 Entw. der VwGO (= § 123 VwGO) nämlich eben der Effektivität des Rechtsschutzes.

[26]So krit. auch *Leipold*, Grundlagen, S. 215 a. E.

[27]Krit. dazu insb. *Schoch*, in: Schoch/Schmidt-Aßmann/Pietzner, VwGO, § 123 Rn. 142 ff.; krit. auch *Kopp/Schenke*, VwGO, § 123 Rn. 14.

[28]Exemplarisch hier insb. *BayVGH*, BayVBl. 1997, 664 (665); *SächsOVG*, SächsVBl. 1997, 268 (270); *VG Göttingen*, NdsVBl. 1999, 218. Die drei Gerichte sprechen dabei nämlich von einem hohen Grad an Wahrscheinlichkeit für einen Erfolg auch in der Hauptsache einerseits (so der Anordnungsanspruch) und von den sonst für den Antragsteller unzumutbaren schweren Nachteilen andererseits (so der Anordnungsgrund).

[29]So im Zweifel auch *Schoch*, in: Schoch/Schmidt-Aßmann/Pietzner, VwGO, § 123 Rn. 142 a. E.

ven Rechtsschutzes tatsächlich gerechtfertigt werden kann, ist damit fraglich. Um so zweifelhafter wäre es allerdings, wenn man nun in diesem Zusammenhang noch einmal die einschlägigen gesetzlichen Bestimmungen, also § 123 Abs. 3 VwGO i. V. m. § 920 Abs. 1 ZPO, heranzöge. Hier spricht das Gesetz nämlich von einer Glaubhaftmachung, und es erhebt sich damit die Frage, ob das Gericht in einem *Eil-(!)*Verfahren überhaupt über ein dieser gesetzlichen Bestimmung entsprechendes summarisches Maß hinaus die Sache in bezug auf den Anordnungsanspruch und den Anordnungsgrund eingehend prüfen kann. Diese Frage bedarf auf jeden Fall einer konsequenten Klärung.

Alles in allem ergibt sich aus der voraufgehenden Untersuchung zumindest eine Begrenzung der Anerkennung von sogenannten Ausnahmen vom Vorwegnahmeverbot. Denn dieser angeblich einer Abweichung von der Strenge des Vorwegnahmeverbots dienende Ansatz wirft offenbar mehr Zweifelsfragen auf, als daß er eine in sich konsistente Lösung böte. Der Ansatz der Ausnahmen vom Vorwegnahmeverbot darf damit also eher als ein pragmatischer Kompromiß verstanden werden; rechtsdogmatisch zu überzeugen vermag er jedoch nicht.

2. *Der Grundsatz des Vorwegnahmeverbots als solcher*

Nach Auffassung der Rechtsprechung ist das Vorwegnahmeverbot ein Grundsatz für Anordnungsverfahren jeglicher Art[30]. In der Praxis hat dieser Grundsatz jedoch eine ganze Reihe erheblicher Probleme aufgeworfen, die im folgenden behandelt werden sollen.

a) Das Vorwegnahmeverbot als unbegründetes Postulat

Für das Postulat des Vorwegnahmeverbots beim Erlaß einstweiliger Anordnungen hat die Rechtsprechung bislang noch keine nennenswerten Gründe angeführt. Mitunter sprechen die Gerichte zwar vom „Wesen" und/oder vom „Zweck" der einstweiligen Anordnung[31]; was aber dieses „Wesen" und dieser

---

[30] So bereits oben Teil 1, Abschn. 1 Fn. 2.

[31] So z. B. *VGH BW*, NVwZ-RR 199, 419 (420); *BayVGH*, BayVBl. 1997, 664 (665); *HessVGH*, NJW 1989, 470 (478); *SächsOVG*, SächsVBl. 1997, 268 (270).

„Zweck" inhaltlich bedeuten könnten, bleibt dabei offen. Daß die gerichtliche Praxis am Vorwegnahmeverbot festhält, ist wohl nur aus der Tradition heraus zu erklären[32]; als unumstößliches Dogma würde das Postulat des Vorwegnahmeverbots denn auch keiner Begründung bedürfen[33].

Allerdings ist der einschlägigen Rechtsprechung nicht zuzustimmen. Denn nach der derzeit überwiegenden und auch zutreffenden Ansicht[34] im Schrifttum ist das Problem der Vorwegnahme der Hauptsache als eine vom Inhalt der jeweiligen Anordnungsentscheidung abhängige Frage zu qualifizieren. Was aber eine einstweilige Anordnung zum Inhalt haben kann, kann das Gericht gemäß § 123 Abs. 3 VwGO i. V. m. § 938 Abs. 1 ZPO grundsätzlich in freiem Ermessen bestimmen. Hier stellt das Gesetz weder feste Kriterien auf, noch erwähnt es den Begriff des Vorwegnahmeverbots irgendwo ausdrücklich[35]. Wäre nun aber das Vorwegnahmeverbot tatsächlich, wie die Rechtsprechung behauptet, als unumgänglicher Grundsatz für den Erlaß einer einstweiligen Anordnung zu postulieren, bedürfte dies auf jeden Fall einer Begründung. Eine solche ist die Rechtsprechung aber bedauerlicherweise bislang schuldig geblieben: Die Gerichte haben ihre Auffassung hierzu nämlich noch nie bzw. nie ernsthaft begründet.

b) Das Vorwegnahmeverbot als undifferenziert-vage Formel

Das sogenannte Vorwegnahmeverbot wird in der Rechtsprechung zudem oftmals nur mit relativ abstrakten und vagen Sätzen formuliert. Inwiefern eine einstweilige Anordnung im konkreten Fall aber gegen das Verbot verstoßen

---

[32] So urteilt denn auch *Leipold*, ZZP 90 (1977), 258 (268).

[33] Krit. auch *Schoch*, in: Schoch/Schmidt-Aßmann/Pietzner, VwGO, § 123 Rn. 141.

[34] So z. B. *Bender*, in: FS Menger, S. 657 (665); *Brühl*, JuS 1995, 916 (919); *Erichsen*, Jura 1984, 644 (652); *Happ*, in: Eyermann, VwGO, § 123 Rn. 64; *Huba*, JuS 1990, 983 (986); *Jakobs*, VBlBW 1984, 129 (135); *Papier*, JA 1979, 646 (648); *Schenke*, VwPrR, Rn. 1034; *Schoch*, in: Schoch/Schmidt-Aßmann/Pietzner, VwGO, § 123 Rn. 98 a. E. A. A. aber insb. *Franzke*, NWVBl. 1993, 321 (322): „Statthaftigkeit eines Anordnungsantrags"; undeutlich, aber wohl in dieser Richtung auch *Schmitt Glaeser/Horn*, VwPrR, Rn. 318.

[35] Daß der Terminus „Vorwegnahmeverbot" auf keinen Fall wie ein Gesetzesbegriff anzuwenden ist, wird ebenfalls von *Schoch*, in: Schoch/Schmidt-Aßmann/Pietzner, VwGO, § 123 Rn. 146 besonders betont.

soll, wird nicht immer ersichtlich[36]. Im Schrifttum kennt man demgegenüber seit langem die beiden Kategorien der „vorläufigen Vorwegnahme der Hauptsache“ und der „endgültigen Vorwegnahme der Hauptsache“[37]. Daß nun aber diese beiden Typen der Vorwegnahme der Hauptsache gleichermaßen dem Vorwegnahmeverbot unterfallen sollen, ist nicht so ohne weiteres einzusehen. Während nämlich bei der endgültigen Vorwegnahme der Hauptsache, wie z. B. der Zulassung des Abhörens einer auf die Gemeinderatssitzung bezogenen Tonbandaufzeichnung, eine später anders zu treffende Hauptsacheentscheidung völlig ausgeschlossen ist[38], kann eine zuvor nur im Sinne einer vorläufigen Vorwegnahme der Hauptsache erlassene einstweilige Anordnung, wie z. B. die vorläufige Nichtverwirklichung eines umstrittenen Ratsbeschlusses, sehr wohl durch eine anders gerichtete Hauptsacheentscheidung ex nunc korrigiert werden[39]. Da in der letztgenannten Fallkonstellation das Hauptsacheverfahren und mithin die Hauptsacheentscheidung sich keineswegs erübrigen, ist nach Ansicht vieler Wissenschaftler[40] die sogenannte vorläufige Vorwegnahme der Hauptsache ein im Anordnungsverfahren zuzulassender „Normalfall“; sie müsse nicht unbedingt mit der endgültigen Vorwegnahme der Hauptsache gleichgestellt werden. Dies sieht die Rechtsprechung jedoch anderes: Ohne Begründung werden dort sowohl die endgültige als auch die vorläufige Vorwegnahme der Hauptsache nach wie vor gleichermaßen als verboten betrachtet. Dem ist aber nicht zuzustimmen; vorzuziehen ist vielmehr eine auf den verschiedenen Ausgang zwischen den beiden Vorwegnahmekategorien abstellende unterschiedliche Behandlung.

---

[36]So beklagte *Kopp/Schenke*, VwGO, § 123 Rn. 14b jüngst in diesem Zusammenhang denn auch, daß „der Begriff der Vorwegnahme der Hauptsache nach der Rspr. sehr weit verstanden“ werde und „zu extensiv“ sei.

[37]Eine sogar noch feinere Differenzierung findet sich insb. bei *Jank* in: Finkelnburg/Jank, Vorläufiger Rechtsschutz, Rn. 204 ff. (vgl. den Ursprung des Ansatzes bereits in der 2. A., Rn. 165), die im Schrifttum durchaus begrüßt wird. Siehe dazu nur *Schoch*, in: Schoch/ Schmidt-Aßmann/Pietzner, VwGO, § 123 Rn. 141 u. 154.

[38]Siehe dazu einen konkreten Fall bei *HessVGH*, NVwZ 1988, 88; vgl. außerdem zu einem ähnlichen, auf die endgültige Vorwegnahme der Hauptsache bezogenen konkreten Fall *BbgOVG*, LKV 1999, 34 (Beantwortung einer kleinen Anfrage in der Stadtverordnetenversammlung).

[39]Konkrete Fällen finden sich hierzu wiederum etwa bei *BayVGH*, BayVBl.1988, 83; *OVG NW*, NWVBl. 1990, 191; *SaarlOVG*, NVwZ 1992, 281; *VG Dessau*, LKV 1994, 188.

Im übrigen sei hier noch darauf verwiesen, daß die aufschiebende Wirkung des § 80 Abs. 1 VwGO der sogenannten vorläufigen Vorwegnahme der Hauptsache ähnelt. Der betreffende Verwaltungsakt ist hier unvollziehbar; er kann auch keine anderen rechtlichen Wirkungen entfalten, bevor die Hauptsache endgültig geklärt wird. Der Verwaltungsakt ist damit also quasi (vorläufig) aufgehoben. Sofern nun aber eine solche Art von Vorwegnahme der Hauptsache im Anwendungsbereich der §§ 80 bis 80b VwGO zulässig ist, kann dasselbe einer im Bereich des § 123 VwGO zu erlassenden Eilentscheidung zugemutet werden[41]. Denn die Wertgleichheit zwischen dem Rechtsinstitut der §§ 80 bis 80b VwGO einerseits und demjenigen des § 123 VwGO andererseits ist seit der bekannten Grundsatzentscheidung des Bundesverfassungsgerichts vom 13. Juni 1979[42] mittlerweile allgemein anerkannt[43].

c) Das Vorwegnahmeverbot als einseitige Besserstellung des Antragsgegners

Ein Grund für die Zurückhaltung der Rechtsprechung hinsichtlich einer Erweiterung des Bereichs nicht verbotener Vorwegnahme der Hauptsache dürfte sein, daß die Gerichte durch ein striktes Vorwegnahmeverbot vermeiden wollen, dem Rechtsschutzsuchenden Vorteile einer ihm günstigen Entscheidung bereits vorab im Eilverfahren zu gewähren[44]. Allerdings ist dies nur eine sehr einseitige Betrachtung, bei der gänzlich übersehen wird, daß damit auf der ande-

---

[40]Siehe dazu unten Teil 1, Abschn. 2 Fn. 17.

[41]Dies betonend schon *Quaritsch*, VerwArch. 51 (1960), 342 (348 f.).

[42]BVerfGE, 51, 268 (285). Unterstrichen sei hier jedoch, daß die Funktionsgleichheit zwischen § 80 ff. VwGO einerseits und § 123 VwGO andererseits im Schrifttum bereits zuvor bekannt war; dazu *Leipold*, Grundlagen, S. 38 (insb. Fn. 1), m. w. Nachw.

[43]Vgl. dazu nur *Finkelnburg/Jank*, Vorläufiger Rechtsschutz, Rn. 18 ff.; *Jakobs*, VBlBW 1990, 446 (448, 450) u. nicht zuletzt ausführl. *Schoch*, in: Schoch/Schmidt-Aßmann/Pietzner, VwGO, Vorb. § 80 Rn. 45 ff.

[44]So spricht *BayVGH*, BayVBl. 1997, 664, beim Vorwegnahmeverbot denn auch davon, daß „... dem Antragsteller nicht schon im vollen Umfang, wenn auch nur auf beschränkte Zeit und unter Vorbehalt einer Entscheidung in der Hauptsache, das... [gewährt werden kann], was er nur in einem Hauptsacheprozeß erreichen könnte".

ren Seite eine allein für den Prozeßgegner günstige Situation geschaffen wird[45]:

Im verwaltungsprozessualen Eilverfahren ist der Prozeßvorgang nämlich – ebenso wie im Hauptsacheverfahren – ein Interessenkampf zwischen dem Rechtsschutzsuchenden einerseits und seinem Prozeßgegner andererseits. Alle gerichtlichen Entscheidungen nehmen von daher stets auch Einfluß auf die beiderseitigen Interessen der Prozeßbeteiligten. Durch das sogenannte Vorwegnahmeverbot wird nun zwar, wie die Rechtsprechung zu Recht annimmt, eine – und wohl auch nicht gerechtfertigte – vorzeitige Besserstellung des Rechtsschutzsuchenden wirkungsvoll verhindert; ausgerechnet dadurch aber erlangt sein Gegner vorab – und mithin *gleichfalls(!)* zu Unrecht – eine entsprechende Vergünstigung. Eine einstweilige Anordnung mit Vorwegnahme der Hauptsache fällt also zugunsten des Rechtsschutzsuchenden aus; eine insofern im Hinblick auf das Vorwegnahmeverbot getroffene Ablehnungs-Eilentscheidung bringt hingegen dem Prozeßgegner Vorteile. Hält man nun dennoch am Vorwegnahmeverbot als einem unverrückbaren *Grundsatz* fest, so stellt sich die Frage, warum im Anordnungsverfahren der Prozeßgegner *ganz allgemein* bevorzugt werden soll. Genau in diesem Punkt fehlt der Rechtsprechung bislang eine plausible Erklärung, und schon daher ist die Richtigkeit des sogenannten Vorwegnahmeverbots durchaus zu bezweifeln. Bei einem solchen Regel-Ausnahme-verhältnis von Vorwegnahmeverbot einerseits und Vorwegnahme der Hauptsache andererseits neigt sich die Waagschale nämlich künstlich zu Gunsten des Prozeßgegners[46].

III. Fazit

Im Vorhergehenden wurde die Fragwürdigkeit des Dogmas des Vorwegnahmeverbots ausführlich dargelegt. Bestätigt wurde dabei auch die Vermutung der vorliegenden Arbeit[47], daß die Vorwegnahme der Hauptsache keineswegs,

---

[45]Hierzu u. zum folgenden insb. *Schoch*, in: Schoch/Schmidt-Aßmann/Pietzner, VwGO, § 123 Rn. 147 f.; vgl. dazu aber auch *Happ*, in: Eyermann, VwGO, § 123 Rn. 63.

[46]Ähnliche Zweifel finden sich in der lapidaren und in jeder Hinsicht überzeugenden Darstellung von *Happ*, in: Eyermann, VwGO, § 123 Rn. 63.

[47]Oben Teil 1, Abschn. 1, I, 2.

wie die Rechtsprechung annimmt, nur ein spezielles Thema darstellt, welches mit dem kommunalverfassungsstreitbezogenen Anordnungsverfahren einhergeht. Es verhält sich vielmehr so, daß, wo immer in Rechtsstreitigkeiten die einstweilige Anordnung als Eilrechtsschutzform in Frage kommt, das genannte Problem besteht. Die Vorwegnahme der Hauptsache ist alles im allem also ein allgemeines Problem des Anordnungsverfahrens[48], und es ist zudem noch nicht überzeugend gelöst worden.

Als Lösung propagiert die Rechtsprechung nach wie vor das „Vorwegnahmeverbot mit Ausnahmen". Auf den ersten Blick ist es nur so, daß diesem der Kommunalverfassungsstreit zum Opfer fällt[49], weil er nicht in der Anwendung des Art. 19 Abs. 4 Satz 1 GG unterliegt und somit nicht in den Kreis der Ausnahmen vom Vorwegnahmeverbot gezogen werden kann; allerdings ist das Dogma des Vorwegnahmeverbots bei Lichte besehen bereits als solches in hohem Maße fragwürdig. Es hat nämlich nicht nur zur Lösung der Problematik nicht beigetragen, sondern darüber hinaus noch wiederum eine ganze Reihe ungeklärter Fragen aufgeworfen, wie eben die folgenden: Verbietet der Zweck des einstweiligen Rechtsschutzes tatsächlich die Vorwegnahme der Hauptsache? Kann die vorläufige Vorwegnahme der Hauptsache mit der endgültigen Vorwegnahme der Hauptsache gleichgesetzt werden? Wie soll man den Interessen des Rechtsschutzsuchenden einerseits und seines Prozeßgegners andererseits im Hinblick auf das Thema der Vorwegnahme der Hauptsache gerecht werden? Diese Fragen und noch viele andere, die sich unter dem Stichwort „Vorwegnahmeverbot" stellen, sind allesamt noch nicht beantwortet, obwohl sie im Grunde genommen gerade den Kern der Problematik der Vorwegnahme der Hauptsache ausmachen. Bedauerlicherweise scheint die Rechtsprechung nicht in der Lage, diese Fragen zu klären.

In der Vergangenheit hat das Schrifttum deswegen die Rechtsprechung oftmals scharf kritisiert. Gleichzeitig hat es sich aber auch bemüht, das Problem

---

[48]So spricht *Jank*, in: Finkelnburg/Jank, Vorläufiger Rechtsschutz, Rn. 202 a, E., in diesem Zusammenhang zu Recht von „[einer]... der Kernfragen des Anordnungsverfahrens".

[49]In Wahrheit aber gehören sämtliche innenrechtliche Organstreitigkeiten zu den Opfern; denn auch sie fallen keineswegs in den Anwendungsbereich des Art. 19 IV 1 GG. Zu dem Problem „Vorwegnahmeverbot und verwaltungsgerichtlicher Organstreit" vgl. *Bracher*, NWVBl. 1994, 409 ff.

der Vorwegnahme der Hauptsache einer angemessenen Lösung zuzuführen[50]. Wenn sich daher denn auch die vorliegende Arbeit – nunmehr insbesondere im Hinblick auf den kommunalverfassungsstreitbezogenen vorläufigen Rechtsschutz – mit der Problematik der Vorwegnahme der Hauptsache beschäftigt, ist es deswegen empfehlenswert, die verschiedenen Lösungsansätze, die das Schrifttum bislang angeboten hat, ein wenig näher zu betrachten. Dies wird folglich die zentrale Aufgabe des nächsten Abschnitts sein.

---

[50]So aber – zwar ebenfalls kritisch, jedoch ohne eigene Ansätze – *Hufen*, VwPrR, § 33 Rn. 16 f.; *K. Lange*, JuS 1994, 296 (300), *Leipold*, Grundlage, S. 15 f., 210 ff.; *ders*, ZZP 90 (1977), 258 (268 f.); *Maurer*, JZ 1989, 294 (295); *Obermayer*, in: GS Peters, S. 875 (882); *Urban*, NVwZ 1989, 433 (435); *Ziekow*, 1998, 297 (307 f.).

Abschnitt 2

Lösungsansätze im Schrifttum

I. Überblick über die verschiedenen Ansätze in der Lehre

Das Schrifttum hat sich, wie gesagt, immer wieder mit dem Problem der Vorwegnahme der Hauptsache beschäftigt[1]. Lösungsansätze sind dabei Legion. Eine gewisse Bedeutung erlangte zunächst etwa die Lehre von *Finkelnburg*[2], wonach das Vorwegnahmeverbot nur für die sogenannte Regelungsanordnung des § 123 Abs. 1 Satz 2 VwGO gelte, nicht aber außerdem auch für die sogenannte Sicherungsanordnung des § 123 Abs. 1 Satz 1 VwGO. Diesem Vorschlag ist allerdings nicht zu folgen. Denn abgesehen von der in Schrifttum wie Rechtsprechung noch nicht geklärten Frage, ob die Sicherungsanordnung und die Regelungsanordnung in der Tat exakt als zwei verschiedene Formen des Eilrechtsschutzes innerhalb des Systems der einstweiligen Anordnung angesehen werden können[3], verkennen *Finkelnburg* und seine Anhänger[4] bereits eine grundlegende Tatsache: Auch im Text des § 123 Abs. 1 Satz 1 VwGO, auf dem die sogenannte Sicherungsanordnung beruht, findet sich der Ausdruck „einstweilige...", so daß eine Vorwegnahme der Hauptsache für die einstweilige Anordnung gerade dieser Art ebenfalls unzulässig sein müßte, falls in einer sogenannten Regelungsanordnung ein und dasselbe Phänomen tatsächlich, wie *Finkelnburg* meint[5], bloß im Hinblick auf den in § 123 Abs. 1 Satz 2 VwGO verwendeten Begriff „vorläufiger Zustand" unzulässig wäre. Die Ansicht *Fin-*

---

[1]Die erste umfangreiche Untersuchung zu diesem Thema stammt von *Quaritsch*, VerwArch. 51 (1960), 342 (347 ff.). Sämtliche nachfolgenden einschlägigen Arbeiten sind denn auch mehr oder weniger von *Quaritschs* Lehre geprägt.

[2]So *Finkelnburg*, Vorläufiger Rechtsschutz, 2. A., Rn. 163; bekräftigend *ders*, NVwZ 1982, 414. Die Auffassung *Finkelnburgs* wurde später von *Jank*, in Finkelnburg/Jank, Vorläufiger Rechtsschutz, Rn. 234, aufgegeben.

[3]Zu dieser Frage besonders überzeugend *Happ*, in: Eyermann, VwGO, § 123 Rn. 18 ff.

[4]So *Papier*, JA 1979, 646 (648); *HessVGH*, ESVGH 27, 159 (162).

[5]Dazu *ders*, Vorläufiger Rechtsschutz, 2. A., Rn. 163.

kelnburgs ist hier also durchaus widersprüchlich[6], und seine Lehre hat sich denn auch weder im Schrifttum noch in der Rechtsprechung durchzusetzen vermocht[7].

Manche Autoren[8] sind demgegenüber in der Vergangenheit in Anlehnung an eine seit der Rechtsprechung des Reichsgerichts[9] im Zivilprozeßrecht entwickelte Lehre[10] für die sogenannte „Leistungs- bzw. Befriedigungsanordnung" eingetreten. In dieser angeblich neuen „Eilrechtsschutzform" sei die Vorwegnahme der Hauptsache zulässig. Auch dieser Auffassung ist jedoch nicht zuzustimmen[11]. Denn die sogenannte „Leistungs- bzw. Befriedigungsverfügung" ist auch im Rahmen des Zivilprozeßrechts letztlich nur zum Zwecke der Anerkennung manch notwendiger und somit zulässiger Fälle der Vorwegnahme der Hauptsache als Ausnahme vom auch dort herrschenden Postulat des Vorwegnahmeverbots erfunden worden. Die Konstruktion des Begriffs ist im übrigen nach wie vor unscharf; sowohl die Sicherungsanordnung als auch die Regelungsanordnung können an der Definition des Begriffs der Leistung bzw. Befriedigung in gewissem Maße teilhaben[12]. Die Erfindung des Begriffs „Lei-

---

[6]Krit. erstmals *Erichsen*, Jura 1984, 644 (653 Fn. 114).

[7]Dazu *Schoch*, Vorläufiger Rechtsschutz, S. 1398 m. w. Nachw.

[8]So insb. *Pietzner/Ronellenfitsch*, Assessorexamen, § 59 Rn. 23 f.; vgl. aber auch *Grunsky*, JuS 1977, 217 (221); *Rambeck*, NJW 1961, 1333; *Rotter*, NVwZ 1983, 727; *Ule*, VwPrR, S. 383. Diese Auffassung hat sich im Schrifttum jedoch nicht durchgesetzt. Vgl. dazu nur *Jank*, in: Finkelnburg/Jank, Vorläufiger Rechtsschutz, Rn. 199 m. w. Nachw.

[9]So seit der Entscheidung RGZ 9, 334 ff. aus dem Jahre 1883. Zur Weiterentwicklung dieser zivilprozessualen Verfügungsart vgl. zudem die ausführl. Darstellungen bei *Schilken*, Befriedigungsverfügung, S. 30 ff.

[10]Siehe dazu ausführl. *Grunsky*, in: Stein/Jonas, ZPO, Vor § 935 Rn. 31 ff.

[11]Krit. z. B. auch *Schoch*, in: Schoch/Schmidt-Aßmann/Pietzner, VwGO, § 123 Rn. 51.

[12]Zu beachten ist hier somit, daß die bisher im Zivilprozeßrecht vorherrschende Typisierung der einstweiligen Verfügung als Sicherungs-, Regelungs- und Befriedigungsverfügung seit *Walker*, Einstweiliger Rechtsschutz, Rn. 84 ff., nach und nach in Zweifel gezogen worden ist. Denn nach der Ansicht *Walkers* gibt es im System des einstweiligen Rechtsschutzes allenfalls zwei Typen von einstweiliger Verfügung, nämlich eine Art von Sicherungsverfügung (§ 935 ZPO: keine Vorwegnahme der Hauptsache) und eine Art von Befriedigungsverfügung (§ 940 ZPO: Vorwegnahme der Hauptsache); die längst anerkannte Regelungsverfügung existiere gar nicht (so aaO., Rn. 112). Diese Ansicht ist später von *Thümmel*, in: Wieczorek/Schütze, ZPO, § 940 Rn. 3 und vielen anderen aufgenommen worden.

stungs- bzw. Befriedigungsverfügung" zeigt also nur, daß die Vorwegnahme der Hauptsache in der Zivilprozeßrechtspraxis durchaus nicht zu vermeiden ist, falls der vorläufige Rechtsschutz dort überhaupt eine Existenzbedeutung haben soll[13]. Dasselbe gilt für das Verwaltungsprozeßrecht[14].

Im Zuge der Kritik an dem in der Rechtsprechung herrschenden Dogma des Vorwegnahmeverbots wurde im Rahmen der vorliegenden Arbeit[15] bereits die Unterscheidbarkeit zwischen vorläufiger und endgültiger Vorwegnahme der Hauptsache erwähnt. Gerade dieser Ansatz hat bislang auch im Schrifttum die größte Verbreitung erfahren[16]. Danach soll das Vorwegnahmeverbot, wenn dieses überhaupt als Grundsatz für den Erlaß einstweiliger Anordnungen Geltung beanspruchen könne, jedenfalls nur für die sogenannte endgültige Vorwegnahme gelten. Auch dieser Ansatz[17] hat allerdings seine Schwächen; die entscheidende Frage, ob es zwischen vorläufiger und endgültiger Vorwegnah-

---

[13]So sagt *Grunsky*, JuS 1976, 277 (283), in diesem Zusammenhang: „Zurückdrehen läßt sich das Rad der Entwicklung hier nicht mehr."

[14]Zum Zusammenhang zwischen Vorwegnahme der Hauptsache einerseits und Leistungs- bzw. Befriedigungsverfügung/-anordnung andererseits vgl. auch *Happ*, in: Eyermann, VwGO, § 80 Rn. 18.

[15]Oben Teil 1, Abschn. 1, II, 2, b.

[16]So schon früher grundlegend *Quaritsch*, VerwArch. 51 (1960), 342 (347 ff.); im Anschluß daran *Baur*, Studien, S. 60 ff.; *Bender*, in: FS Menger, S. 657 (665 f.); *Erichsen*, Jura 1984, 644 (653 f.); *Jakobs*, VBlBW 1984, 129 (135 ff.); *ders*, VBlBW 1990, 446 (450); *Rohmeyer*, Einstweilige Anordnung, S. 179 ff. (insb. 181 f.); *Ruckdäschel*, DÖV 1961, 675 (685 f.); *Wieseler*, Vorläufiger Rechtsschutz, S. 184 ff. (insb. 190 ff.); vgl. in dieser Richtung aber auch *Franzke*, NWVBl. 1993, 321 (322 f.); *Schmitt Glaeser/Horn*, VwPrR, Rn. 318, beide mit etwas anderen Begründungen. Besonders hervorzuheben ist in diesem Zusammenhang der Ansatz von *Jank* in: Finkelnburg/Jank, Vorläufiger Rechtsschutz, Rn. 202 ff.: Der Autor vermeidet es, das Dogma des Vorwegnahmeverbots unmittelbar zu beurteilen (aaO., Rn. 211 ff.); statt dessen steht er mehr oder weniger auf der Basis der Unterscheidung zwischen vorläufiger Vorwegnahme einerseits und endgültiger Vorwegnahme andererseits (aaO., Rn. 203 ff.), um nun die materiellen Voraussetzungen der (ausnahmsweise) zulässigen Vorwegnahme der Hauptsache besonders eingehend zu begründen (aaO., Rn. 216 ff.).

[17]Der Ansatz entspricht mehr oder weniger einer im Hinblick auf die Unterscheidung der Regelungsverfügung des § 940 ZPO einerseits von der nur ausnahmsweise zulässigen Befriedigungsverfügung andererseits besonders von *Jauernig*, ZZP 79 (1966), 321 (331 ff.) geförderten und somit im Zivilprozeßrecht relativ verbreiteten, aber nicht unumstrittenen Lehre. Vgl. hierzu auch *Walker*, Einstweiliger Rechtsschutz, Rn. 106.

me tatsächlich stets einen qualitativen Unterschied gibt, mag durchaus zweifelhaft erscheinen[18]. Daß die Lehre vom Unterschied zwischen der vorläufigen Vorwegnahme der Hauptsache und der endgültigen Vorwegnahme der Hauptsache immerhin nachbesserungsbedürftig ist, ist somit offenkundig. Eben in diesem Zusammenhang sei nun auf die Lehre *Friedrich Schochs*[19] eingegangen. Seine „Funktionsadäquanz-Theorie" – und dieser Name ist *Jakobs*[20] zu verdanken – entspricht zwar eben jener Linie von der Unterscheidung zwischen vorläufiger und endgültiger Vorwegnahme; im Vergleich zu dieser Lehre steht sie jedoch auf einem in rechtsdogmatischer Hinsicht besonders festen Boden. Die „Funktionsadäquanz-Theorie" *Schochs* soll daher und auch in Anbetracht ihrer mittlerweile zunehmenden Anerkennung im Verwaltungsprozeßrecht[21] einerseits und sogar ihrer rückbeeinflussenden Geltung im Zivilprozeßrecht[22] andererseits nachfolgend gesondert behandelt werden.

II. Die „Funktionsadäquanz-Theorie" *Schochs*

Auf den ersten Blick ergibt sich bei *Schochs* Theorie zunächst *im Ergebnis* nichts Neues[23]. So zeichnet sie nicht nur, wie schon erwähnt, die Linie der Un-

---

[18]So krit. etwa *Leipold*, Grundlagen, S.214 f. u. in bezug auf die zivilprozeßrechtliche Lehre (s. oben Teil 1, Abschn. 2 Fn. 7) *Walker*, Einstweiliger Rechtsschutz, Rn. 107 f.

[19]Der Autor hat diese Konzeption in seiner Habilitationsschrift „Vorläufiger Rechtsschutz und Risikoverteilung im Verwaltungsrecht", S. 1402 ff. u. passim erstmals aufgestellt und dann in VerwArch. 82 (1991), 145 ff. (insb. 171 ff.) und zuletzt in Schoch/Schmidt-Aßmann/Pietzner, VwGO, § 47 Rn. 139; Vorb. § 80 Rn. 67 ff.; § 123 Rn. 146 ff. ausgearbeitet.

[20]*Ders*, VBlBW 1990, 446 (450).

[21]*So insb. Bracher*, NWVBl. 1994, 409 (413); *Haurand/Vahle*, VR 1992, 117 (124 f.); *Huba*, JuS 1990, 983 (985 f.); *Jakobs*, VBlBW 1990, 446 (451). Vgl. dazu aber auch *Jank*, in: Finkelnburg/Jank, Vorläufiger Rechtsschutz, Rn. 213 ff. und *Happ*, in: Eyermann, VwGO, § 123 Rn. 63, die beide mehr oder weniger von *Schoch* beeinflußt sind. Bedauerlich ist allerdings, daß *Schochs* Konzeption bislang, soweit ersichtlich, in der Rechtsprechung kaum zur Diskussion gestellt worden ist. So hat z. B. *OVG SH*, InfAuslR 1993, 18 (19) diese Konzeption sogar ohne weitere Erörterung abgelehnt.

[22]So z. B. *Walker*, Einstweiliger Rechtsschutz, Rn. 66 ff.; *Vogg*, Einstweiliger Rechtsschutz, S. 117 ff.; *ders*, NJW 1993, 1357 (1363 f.).

[23]So insb. auch *Franzke*, NWVBl. 1993, 321 (Fn. 27 auf S. 322).

terscheidung zwischen vorläufiger Vorwegnahme der Hauptsache einerseits und endgültiger Vorwegnahme der Hauptsache andererseits nach. Auch im Hinblick auf das Problem der Feststellung einer tatsächlichen Notwendigkeit der Vorwegnahme der Hauptsache im konkreten Fall behauptet *Schoch* mehr oder weniger, einer in der gerichtlichen Praxis wesentlich verbreiteten Auffassung[24] entsprechend, daß eine eingehende Überprüfung insbesondere in bezug auf das Vorliegen des Anordnungsanspruchs nötig sei. Das große Verdienst seiner Theorie liegt allerdings in ihren besonders plausiblen Begründungen[25]. Soweit diese Begründungen im engen Zusammenhang mit dem Thema der Vorwegnahme der Hauptsache stehen, lassen sich drei wesentliche Punkten unterscheiden:

1. *Sicherung und interimistische Befriedung als Funktionen vorläufigen Rechtsschutzes*

Nach Ansicht *Schochs* soll das Eilverfahren in engem Zusammenwirken mit dem Hauptsacheverfahren dem Gebot der Effektivität des Rechtsschutzes des Art. 19 Abs. 4 Satz 1 GG dienen[26]. Das Eilverfahren habe hier allerdings nicht nur, wie die Verwaltungsrechtsprechung allgemein behauptet, die Funktion der Sicherung des Rechtsgesuchs in der Hauptsache[27]. Neben dieser Funktion einer Offenhaltung des Hauptsacheverfahrens und damit der am Ende stehenden Durchsetzbarkeit des materiellen Rechts mittels Klage sei dem vorläufigen Rechtsschutz vielmehr noch, wie es u. a. auch das Bundesverfassungsgericht[28] verlangt, Bedeutung im Sinne einer *interimistischen Befriedung* der Rechtsstreitigkeit bis zur endgültigen Klärung der Sache im Hauptsacheverfahren beizumessen[29]. Auch der Rechtsfrieden während des Hauptsacheprozesses müs-

---

[24]Dazu bereits oben Teil 1, Abschn. 1, II, 1.

[25]So urteilt auch *Jakobs*, VBlBW 1990, 446 (Vorspann, 448 ff.).

[26]*Ders*, in: Schoch/Schmidt-Aßmann/Pietzner, Vorb. § 80 Rn. 9; § 80 Rn. 10 ff.; § 123 Rn. 10 ff.

[27]Einzelheiten zu dieser Sicherungsfunktion s. ebd. Vorb. § 80 Rn. 34 f.

[28]BVerfGE 46, 166 (178).

[29]Dazu wiederum *Schoch*, in: Schoch/Schmidt-Aßmann/Pietzner, VwGO, Vorb. § 80, Rn. 36; vgl. auch *ders.*, Vorläufiger Rechtsschutz, S. 155 ff.

se schließlich bewahrt werden, wozu die erst in einem späteren Zeitpunkt ansetzende Hauptsacheentscheidung naturgemäß nicht in der Lage sei. Nachdem, wie das Bundesverfassungsgericht[30] in diesem Zusammenhang betont, der Zeitraum bis zur endgültigen Entscheidung in der Hauptsache durch eine Zwischenregelung überbrückt werden müsse, habe der vorläufige Rechtsschutz seine Aufgabe zur interimistischen Befriedung zu erfüllen. Dies gelte zunächst einmal für das Eilrechtsschutzsystem in §§ 80 bis 80b VwGO, nicht weniger aber auch für die einstweilige Anordnung des § 123 VwGO und des § 47 Abs. 6 VwGO.

Die Zwischenregelung seitens des Gerichts, die es im Eilverfahren eben im Hinblick auf die interimistische Befriedungsfunktion des vorläufigen Rechtsschutzes vorzunehmen habe, sei außerdem, wie *Schoch*[31] besonders hervorhebt, keineswegs nur vorläufigen Charakters. Sie sei vielmehr eine *abschließende* Regelung. Denn mit der Zwischenregelung des vorläufigen Rechtsschutzes, sei es nun in Form der Annahme des Eilantrags oder in Form der Ablehnung, entscheide das Gericht den rechtlichen Zustand zwischen dem Rechtsschutzsuchenden einerseits und seinem Prozeßgegner andererseits in endgültiger Weise bis hin zum Zeitpunkt des Abschlusses des Hauptsacheverfahrens. Dieser derart geregelte Zustand möge zwar später etwa durch eine anderweitig getroffene Hauptsacheentscheidung für die Zukunft geändert werden; solange er aber kraft der gerichtlichen Entscheidung bestehe, sei er in diesem Zeitraum doch mit Ablauf jeder Sekunde als ständig abschließend geregelt zu betrachten. Den Ablauf der Zeit könnten Menschen nicht rückgängig machen und den mit der ablaufenden Zeit verbundenen Zustand ebenfalls nicht[32]. Diese naturrechtliche Regel bestimme also, daß im vorläufigen Rechtsschutz Erlaß oder Ablehnung einer Vollziehungsaussetzung (§ 80 Abs. 5 VwGO) oder einer einstweiligen Anordnung (§ 123 VwGO) nicht etwa die vorläufige Regelung eines endgültigen Zustands enthalte, sondern vielmehr aufgrund der unaufhaltsam voranschreitenden Zeit *die abschließende und endgül-*

---

[30]BVerfGE 46, 166 (178); *BVerfG*, NJW 1995, 950 (951).

[31]*Ders*, in: Schoch/Schmidt-Aßmann/Pietzner, VwGO, Vorb. § 80 Rn. 36; § 80 Rn. 16 u. insb. § 123 Rn. 12.

[32]Zusammenfassend zum Faktor der „Zeit“ und zu dem der „Irreparabilität vollendeter Tatsachen innerhalb des abgelaufenen Zeitraums“ im vorläufigen Rechtsschutz, welchen beiden *Schoch* in seiner Theorie mit Recht besonders Bedeutung beigemessen hat, s. außerdem *Schoch*, in: Schoch/Schmidt-Aßmann/Pietzner, VwGO, Vorb. § 80 Rn. 5 ff.

tige Regelung eines vorläufigen – d. h. bis spätestens zur Hauptsacheentscheidung bestehenden – Zustands.

Wie zuvor ausgeführt, ist nach der herrschenden Meinung in der Rechtsprechung die Vorwegnahme der Hauptsache verboten. Eben im Hinblick auf die soeben geschilderte interimistische Befriedungsfunktion des vorläufigen Rechtsschutzes – und somit der einstweiligen Anordnung – sowie den abschließenden Charakter der aufgrund dieser Funktion der einstweiligen Anordnung vorzunehmenden gerichtlichen Zwischenregelung hat *Schoch* nun die herrschende Meinung der Rechtsprechung scharf kritisiert[33]. Er führt dabei drei Gründe gegen das sogenannte Vorwegnahmeverbot an[34]:

(1) Zunächst, so legt *Schoch* dar, habe die Rechtsprechung betont, daß die einstweilige Anordnung im Hinblick auf das Wesen des vorläufigen Rechtsschutzes nur eben eine vorläufige Regelung sei; sie dürfe der Hauptsache nicht vorgreifen, da andernfalls irreparable Zustände herbeigeführt würden. Dieses Argument ignoriere allerdings, so *Schoch*[35], den Faktor der „Zeit" und übersehe nicht zuletzt, daß bei der einstweiligen Anordnung, die u. U. sowieso nur eine Vorwegnahme der Hauptsache zum Inhalt haben könne, Erlaß oder Nichterlaß gleichermaßen einen durch den Ablauf der Zeit bedingten irreparablen Zustand schaffen werde. Im Falle des Erlasses erlange der Rechtsschutzsuchende ja vorzeitig Vorteile, während im Falle des Nichterlasses der einstweiligen Anordnung sein Prozeßgegner ebenfalls Vorteilen erlange, die er sonst erst im Hauptsacheverfahren bekommen könnte. In beiden Fällen seien durch Erlaß oder Nichterlaß der einstweiligen Anordnung geschaffene Zustände wegen des stets voranschreitenden Ablaufs der Zeit gleichermaßen irreparabel. Warum aber die Rechtsprechung hier trotz alledem einseitig zugunsten des Prozeßgegners auf dem sogenannten Vorwegnahmeverbot beharre, sei somit nicht ersichtlich.

(2) Die einstweilige Anordnung als ein Teilsystem des vorläufigen Rechtsschutzes habe, so *Schoch* weiter[36], eben eine interimistische Befriedungsfunktion. Die insofern gerichtlich zu treffende Zwischenregelung sei eine abschlie-

---

[33]*Ders.*, aaO., Vorb. § 80 Rn. 7, 68 ff.; § 123 Rn. 14 f., 147 f.

[34]Dazu insb. ebd., Vorb. 80 Rn. 68 ff.

[35]Ebd., Vorb. § 80 Rn. 70.

[36]Ebd., Vorb. § 80 Rn. 71.

ßende Regelung des vorläufigen Zustands bis (spätestens) hin zur endgültigen Entscheidung in der Hauptsache. Das sogenannte Vorwegnahmeverbot aber verkenne eben diese Tatsache. Die Rechtsprechung, die sich auf dieses Postulat fixiere, werde damit der interimistischen Befriedungsfunktion nicht gerecht. Dies gelte insbesondere für den Fall, daß einem Eilantrag trotz Erfüllung aller sonstigen Voraussetzungen allein wegen des angeblichen Vorwegnahmeverbots nicht mittels einer entsprechenden einstweiligen Anordnung stattgegeben werden könnte. Der vorläufige Rechtsschutz verliere hier ganz deutlich seine aus dem Gebot effektiven Rechtsschutzes abzuleitende eigentliche Funktion, und zwar einseitig zuungunsten des Rechtsschutzsuchenden.

(3) Im Grunde genommen habe die Rechtsprechung auch, so führt *Schoch*[37] fort, mit der Behauptung, in der einstweiligen Anordnung dürfe die Hauptsache nicht vorweggenommen werden, weil sonst irreparable Zustände herbeigeführt würden, bloß faktischen Lagen zu Unrecht eine unmittelbare rechtsnormative Wirkung zuerkannt. Die Irreparabilität der Zustände, die während des Hauptsacheverfahrens entstehen könne, betreffe hier nämlich nur die faktische Lage, der sich Menschen nicht entgegensetzen könnten. Da außerdem diese Irreparabilität der Zustände bei Erlaß oder Nichterlaß einer Eilentscheidung beidemal entweder zugunsten des Rechtsschutzsuchenden oder zugunsten des Prozeßgegners auftreten könne, brauchte man nur eben einen rechtlichen Mechanismus des Eilverfahrens, mit dem es möglich wäre, die unvermeidlichen faktischen Lagen auch in rechtlicher Hinsicht zu beurteilen. Die Vor- und Nachteile der Irreparabilität der Zustände würden somit zwischen dem Rechtsschutzsuchenden einerseits und seinem Gegner andererseits gerecht verteilt. Gerade in dieser Hinsicht treffe das Gericht eben seine Zwischenregelung, und der vorläufige Rechtsschutz erfülle damit seine Aufgabe der interimistischen Befriedung. Das heiße aber wiederum, so nun *Schoch* zum sogleich zu behandelnden Thema der „Minimierung des Fehlentscheidungsrisikos", daß die Irreparabilität der Zustände im vorläufigen Rechtsschutz keinen wesentlichen Faktor für eine Eilentscheidung darstelle. Wichtig sei hier vielmehr nur, wie das Gericht die Irreparabilität der Zustände *richtig beurteilen* könne.

---

[37] Ebd., Vorb. § 80 Rn. 69.

2. *Die Vorausprüfung der materiellen Rechtslage als Ansatz zur Verteilung und Minimierung des Fehlentscheidungsrisikos*

Im Hinblick auf die Diskussion über die Zulässigkeit der Vorwegnahme der Hauptsache hat *Schoch* also, wie soeben gesehen, die interimistische Befriedungsfunktion des vorläufigen Rechtsschutzes besonders hervorgehoben. Danach soll das Gericht im Anordnungsverfahren, auch wenn die somit in Betracht kommende einstweilige Anordnung inhaltlich der Hauptsacheentscheidung vorgreifen könnte, anstatt das sogenannte Vorwegnahmeverbot zu beachten, seine Eilentscheidung als eine interimistisch-befriedende Zwischenregelung treffen. Hierbei stellt sich aber die Frage, wie eine solche Zwischenregelung nunmehr *richtig* getroffen werden kann. Gerade in bezug auf diese Fragestellung hat *Schoch* die Lehre von der „Verteilung und Minimierung des Fehlentscheidungsrisikos" entwickelt[38]: Eine Eilentscheidung im Anordnungsverfahren als interimistisch-befriedende Zwischenregelung solle im Hinblick auf die Irreparabilität der Zustände, die sowohl bei Erlaß als auch bei Nichterlaß einer einstweiligen Anordnung entweder zugunsten des Rechtsschutzsuchenden oder zugunsten des Prozeßgegners entstehen könne, in Richtung auf die Vermeidung einer Fehlentscheidung und somit nach dem Grundsatz der richtigen Verteilung der Vor- und Nachteile möglicher Irreparabilität der Zustände getroffen werden. Die konkrete Vorgehensweise sei hier aber eine *materiell-akzessorische Prüfung*. Das Gericht müsse also genau, wie es auch im Hauptsacheverfahren vorzugehen habe, die Streitsache nach dem einschlägigen materiellen Recht beurteilen und entscheiden. Für diese Konzeption sprechen für *Schoch* insbesondere, wenn es auch um die Frage nach der Zulässigkeit der Vorwegnahme der Hauptsache gehe, zumindest zwei Gründe:

(1) Der Umstand, daß die Zulässigkeit einer Vorwegnahme der Hauptsache seitens der Rechtsprechung in Frage gestellt werde, finde seine Ursache, so nimmt *Schoch* an, u. a. in der Befürchtung, daß der Rechtsschutzsuchende wegen einer vom Gericht nur mittels einer aufgrund bloß summarischer Prüfung und somit rasch getroffenen Eilentscheidung zu Unrecht Vorteile erhalte. Falls nun aber im Anordnungsverfahren die Eilentscheidung auf Grund einer materiell-akzessorischen Prüfung getroffen werde, sei diese Befürchtung nicht mehr begründet, bzw. könne immerhin das Risiko einer einseitig nur zugunsten des Rechtsschutzsuchenden getroffenen Fehlentscheidung minimiert werden.

---

[38] Ebd., Vorb. § 80 Rn. 37 f., 71; vgl. aber auch § 123 Rn. 69 ff.

Denn auch im Hauptsacheverfahren entscheide das Gericht die Streitsache anhand des materiellrechtlichen Maßstabs; eine ebenfalls nach dem materiellen Recht getroffene Eilentscheidung erweise sich damit als nichts anders als eben deckungsgleich mit der Hauptsacheentscheidung. Dieser Vorteil gelte insbesondere für den Fall, daß das Gericht hier eine die Hauptsache vorwegnehmende einstweilige Anordnung erlasse; das Recht des Rechtsschutzsuchenden werde damit nämlich bereits während des Hauptsacheverfahrens und dann kontinuierlich bis hin zur Hauptsacheentscheidung beachtet und verwirklicht[39].

(2) Darüber hinaus setze nach § 123 Abs. 3 VwGO i. V. m. § 920 Abs. 2 ZPO der Erlaß einer einstweiligen Anordnung fernerhin vor allem das Vorliegen des Anordnungsanspruchs und des Anordnungsgrunds voraus. Auch diese gesetzliche Vorgabe spreche, so *Schoch*[40], für die Notwendigkeit einer materiellakzessorischen Prüfung insbesondere für den Fall einer Vorwegnahme der Hauptsache. Beim Anordnungsgrund sei hier nämlich die Dringlichkeit einer Eilentscheidung zu prüfen, beim Anordnungsanspruch die Erfolgsaussichten des Hauptsacherechtsbehelfs. Was aber die Erfolgsaussichten des Hauptsacherechtsbehelfs betreffe, sei gerade das materielle Recht einschlägig, da der Hauptsacherechtsbehelf ebenfalls nach dem materiellen Recht entschieden werde.

Allerdings, so legt *Schoch* insbesondere im Hinblick auf den Anordnungsanspruch als Voraussetzung für den Erlaß einstweiliger Anordnung dar, sei bei der Entscheidung über die Frage, ob der Anordnungsanspruch im konkreten Fall tatsächlich vorliege, die sogenannte summarische Prüfung keineswegs oberflächlich vorzunehmen[41]. Die summarische Form der Prüfung betreffe hier allenfalls die Ermittlung des Sachverhalts; die Rechtsfragen seien hingegen ernsthaft zu untersuchen und zu entscheiden. Denn die sogenannte summarische Prüfung eigene sich mehr oder weniger nur hinsichtlich der Glaubhaftmachung des Anordnungsanspruchs, wie § 920 Abs. 2 ZPO dies auch vorgesehen habe; es gehe dabei jedoch nur um die Frage der einschlägigen Tatsachen. Aufgrund solcher wahrscheinlich vorliegender Tatsachen solle dann die rechtli-

---

[39]Vgl. bis hier insb. *Schoch*, aaO., § 123 Rn. 151 f.

[40]Ebd., § 123 Rn. 153.

[41]Dazu vgl. ebd., § 123 Rn. 92 ff. i. V. m. § 80 Rn. 274 ff.

che Würdigung sehr wohl sorgfältig vorgenommen werden; Fehleilentscheidungen seien schließlich möglichst zu vermeiden.

3. Das einfache Gesetz als Rechtsgrundlage für die Vorwegnahme der Hauptsache

Wie gesehen, vermag *Schoch* unter Hinweis auf die interimistische Befriedungsfunktion des vorläufigen Rechtsschutzes einerseits und die durch eine materiell-akzessorische Prüfung bedingte Minimierung des Fehlentscheidungsrisikos andererseits die grundsätzlichen Zweifel an der Zulässigkeit einer Vorwegnahme der Hauptsache auszuräumen. Problematisch bleibt aber noch die Frage, ob die Zulässigkeit einer Vorwegnahme der Hauptsache zudem noch durch konkrete positivrechtliche Bestimmungen belegt werden kann. Auch die positive Beantwortung dieser Frage ist *Schoch* gelungen[42].

Zunächst einmal sei § 123 Abs. 3 VwGO i. V. m. § 938 ZPO einschlägig; das Problem der Vorwegnahme der Hauptsache betreffe nämlich, so *Schoch*[43], die Frage nach dem Entscheidungsinhalt der – zulässig und begründet – beantragten einstweiligen Anordnung. Da das Gericht aber nach § 938 ZPO bei der Entscheidung über die Frage, welcher Inhalt der einstweiligen Anordnung zur Erreichung des Zweckes erforderlich sei, Ermessensfreiheit habe, sei eine einstweilige Anordnung mit dem Inhalt der Vorwegnahme der Hauptsache zulässig, sofern dieser Inhalt der einstweiligen Anordnung hier eben zur Erreichung des Zweckes des vorläufigen Rechtsschutzes, also der Sicherungs- und interimistischen Befriedungsfunktion, notwendig sei.

Allerdings habe die Entscheidungsfreiheit des Gerichts über den Inhalt einstweiliger Anordnungen, wie allgemein anerkannt[44], gewisse Grenzen. Beispielsweise könne und solle hier § 123 Abs. 1 VwGO herangezogen werden. Der Wortlaut dieser Bestimmung, insbesondere die Verwendung der Worte „einstweilige Anordnung" und „vorläufiger Zustand", erlaube die einstweilige

---

[42]Dazu eingehend ebd., § 123 Rn. 137 ff., 154 ff.

[43]Vgl. dazu außerdem ebd., § 123 Rn. 98 a. E.

[44]Vgl. zu den Grenzen dieser Entscheidungsfreiheit nur *Jank*, in: Finkelnburg/Jank, Vorläufiger Rechtsschutz, Rn. 257 ff. und zudem im Rahmen des Zivilprozeßrechts *Hartmann*, in: Baumbach/Lauterbach/Albers/Hartmann, ZPO, § 938 Rn. 3 ff.

Anordnung nur in einer vorläufigen Form. Die nach wie vor äußerst umstrittenen Begriffe der „Vorläufigkeit" bzw. der „Einstweiligkeit"[45] müßten im Hinblick darauf definiert werden, daß die Eilentscheidung angesichts ihrer interimistischen Befriedungsfunktion stets eine abschließende Zwischenregelung des bis zum Abschluß des Hauptsacheverfahrens bestehenden vorläufigen Zustands darstelle. Insofern sei die Vorwegnahme der Hauptsache, sofern sie später durch die Hauptsacheentscheidung geändert oder aufgehoben und somit der status quo ante immerhin wieder hergestellt werden könne, zulässig. Das sei nun bei der *vorläufigen* Vorwegnahme der Hauptsache der Fall, nicht aber bei der *endgültigen* Vorwegnahme der Hauptsache. Die endgültige Vorwegnahme der Hauptsache schaffe nämlich auch für die Zukunft irreversible Fakten[46]; der status quo ante könne bei ihr nicht wieder hergestellt werden.

Dennoch gebe es dabei, wie *Schoch*[47] betont, von Art. 19 Abs. 4 Satz 1 GG erzwungene Ausnahmen. Es handele sich insbesondere um die Fälle, in denen die Streitigkeiten strikt zeitgebunden seien. Dies sei etwa beim Streit um die Zulassung zur Benutzung einer kommunalen öffentlichen Einrichtung für eine zum Zwecke des Wahlkampfs bevorstehende Versammlung der Fall. Hier versage nämlich jeglicher Hauptsacherechtsbehelf; der Anwendungsbereich des Eilrechtsschutzes müsse daher im Hinblick auf das Gebot der Rechtsschutzeffektivität des Art. 19 Abs. 4 Satz 1 GG über die einfachgesetzliche Bestimmung hinaus erweitert werden.

Das bisherige Auslegungsergebnis, daß die Zulässigkeit der vorläufigen Vorwegnahme der Hauptsache sich immerhin mit der Bestimmung des § 123 VwGO decke, wird nach *Schochs* Auffassung[48] schließlich noch durch § 80 VwGO bekräftigt. Denn durch den automatischen Suspensiveffekt des § 80 Abs. 1 VwGO, die behördliche Vollziehungsaussetzung nach § 80 Abs. 4 VwGO und die gerichtliche Anordnung oder Herstellung der aufschiebenden Wirkung gemäß § 80 Abs. 5 VwGO werde der Rechtsschutzsuchende rein tatsächlich jeweils so gestellt wie nach einer erfolgreichen Anfechtungsklage.

---

[45] Zu den verschiedenen Definitionen des Begriffs vgl. insb. *Ahrens*, Wettbewerbsverfahrensrecht, S. 282 f. m. w. Nachw.

[46] Bis hierher vgl. insb. *Schoch*, in: Schoch/Schmidt-Aßmann/Pietzner, VwGO, § 123 Rn. 154 ff.

[47] Ebd., § 123 Rn. 157.

[48] Ebd. § 123 Rn. 149; vgl. zudem Vorb. § 80 Rn. 36.

Auch die aufschiebende Wirkung führe hier vorübergehend den mit der Klage begehrten Zustand herbei; sie sei also die vorläufige Vorwegnahme der Hauptsache. Nachdem aber diese Art von Vorwegnahme niemals auf Bedenken gestoßen sei, sollte dasselbe für die einstweilige Anordnung gelten. Die Funktionsidentität zwischen aufschiebender Wirkung einerseits und einstweiliger Anordnung andererseits sei heutzutage denn auch, so zieht *Schoch* den Schluß[49], allgemein anerkannt.

III. Stellungnahme zu *Schochs* Theorie

Im vorherigen Text wurde *Schochs* Funktionsadäquanz-Theorie insbesondere im Hinblick auf ihre Auswirkung auf das Problem der Vorwegnahme der Hauptsache dargelegt. Zwar ist diese Lehre dank bereits höchst plausibler Darlegungen von *Schoch* selbst ohne weitere Vertiefung[50] durchaus zu bejahen; ob sie sich allerdings auch in vollem Umfang tatsächlich in der Praxis durchsetzen und dort insbesondere für die Lösung des Problems der Vorwegnahme der Hauptsache im kommunalverfassungsstreitbezogenen Anordnungsverfahren fruchtbar gemacht werden kann, ist damit noch nicht ohne weiteres gesagt. Gerade hier zeigt *Schochs* Theorie vielmehr Schwächen, und diese sollen nun im folgenden in bezug auf zweierlei Fragestellungen gesondert untersucht werden.

1. Zu Art. 19 Abs. 4 Satz 1 GG als positivrechtlichem Standort des Gebotes der Effektivität des Rechtsschutzes

In *Schochs* Theorie spielt, wie sich aus all seinen einschlägigen Darlegungen ergibt, offenkundig der Gedanke der Effektivität des Rechtsschutzes eine zentrale Rolle[51]. Damit stellt sich nun die Frage, ob dieser Zentralgedanke der

---

[49]Dazu näher ebd. Vorb. § 80 Rn. 39 ff.

[50]Es sei hier nur noch auf die einschlägigen Besprechungen von *Schochs* Theorie verwiesen. Das sind vor allem diejenigen von *Jakobs*, VBlBW 1990, 446 ff. und *Jank*, in: Finkelnburg/Jank, Vorläufiger Rechtsschutz, Rn. 213 f.

[51]Vgl. oben Teil 1, Abschn. 2, II, 1.

Schochschen Theorie auch positivrechtlich belegbar ist. Auf diese Frage hat *Schoch* nur lapidar geantwortet, daß das Gebot effektiven Rechtsschutzes unmittelbar aus Art. 19 Abs. 4 Satz 1 GG abzuleiten sei[52]. Zwar steht die Antwort *Schochs* hier im Einklang mit der herrschenden Auffassung[53] und verfügt bereits damit über eine gewisse Autorität; andererseits aber ist gerade deswegen *Schochs* Theorie in vielerlei Hinsicht mittlerweile angreifbar schwach geworden. Denn bekanntlich fallen im Verwaltungsprozeßrecht viele Rechtsstreitigkeiten aus dem Anwendungsbereich des Art. 19 Abs. 4 Satz 1GG heraus; ob solche Rechtsstreitigkeiten damit aber der Anwendbarkeit von *Schochs* Theorie unterfallen, ist fraglich. Dies gilt nicht zuletzt gerade für den Kommunalverfassungsstreit[54]: So wie die Frage, ob im kommunalverfassungsstreitbezogenen Anordnungsverfahren die Vorwegnahme der Hauptsache zulässig ist, im Hinblick auf das Dogma des „Vorwegnahmeverbots mit Ausnahmen“ zweifelhaft ist[55], so zweifelhaft erscheint damit dieselbe Frage nun aber auch hinsichtlich der Funktionsadäquanz-Theorie *Schochs*[56].

Die Frage, ob der Kommunalverfassungsstreit tatsächlich in den Anwendungsbereich des Art. 19 Abs. 4 Satz 1 GG fällt, so daß die Effektivität des Rechtsschutzes hier kein einschlägiger Gesichtspunkt ist, ist jedoch keineswegs unumstritten. Diese strittige Frage, die fast so alt ist wie der Begriff des Kommunalverfassungsstreits selbst[57], mag nach herrschender Ansicht nach wie vor als geklärt angesehen werden; dennoch wird verschiedentlich versucht, eine ganz andere Auffassung zu vertreten. So wird z. B. der Kommunalverfas-

---

[52]Siehe nur *Schoch*, in: Schoch/Schmidt-Aßmann/Pietzner, VwGO, Vorb. 80 Rn. 9.

[53]Führend BVerfGE 35, 263 (274).

[54]Zur Nichtanwendbarkeit des Art. 19 IV 1 GG im KVS vgl. statt vieler *BVerwG*, Buchholz 310 § 40 VwGO Nr. 215 u. im Schrifttum *Schmidt-Aßmann*, in: Schoch/Schmidt-Aßmann/Pietzner, VwGO, Einl. Rn. 5 m. w. Nachw.

[55]Vgl. oben Teil 1, Abschn. 1, I.

[56]Ebenfalls ohne Begründung erklärt *Schoch*, in: Schoch/Schmidt-Aßmann/Pietzner, VwGO, Vorb. § 80 Rn. 9 Fn. 25, daß für den Organstreit das Gebot der Effektivität des Rechtsschutzes sich aus dem Rechtsstaatsprinzip ergebe; widersprüchlich ist allerdings seine Aussage in JuS 1987, 783 (789), wonach der KVS an der Effektivität des Rechtsschutzes nicht teilnehmen könne.

[57]Zum früheren Meinungsstand *Bauer*, Gerichtsschutz, S. 71 f. insb. m. w. Nachw. in Fn. 104, 107; *Bleutge*, KVS, S. 107 m. w. Nachw. in Fn. 1 bis 3.

sungsstreit trotz aller Schwierigkeiten und entgegen der herrschenden Auffassung doch an Art. 19 Abs. 4 Satz 1 GG angeknüpft[58]; oder es werden statt dessen eine ganze Reihe verfassungsrechtlicher Prinzipien, wie die Demokratie, der Rechtsstaat (darin insbesondere der allgemeine Justizgewährungsanspruch), die kommunale Selbstverwaltung usw.[59], auch in diesem Zusammenhang erwähnt, um damit den Kommunalverfassungsstreit trotz fehlender Anwendbarkeit des Art. 19 Abs. 4 Satz 1 GG am Gedanken der Effektivität des Rechtsschutzes teilhaben zu lassen[60]. Zweifelhaft ist nun die Frage, ob derartige Überlegungen zu überzeugen vermögen. Die Antwort lautet nein, und zwar aus vielerlei Gründen: Nicht nur ist der Begriff der Effektivität des Rechtsschutzes bekanntlich schon als solcher kontrovers[61]; auch wenn man diese grundsätzliche Frage offenläßt, ist weiterhin zu bezweifeln, ob das Gebot der Effektivität des Rechtsschutzes erst aus dem *Verfassungsrecht* hergeleitet werden muß und nicht tatsächlich bereits dem *einfachgesetzlichen* Recht entnommen werden kann.

Die Verbreitung des Begriffs der Effektivität des Rechtsschutzes hat bekanntlich ihren Anfang beim Bundesverfassungsgericht genommen[62]. Die von

---

[58]So etwa früher *Bleutge*, KVS, S. 107 ff. u. zuletzt *Schwarplys*, Allg. Gestaltungsklage, S. 55 f.

[59]So grundlegend *Bracher*, NWVBl. 1994, 409 (412); in derselben Richtung aber auch *Schoch*, in: Schoch/Schmidt-Aßmann/Pietzner, VwGO, Vorb. § 80 Rn. 9 (Fn. 25); *Lerche*, in: FS Knöpfle, S. 171 (Fn. 2); *OVG RP*, NVwZ-RR 1992, 35 (36).

[60]Die Frage, ob der Grundsatz der Effektivität des Rechtsschutzes auch im KVS bzw. in sämtlichen Innenrechtsstreitigkeiten gilt, ist nicht bloß für die Lösung des hier interessierenden Problems der Vorwegnahme der Hauptsache von Bedeutung. Das Schrifttum hat sich vielmehr seit langem auch in bezug auf andere Probleme mit dieser Frage beschäftigt. So z. B. hinsichtlich der wohlbekannten Fragestellung, ob im KVS-Klageverfahren die sog. allgemeine Gestaltungsklage im Hinblick auf das Gebot effektiven Rechtsschutzes als statthafte Klageart anerkannt werden soll. Vgl. hierzu nur *Bleutge*, KVS, S. 152 ff. *Schwarplys*, allg. Gestaltungsklage, S. 54 ff. Dazu eingehend aber noch unten Teil 2, Abschn. 1, I u. II, 1.

[61]So insb. *Arndt*, S. 139 mit scharfer Kritik: „der Begriff der Effektivität als eine pseudonormative Leerformel". Der Ansicht *Arndts* folgt aber auch *Haag*, Effektiver Rechtsschutz, S. 42, 165. Vgl. in diesem Zusammenhang außerdem noch *Wilfinger*, Gebot, S.16 ff.

[62]Ständige Rspr. seit BVerfGE 35, 263 (274); 35, 382 (401); 37, 150 (153); 40, 272 (LS, 275); vgl. zuletzt z. B. *BVerfG*, NJW 1995, 950 (951).

diesem getroffene Aussage: „Das Verfahrensgrundrecht des Art. 19 Abs. 4 GG garantiert nicht nur das formelle Recht und die theoretische Möglichkeit, die Gerichte anzurufen, sondern auch die Effektivität des Rechtsschutzes; der Bürger hat einen substantiellen Anspruch auf eine tatsächlich wirksame gerichtliche Kontrolle...“[63], ist nicht nur im Hinblick auf die spärliche Bestimmung des Art. 19 Abs. 4 Satz 1 GG zweifelhaft; versteht man obendrein den Begriff der „Effektivität des Rechtsschutzes“ noch entsprechend der Auffassung des Bundesverfassungsgerichts, so ist die Frage, welche Rechtsstreitigkeiten, die auf dem Verwaltungsrechtsweg austragbar sind, nicht unter „einer *tatsächlich* wirksamen gerichtlichen Kontrolle“ stehen sollen, ebensowenig zu klären. Gerade angesichts dieser zuletzt gestellten Frage läßt sich die Vermutung, das Gebot effektiven Rechtsschutzes sei in der Tat bereits der *Verwaltungsgerichtsordnung* immanent[64], nicht einfach beiseite schieben. Damit ist denn eine Problemstellung benannt, die im folgenden im Hinblick auf die Frage nach der Zulässigkeit der Vorwegnahme der Hauptsache im kommunalverfassungsstreitbezogenen Anordnungsverfahren einerseits sowie der Anwendbarkeit des Gebots der Effektivität des Rechtsschutzes und somit der *Schochschen* Funktionsadäquanz-Theorie auf den Bereich des Kommunalverfassungsstreits andererseits besonders behandelt werden soll.

Nachdem sich die vorliegende Arbeit eben mit dem Thema der „Zulässigkeit der Vorwegnahme der Hauptsache im kommunalverfassungsstreitbezogenen Anordnungsverfahren“ beschäftigt, soll die gerade erwähnte Problemstellung, ob das Gebot effektiven Rechtsschutzes bereits der Verwaltungsgerichtsordnung immanent ist, im nächsten Abschnitt (dort I) noch näher untersucht werden.

2. *Zur sorgfältigen Prüfung insbesondere des Anordnungsanspruchs im Eil(!)-Verfahren*

Nach dem Konzept *Schochs* sind mögliche Bedenken, die die einstweilige Anordnung im Hinblick auf eine Vorwegnahme der Hauptsache erwecken könne, u. a. durch eine materiell-akzessorische Prüfung der Streitsache zu beheben.

---

[63] BVerfGE 35, 263 (274). Vgl. zudem BVerfGE 40, 272, (LS, 275).

[64] So auch *Huba*, JuS 1990, 382 (383 Fn. 25).

Ausschlaggebend sei also das Vorliegen des Anordnungsanspruchs im konkret zu entscheidenden Fall[65]. *Schoch* spricht hier von der „Minimierung des Fehlentscheidungsrisikos“: Je höher die Erfolgsaussichten in der Hauptsache bereits im Eilverfahren sichtbar gemacht würden, um so unbedenklicher sei die einstweilige Anordnung im Hinblick auf ihren der Hauptsacheentscheidung vorgreifenden Inhalt. Wiewohl *Schochs* Theorie somit im Ergebnis mehr oder weniger der herrschenden Auffassung in der Rechtsprechung[66] ähnelt[67], ist die von ihm vorgenommene Begründung doch weit schlagkräftiger. Nicht verwunderlich ist insofern denn auch die Ansicht des Bundesverfassungsgerichts[68], wonach bei Vorwegnahme der Hauptsache eine eingehende Prüfung des Anordnungsanspruchs erfolgen soll.

Dennoch erscheint im Zusammenhang mit der Vorwegnahme der Hauptsache die Betonung sorgfältiger Prüfung des Anordnungsanspruchs wohl ein wenig übertrieben. Denn das Verfahren des vorläufigen Rechtsschutzes, in welcher Form auch immer, ist ein *Eil-Verfahren*. Im Vergleich zum Hauptsacheverfahren liegt seine Bedeutung vor allem darin, daß das Gericht hier, entsprechend der interimistischen Befriedungsfunktion des vorläufigen Rechtsschutzes, die Rechtsstreitigkeiten in beschleunigter Weise zwischenzeitig beilegen

---

[65]Vgl. oben Teil1, Abschn. 2, II, 2.

[66]Dazu bereits oben Teil 1, Abschn. 1, II, 1. Diese Auffassung herrscht im Anschluß an die grundlegende Entscheidung BVerfGE 79, 69 (s. unten Fn. 69) auch allgemein im Schrifttum, obgleich dort die Autoren die Zulässigkeit der Vorwegnahme der Hauptsache unterschiedlich entweder nur für eine Ausnahme oder aber für den Normalfall im Anordnungsverfahren halten; vgl. dazu die oben in Teil 1, Abschn. 2 Fn. 9, 17 u. 22 angegebene Lit.

[67]Hervorgehoben sei hier noch: Obwohl *Schoch* es nach wie vor vermeidet, dazu Stellung zu nehmen, ob im Fall der Vorwegnahme der Hauptsache die Prüfung des Anordnungsanspruchs besonders eingehend und sorgfältig sein soll (dazu s. nur Schoch/Schmidt-Aßmann/Pietzner, VwGO, § 123 Rn. 153), ist seine Neigung zur sorgfältigen Prüfung des Anordnungsanspruchs bei Betrachtung seiner sämtlichen hinsichtlich der materiell-akzessorischen Prüfung vorgenommenen Darlegungen (vgl. nur ebd., § 123 Rn. 69 ff. u. insb. § 80 Rn. 247 ff.) nicht zu verkennen und erscheint sie als in gewisser Weise sogar noch stärker als bei der herrschenden Meinung. Vgl. dazu auch die Besprechung von *Jank*, in: Finkelnburg/Jank, Vorläufiger Rechtsschutz, Rn. 214.

[68]Grundlegend BVerfGE 79, 69 (75). Zur Ansicht des BVerfG über die Zulässigkeit der Vorwegnahme der Hauptsache in *Verwaltungs*streitsachen zusammenfassend *Jank*, in: Finkelnburg/Jank, Vorläufiger Rechtsschutz, Rn. 215.

kann. Das Gericht steht dabei unter großem Zeitdruck[69], da das Rechtsinteresse der Prozeßbeteiligten dringend vorläufigen Schutzes bedarf. Falls sich nun der Prüfungsumfang und die Prüfungsintensität im Hinblick auf die Notwendigkeit der sogenannten materiell-akzessorischen Prüfung mehr oder weniger der Prüfungsweise des Hauptsacherechtsschutzes annähern, verliert der vorläufige Rechtsschutz seine Bedeutung. Dies ist um so bedenklicher, als die Vorwegnahme der Hauptsache, wie mit Blick auf die einschlägige Rechtsprechung belegbar ist, nahezu in jedem Anordnungsverfahren unvermeidlich ist. Hinzukommt, daß die Überlastung der heutigen Gerichte und die zunehmende Verschleppung des gerichtlichen Prozesses bekanntlich seit langem und nach wie vor brennende Themen des Verwaltungsprozeßrechts sind. Inwieweit die gerichtliche Prüfung im Eilverfahren so gut wie im Hauptsacheverfahren sein *soll*, braucht angesichts dessen hier im Grunde gar nicht beantwortet zu werden, da sie jedenfalls gar nicht so gut sein *kann*. Die entsprechende Ansicht des Gesetzgebers wird in diesem Zusammenhang aus dem Gesetz ersichtlich, wenn er etwa in § 123 Abs. 3 VwGO i. V. m. § 920 Abs. 2 ZPO von der Glaubhaftmachung des Anordnungsanspruchs und des Anordnungsgrunds spricht. Diese Bestimmung betrifft zwar nur den Prüfungsumfang hinsichtlich des Sachverhaltsteils von Anordnungsanspruch und Anordnungsgrund; sie signalisiert jedoch die Notwendigkeit einer Beschleunigung des Eilverfahrens.

Die sorgfältige Prüfung insbesondere des Anordnungsanspruchs stößt im Schrifttum[70] denn auch oft auf Kritik, der eben die hier angegebenen Gründe zugrunde liegen. Statt einer überzogenen Prüfung schlägt man deshalb vor, daß eine Interessenabwägung, ggf. unter dem Stichwort „Anordnungsgrund", vorgenommen werden soll[71]. Allerdings ist aber auch dieser Vorschlag oft nur schwer umzusetzen, weil das sogenannte „Interesse" aller möglichen Prozeßbeteiligten in den konkret abzuwägenden Fällen nicht selten vage bleibt, so daß die Frage, welches Interesse nun bei der Abwägung überwiegen soll, nicht jedesmal eindeutig entschieden werden kann. Nicht erstaunlich ist insofern, daß die Erfolgsaussichten des Hauptsacherechtsbehelfs, also die Prüfung des

---

[69]Dies hat auch *Schoch* selbst (etwa in: Schoch/Schmidt-Aßmann/Pietzner, VwGO, Vorb. § 80 Rn. 5) durchaus vorhergesehen.

[70]*Leipold*, Grundlagen, S. 216 ff.; *Rzepka*, BayVBl. 1989, 209; *Schenke*, in: BK, Art. 19 IV (Zweitb.) Rn. 416; vgl. zudem auch *Haibach*, DÖV 1996, 60 (68) insb. in bezug auf das Aussetzungsverfahren des § 80 V VwGO.

[71]Grundlegend *Leipold*, Grundlagen, S. 216 ff. u. passim.

Anordnungsanspruchs, dann doch wieder als ein entscheidender Punkt für die Interessenabwägung auftaucht[72]. Zwar muß der damit angeschnittenen Frage hier nicht weiter nachgegangen werden; doch an dieser Stelle ist durchaus auf die Möglichkeit hinzuweisen, ob nicht die Vorteile der materiell-akzessorischen Prüfung einerseits und der Interessenabwägung andererseits gemeinsam für das Anordnungsverfahren fruchtbar gemacht werden könnten. Das ist zu bejahen.

Das Eilverfahren findet oftmals entweder schon im Vorfeld des Hauptsacheverfahrens statt oder aber während dieses Verfahrens. Nach § 80 Abs. 7 VwGO einerseits und einer in der gerichtlichen Praxis lange verbreiteten Gewohnheit andererseits werden die Abänderungsentscheidung und die richterrechtliche Zwischenentscheidung (Hängebeschluß)[73] somit im Bereich des Aussetzungsverfahrens des § 80 Abs. 5 VwGO zulässig. Dort wird die Eilentscheidung also nicht unbedingt nur einmalig, sondern u. U. mehrmalig getroffen, sofern das Hauptsacheverfahren noch nicht abgeschlossen ist. Das Eilverfahren dauert mit anderen Worten quasi so lang wie das Hauptsacheverfahren selbst. Die Eilentscheidung kann insofern unter den verschiedensten Umständen getroffen, geändert und wieder aufgehoben werden. Der Eilentscheidungsmodus ist hier alles im allem also *dynamisch*. Dies kann nun aber auch auf den Bereich des Anordnungsverfahrens des § 123 VwGO übertragen werden, so daß die Eilentscheidung in diesem Bereich ebenfalls mehrmalig getroffen werden kann, was einen entscheidenden Vorteil mit sich bringt: Die Eilentscheidung kann nun im Problembereich des Anordnungsverfahrens je nach den unterschiedlichen Ergebnissen der Prüfung des Anordnungsanspruchs und des Anordnungsgrunds in den unterschiedlichen zeitlichen Phasen des parallel laufenden Hauptsacheverfahrens ebenso wie im Bereich des Aussetzungsverfahrens des § 80 Abs. 5 VwGO getroffen, geändert und wieder aufgehoben werden[74]. Der „dynamische Eilentscheidungsmodus" statt einer einmaligen

---

[72]So in aller Deutlichkeit etwa *Schenke*, VwPrR, 1033; krit. etwa *Huba*, JuS 1990, 983 (989).

[73]Zur Zwischenentscheidung (Hängebeschluß) als einem lange in der gerichtlichen Praxis verbreiteten richterrechtlichen Institut eingehend noch unten Teil 1, Abschn. 3, II, 1 a.

[74]Es kann hier selbstverständlich die Frage nach der Rechtssicherheit gestellt werden, wobei allerdings im Eilverfahren der Rechtssicherheit wohl keine allzu große Bedeutung beizumessen ist. Denn nach der hier vertretenen Auffassung ist im Eilverfahren die gerichtliche Prüfung in der Sache ohnehin nur summarisch und somit nicht allzu sicher. § 80 VII

sorgfältigen Prüfung des Anordnungsanspruchs – oder einer einmaligen Interessenabwägung – sei hier also auch in bezug auf das Anordnungsverfahren vorgeschlagen.

Die Zulässigkeit der Zwischenentscheidung und der Abänderungsentscheidung im Anordnungsverfahrens des § 123 VwGO ist allerdings nicht unumstritten. Auch bedarf die Frage, wie diese beiden Eilentscheidungsarten, wenn sie im Anordnungsverfahren tatsächlich zulässig sind, am hier vorgeschlagenen dynamischen Eilentscheidungsmodus teilhaben sollen, noch der näheren Erörterung. Beide Fragen sollen daher ebenfalls im nächsten Abschnitt (dort II) untersucht werden.

VwGO spricht außerdem mehr für die Flexibilität als für die Rechtssicherheit. Die Prozeßbeteiligten müssen daher lernen, daß die Eilentscheidung jederzeit in vernünftiger Weise – d. h. aber auch nicht willkürlich (so zu Recht etwa *Schoch*, in: Schoch/Schmidt-Aßmann/Pietzner, VwGO, § 80 Rn. 385) – geändert und aufgehoben werden kann. Vgl. dazu auch *Pietzner/Ronellenfitsch*, Assessorexamen, § 58 Rn. 45.

Abschnitt 3

Eigener Ansatz

I. Die Effektivität des Rechtsschutzes als ein der Verwaltungsgerichtsordnung immanentes Gebot

1. Begründung

Im folgenden soll die zuvor[1] aufgeworfene Frage behandelt werden, ob sich das Gebot effektiven Rechtsschutzes tatsächlich, wie die herrschende Auffassung dies meint, erst aus Art. 19 Abs. 4 Satz 1 GG ergibt, oder ob es nicht vielmehr bereits der Verwaltungsgerichtsordnung immanent ist. Dabei soll zuerst das Verhältnis der Verwaltungsgerichtsordnung zu Art. 19 Abs. 4 Satz 1 GG näher untersucht werden, welches man im Falle dessen, daß die beiden angesprochenen Rechtsquellen im konkreten Fall möglicherweise kumulativ oder alternativ zur Anwendung gelangen, zu beachten hat (dazu unten a und vor allem b, aa). Als ein zweiter Schwerpunkt der Untersuchung kommt dann noch die Klärung des Begriffs der Effektivität des Rechtsschutzes hinzu, wie er heute allgemein verstanden wird (dazu unten b, bb).

Mit der Behandlung dieser beiden Schwerpunkte wird sich zeigen, ob die Effektivität des Rechtsschutzes tatsächlich, wie zuvor im Rahmen dieser Arbeit schon unterstellt[2], als ein bereits der Verwaltungsgerichtsordnung immanentes Gebot anzusehen, eine *notwendige* Vorwegnahme der Hauptsache – ob nur vorläufig oder sogar endgültig – unter diesem Aspekt also durchaus zulässig ist, ohne daß zur Begründung dessen die Verfassungsnorm des Art. 19 Abs. 4 Satz 1 GG herangezogen werden muß, weil die Verwaltungsgerichtsordnung *als solche* bereits eine feste Rechtsgrundlage dafür darstellt (dazu unten b, cc und dd).

---

[1]So oben Teil 1, Abschn. 2, III, 1.

[2]Dazu ebenfalls oben Teil 1, Abschn. 2, III, 1.

a) Die Kompetenz des Einfachgesetzgebers zur Erweiterung der verfassungsrechtlichen Gewährung effektiven Rechtsschutzes

Die herrschende Auffassung, daß der Kommunalverfassungsstreit nicht zum Anwendungsbereich des Art. 19 Abs. 4 Satz 1 GG gehöre, so daß er nicht vom Grundsatz der Effektivität des Rechtsschutzes berührt sei[3], ist bereits aus folgender Überlegung heraus zu bezweifeln:

Auch wenn man die umstrittene[4] Frage, ob Art. 19 Abs. 4 Satz 1 GG dem Bürger tatsächlich effektiven Rechtsschutz gewährt, unbeantwortet läßt, muß man doch zugestehen, daß Art. 19 Abs. 4 Satz 1 GG bestenfalls einen Mindestmaßstab darstellt[5], so daß der Einfachgesetzgeber etwa der Verwaltungsgerichtsbarkeit neben dem in Art. 19 Abs. 4 Satz 1 GG vorgesehenen Individualrechtsschutz auch noch die Aufgabe der Kontrolle des objektiven Rechts zuweisen kann, sofern dadurch nicht in den Kernbereich, den Art. 19 Abs. 4 Satz 1 GG in Hinsicht auf die Garantie des Verwaltungsrechtsschutzes enthält, übermäßig eingegriffen wird. Von einer solchen Erweiterungskompetenz hat der Gesetzgeber bei der Schaffung und Gestaltung der geltenden Verwaltungsgerichtsordnung denn auch Gebrauch gemacht, sind doch die öffentlich-rechtlichen Streitigkeiten nichtverfassungsrechtlicher Art im Sinne des § 40 Abs. 1 Satz 1 VwGO, wie allgemein bekannt, vielfältiger als der Kreis der von Art. 19 Abs. 4 Satz 1 GG erfaßten, auf dem Verwaltungsrechtsweg austragbaren Rechtsstreitigkeiten.

Der Umstand, daß die Verwaltungsgerichtsordnung im Vergleich zu Art. 19 Abs. 4 Satz 1 GG in diesem Sinne ein „Mehr" darstellt, hat darüber hinaus aber noch eine weitere Bedeutung: Für die Rechtsstreitigkeiten, die auf dem Verwaltungsrechtsweg ausgetragen werden können, bietet das einfachgesetzliche

---

[3]Dazu ebenfalls oben Teil 1, Abschn. 2, III, 1.

[4]Zu den verschiedenen einschlägigen Auffassungen s. nur *Wilfinger*, Gebot, S.16 ff m. w. Nachw.

[5]Zu Art. 19 IV 1 GG als Mindestmaßstab im Sinne der im Text referierten Bedeutung s. etwa BVerfGE 22, 106 (110); *Huber*, in: v. Mangoldt/Klein/Starck, GG, Art. 19 Rn. 358 f.; *Krebs*, in: v. Münch/Kunig, GG, Art. 19 Rn. 58; *Krüger*, in: Sachs, GG, Art. 19 Rn. 108; *Papier*, in: HStR VI, § 154 Rn. 2; *Schmidt-Aßmann*, in: Maunz/Dürig, GG, Art. 19 IV Rn. 9; *Schulze-Fielitz*, in: Dreier, GG, Art. 19 IV Rn. 48.

Verwaltungsprozeßrecht einen einheitlichen *Schutzstandard*[6], so daß sämtliche Rechtsschutzinstrumente und -methoden, die die Verwaltungsgerichtsordnung zur Erfüllung der von Art. 19 Abs. 4 Satz 1 GG erteilten Aufgaben vorsieht, grundsätzlich gleichermaßen allen Verwaltungsrechtsstreitigkeiten zugänglich sind, wobei die Frage, ob diese Rechtsstreitigkeiten auch dem Art. 19 Abs. 4 Satz 1 GG bekannt sind, unbedeutend ist[7]. Da nun aber dieser einheitliche Schutzstandard der Verwaltungsgerichtsordnung zudem noch wegen der mit ihm geschaffenen „Klarheit, Berechenbarkeit und Durchschaubarkeit der Instrumente des gerichtlichen Rechtsschutzes“[8] nach wie vor von Schrifttum[9] wie Rechtsprechung[10] allgemein begrüßt wird, ist in diesem Zusammenhang die Auffassung, daß Rechtsstreitigkeiten, die, wie z. B. der Kommunalverfassungsstreit, aus dem Anwendungsbereich des Art. 19 Abs. 4 Satz 1 GG herausfallen, nicht am Schutzgedanken dieser verfassungsrechtlichen Vorschrift teilhaben könnten, schwerlich akzeptabel; denn die Verwaltungsgerichtsordnung kennt eben einen einheitlichen Schutzstandard für alle Rechtsstreitigkeiten, die nach § 40 Abs. 1 desselben Gesetzes auf dem Verwaltungsrechtsweg austragbar sind.

Nach § 40 Abs. 1 VwGO ist der Verwaltungsrechtsweg für den Kommunalverfassungsstreit zugänglich. Das heißt aber wiederum, daß das sich (angeblich) aus Art. 19 Abs. 4 Satz 1 GG ergebende Gebot der Effektivität des Rechtsschutzes, auch wenn der Kommunalverfassungsstreit nicht zum Anwendungsbereich des Art. 19 Abs. 4 Satz 1 GG gehört, für ihn ebenfalls gilt. Problematisch ist nun allerdings die Frage, ob das Gebot effektiven Rechtsschutzes tatsächlich (nur) in Art. 19 Abs. 4 Satz 1 GG verankert ist. Diese Frage sei nun noch weiter behandelt, wobei allerdings zuvor noch eine für die zu beantwortende Frage bedeutsame juristisch-methodologische Überlegung voranzustellen ist.

---

[6]Vgl. dazu insb. *Schmidt-Aßmann*, in: FS Menger, S. 107 (111).

[7]Vgl. dazu *Schmidt-Aßmann*, in: Schoch/Schmidt-Aßmann/Pietzner, VwGO, Einl. Rn. 169.

[8]So BVerfGE 60, 253 (297).

[9]Vgl. nur *Schmidt-Aßmann*, in: Schoch/Schmidt-Aßmann/Pietzner, VwGO, Einl. Rn. 169.

[10]So z. B. BVerfGE 60, 253 (297).

b) Das Gebot der Effektivität des Rechtsschutzes als Ergebnis richtiger Auslegung der Verwaltungsgerichtsordnung

aa) Juristisch-methodologische Überlegungen

Bei der These, daß das dem Art. 19 Abs. 4 Satz 1 GG immanente Gebot der Gewährung effektiven Rechtsschutzes bei Auslegung und Anwendung der Verwaltungsgerichtsordnung beachtet werden soll, handelt es sich letztlich um eine Umsetzung des Grundsatzes der sogenannten „Ausstrahlungswirkung der Grundrechte"[11]. Diese erstmalig im Rahmen der Diskussion über die Drittwirkung der Grundrechte im Zivilrecht vor allem vom Bundesverfassungsgericht[12] neu entdeckte grundrechtliche Funktion entfaltet sich auch außerhalb des Zivilrechts in den anderen Rechtsbereichen[13]. Ihre verfassungsrechtliche Grundlage findet sich nämlich in Art. 1 Abs. 3 GG, gemäß dem die Grundrechte eben ohne Unterscheidung der Rechtsgebiete als unmittelbar geltendes Recht die Gesetzgebung, die vollziehende Gewalt und die Rechtsprechung binden[14]. Die „Ausstrahlungswirkung der Grundrechte" bedeutet ihrem Inhalte nach alles im allem eine verfassungsrechtliche Aufforderung zu umfassender Berücksichtigung der Grundrechte in bezug auf die Rechtsanwendung im Einzelfall und gilt selbstverständlich auch für die hier behandelten Fälle des Verwaltungsprozeßrechts.

Die Ausstrahlungswirkung der Grundrechte als eine verfassungsrechtliche Aufforderung an die Rechtsanwendung ist in methodischer Hinsicht durch ver-

---

[11]So eindeutig *Huber*, in: v. Mangoldt/Klein/Starck, GG, Art. 19 Rn. 502; *Vogg*, Einstweiliger Rechtsschutz, S. 125. Hier spricht *Schoch* in: Schoch/Schmidt-Aßmann/Pietzner, VwGO, Vorb. § 80 Rn. 14, von „norminterner Wirkung", was allerdings wohl nur als terminologischer Unterschied angesehen werden kann.

[12]Ständige Rspr. seit BVerfGE 7, 198 (207): Lüth-Urteil; z. B. noch bei BVerfGE 90, 27 (33 ff.).

[13]Statt aller *Dreier*, in: Dreier, GG, Vorb. Art. 1 Rn. 57; *Sachs*, in: Sachs, GG, Vor Art.1 Rn. 20 m. w. Nachw. insb. aus der Rechtsprechung des BVerfG in Fn. 36; *Stern*, StaatsR III/1, S. 923 ff. (insb. 925 f. in bezug auf das öffentliche Recht); III/2, S. 1730 ff. Nach der Auffassung *Schlaichs* (*ders*, BVerfG, Rn. 322) ist die Ausstrahlungswirkung der Grundrechte im öffentlichen Recht sogar größer als im Zivilrecht.

[14]Vgl. dazu nur *Dreier*, in: Dreier, GG, Art. 1 III Rn. 21; *Stern*, StaatsR III/2, S. 1731.

fassungskonforme (bzw. verfassungsorientierte)[15] Auslegung oder Rechtsfortbildung zu erreichen[16]. Damit aber stößt die verfassungsrechtliche Aufforderung zur Verwirklichung der Grundrechte auch auf eine Grenze. Denn die verfassungskonforme Auslegung kann sich einerseits nicht gegen den Wortsinn der im einzelnen Fall anzuwendenden einfachen Gesetze und somit auch nicht gegen den Willen des Gesetzgebers erheben. So sieht es auch das Bundesverfassungsgericht[17], wenngeleich es selbst bisweilen diese Grenze unzulässigerweise überschritten hat[18]. Der Ansicht des Bundesverfassungsgerichts folgt auch das Schrifttum[19], da man – ganz zu Recht – der Auffassung ist, daß im

---

[15]Die Frage, ob die verfassungsorientierte Auslegung anders ist als die verfassungskonforme Auslegung, ist im Schrifttum umstritten. Während viele Autoren hier keinen nennenswerten Unterschied sehen und im Zusammenhang mit der Ausstrahlungswirkung der Grundrechte stets von verfassungskonformer Auslegung sprechen (dazu unten Fn. 16), betont etwa *Schlaich*, BVerfG, Rn. 413, die zu beachtende Verschiedenheit zwischen beiden Rechtsfiguren: Die verfassungskonforme Auslegung vermeide nämlich nur durch eine bestimmte Auslegungsvariante das Verdikt der Verfassungswidrigkeit; die verfassungsorientierte Auslegung lasse hingegen ganz allgemein bei Interpretation und Anwendung die Bedeutung der Grundrechte als Richtlinien und Impulse für die gesamte Rechtsordnung wirksam werden. Bei der Ausstrahlungswirkung der Grundrechte solle man also eher den Begriff der verfassungsorientierten Auslegung verwenden (vgl. hierzu auch *Dreier*, in: Dreier, GG, Vorb. Art. 1 Rn. 57 m. Fn. 242 u. insb. Art. 1 III Rn. 61 m. Fn. 144). Die vorliegende Arbeit will hier auf diese Begriffsfrage nicht eingehen und folgt nur der zuerst genannten, verbreiteteren Auffassung; denn auch die verfassungsorientierte Auslegung im hier vermittelten Sinne hat aus dem sogleich noch im Text darzulegenden Grund bei ihrer Verwendung zum Zwecke der Verwirklichung der Ausstrahlungswirkung der Grundrechte – nicht anders als die verfassungskonforme Auslegung – ihre unüberschreitbare Grenze.

[16]Statt aller BVerfGE 69, 315 (361 f.); *Dreier*, in: Dreier, GG, Vorb. Art. 1 Rn. 57 m. Fn. 242; *Höfling*, in: Sachs, GG, Art. 8 Rn. 44; *Jarass*, in: Jarass/Pieroth, GG, Art. 1 Rn. 25; *Murswiek*, in: Sachs, GG, Art. 2 Rn. 37; *Pieroth/Schlink*, Grundrechte, Rn. 76 ff. (insb. 81); *Sachs*, in: Sachs, GG, Vor Art. 1 Rn. 20; *Stern*, StaatsR III/1, S. 927.

[17]BVerfGE 67, 382 (390); 71, 81 (105); zur einschlägigen – teilweise jedoch bedenklichen – Rechtsprechung des BVerfG, vgl. zudem *Jarass*, in: Jarass/Pieroth, GG, Art. 20 Rn. 23a; *Sachs*, in: Sachs, GG, Einf. Rn. 54.

[18]So z. B. BVerfGE 35, 263 (278 ff.); vgl. dazu krit. *Koch/Rüßmann*, Begründungslehre, S. 269 f.; *Neuner*, Rechtsfindung, S. 131.

[19]Siehe nur *Hesse*, Grundzüge, Rn. 83; *Jarass*, in: Jarass/Pieroth, GG, Art. 20 Rn. 23a; *Pieroth/Schlink*, Grundrechte, Rn. 79; *Sachs*, in: Sachs, GG, Einf. Rn. 54 f.; *Schlaich*, BVerfG, Rn. 414; *Stern*, StaatsR III/2, S. 1148 ff.

Hinblick auf das deutsche parlamentarisch-demokratische Rechtssystem die einfachen Gesetze, die eben im demokratisch-legitimierten Parlament verabschiedet werden, nicht ohne weiteres ignoriert werden dürfen[20]. Falls die verfassungsrechtliche Bedenklichkeit eines anzuwendenden Gesetzes trotz aller üblichen Methoden der Gesetzesauslegung durchaus nicht zu beheben ist, stehen die bereits im Grundgesetz und/oder den Landesverfassungen vorgesehenen Verwerfungsverfahren der Verfassungsgerichte zu Verfügung; eine unmittelbar vom Rechtsanwender im Gewand angeblich verfassungskonformer Auslegung durchgesetzte Gesetzesberichtigung ist hingegen auf alle Fälle unzulässig.

Die Rechtsfortbildung, die man vor allem unter dem Begriff der Analogie thematisiert, versteht sich demgegenüber mehr oder weniger als eine sich über den möglichen Wortsinn des Gesetzestexts hinaus erstreckende systematische „Auslegung“[21]. Auch hier spielt der mittels eines systematischen Überblicks über das betreffende Gesetz ermittelte Wille des Gesetzgebers eine entscheidende Rolle. Von daher ist auch hier die soeben im Hinblick auf die verfassungskonforme Auslegung aufgezeigte, aus dem parlamentarisch-demokratischen Gedanken sich ergebende Grenze zu beachten. Eine offenkundig gegen den Willen des Gesetzgebers vorgenommene verfassungskonforme Rechtsfortbildung muß grundsätzlich also unterbleiben[22].

Damit ist die juristisch-methodologische Grenze benannt, die eben – vor allem in Anbetracht der demokratischen Legitimation des einfachgesetzlichen Rechts – der verfassungskonformen Auslegung und Rechtsfortbildung und somit nicht zuletzt der Verwirklichung der Ausstrahlungswirkung der Grundrechte bei der Auslegung und Anwendung einfachen Gesetzes zu ziehen ist. Diese Grenze ist ersichtlich für die in der vorliegenden Arbeit besonders interessierende Frage von Bedeutung, ob die Gewährung effektiven Rechtsschutzes tatsächlich nur aus Art. 19 Abs. 4 Satz 1 GG hergeleitet werden kann, oder ob sie nicht vielmehr bereits der einfachgesetzlichen Verwaltungsgerichtsordnung immanent ist, so daß der Kommunalverfassungsstreit, auch wenn er nicht dem

---

[20]Dazu besonders überzeugend *Neuner*, Rechtsfindung, S. 128 ff.

[21]Näher dazu *Raisch*, Methoden, S. 153 f.

[22]Die äußerste Ausnahme bildet hier wohl nur die Rechtsfindung *contra* legem, aber *intra* ius, auf die *Neuner*, Rechtsfindung, S. 140 ff., besonders ausführl. eingeht; vgl. dazu aber auch *Koch/Rüßmann*, Begründungslehre, S. 255.

Anwendungsbereich des Art. 19 Abs. 4 Satz 1 GG unterfällt, am Gedanken der Effektivität des Rechtsschutzes teilhaben kann und damit eine notwendige Vorwegnahme der Hauptsache auch im kommunalverfassungsstreitbezogenen Anordnungsverfahren im Hinblick auf die *Schochsche* Funktionsadäquanz-Theorie durchaus zulässig ist.

Denn der Begriff „Effektivität des Rechtsschutz“ ist, wie bereits mehrfach erwähnt, umstritten. Diese Frage mag jüngst, wie sogleich noch darzustellen sein wird, durch die Bemühungen der Rechtsprechung wie des Schrifttums weitestgehend geklärt worden sein, doch ist die damit verbundene Frage, ob die Effektivität des Rechtsschutzes in heute allgemein verstandenem Sinne tatsächlich aus Art. 19 Abs. 4 Satz 1 GG herzuleiten ist, nach wie vor offengeblieben. Zwar beharrt die herrschende Ansicht[23] unverändert auf dieser Auffassung, doch ist dies für die Lösung der Gesamtproblematik der Effektivität des Rechtsschutzes im Verwaltungsprozeßrecht nicht besonders nützlich. Denn im Hinblick auf die karge Bestimmung des Art. 19 Abs. 4 Satz 1 GG wurde in der Vergangenheit die Autorität der angesprochenen herrschenden Ansicht nicht nur oftmals zu Recht bezweifelt[24]. Auch wenn man die insofern einschlägige Kritik einmal beiseite läßt, erhebt sich noch die andere, besonders entscheidende Frage, inwieweit sich jene also trotz alledem aus Art. 19 Abs. 4 Satz 1 GG herzuleitende Effektivität des Rechtsschutzes nunmehr als ein verfassungsrechtliches Gebot in Auslegung und Anwendung der einfachgesetzlichen Verwaltungsgerichtsordnung durchsetzen kann, ohne dabei jedoch die Grenze der Ausstrahlungswirkung der Grundrechte zu überschreiten. Gerade diese Frage wurde bislang in Schrifttum wie Rechtsprechung kaum ernsthaft behandelt, was allerdings angesichts des soeben dargelegten juristisch-methodologischen Gedankens so nicht bleiben sollte.

So will sich die vorliegende Arbeit im folgenden zunächst einmal nur mit der Frage beschäftigen, ob das Gebot effektiven Rechtsschutzes bereits der Verwaltungsgerichtsordnung immanent ist. Für diese Vorgehensweise der Untersuchung spricht zweierlei: nicht nur der Zweifel, ob der Grundsatz der Effektivität des Rechtsschutzes tatsächlich aus der kärglichen Bestimmung des Art. 19 Abs. 4 Satz 1 GG hergeleitet werden kann, sondern auch die Folgerung aus

---

[23]Führend BVerfGE 35, 263 (274).

[24]Siehe hierzu nur *Wilfinger*, Gebot, S.16 ff m. w. Nachw.

der juristischen Methodenlehre, daß Art. 19 Abs. 4 Satz 1 GG eben keine entscheidende Rolle spielt.

bb) Effektiver Rechtsschutz als ausgewogener Rechtsschutz im Sinne gleichzeitiger Berücksichtigung der Interessen aller Prozeßparteien

Der Begriff der Effektivität des Rechtsschutzes als ein nach dem Inkrafttreten des Grundgesetzes besonders attraktiver juristischer Begriff ist keineswegs erst vom Bundesverfassungsgericht geprägt worden[25]. Dieses Gericht hat jedoch großen Anteil an der Verbreitung des Begriffs gehabt[26]; so heißt es bei ihm: „Das Verfahrensgrundrecht des Art. 19 Abs. 4 GG garantiert nicht nur das formelle Recht und die theoretische Möglichkeit, die Gerichte anzurufen, sondern auch die Effektivität des Rechtsschutzes; der Bürger hat einen substantiellen Anspruch auf eine tatsächlich wirksame gerichtliche Kontrolle“[27]. Gerade mit dieser Formulierung hat sich der Begriff der Effektivität des Rechtsschutzes weiter durchzusetzen vermocht; durchaus wird er seitdem also im Sinne eines „tatsächlich wirksamen“ Rechtsschutzes verstanden, welcher seinerseits aufgrund des Art. 19 Abs. 4 Satz 1 GG verfassungsrechtlich geboten sei.

Das Verständnis von „Effektivität des Rechtsschutzes“ als tatsächlich wirksamem Rechtsschutz ist auf der Grundlage dieser allgemeinen Definition bei der Anwendung im Einzelfall selbstverständlich äußerst konkretisierungsbedürftig[28]. In der Vergangenheit wurde der Begriff jedoch allzu großzügig ausgelegt[29]: Nahezu alle prozessualen Sonderwünsche zugunsten des Rechtsschutzsuchenden, und seien sie bisweilen auch nur rechtspolitischer Art, wurden ohne weiteres unter dem Namen „Effektivität des Rechtsschutzes“ de lege lata ins geltende Verwaltungsprozeßrecht hineingebracht. In diesem Zusammenhang ist es denn auch nicht verwunderlich, daß der verfassungsrechtlich

---

[25]Zur Entstehungsgeschichte dieses Begriffs s. die ausführl. Darstellung bei *Haag*, Effektiver Rechtsschutz, S. 16 ff.

[26]Ständige. Rspr. seit BVerfGE 35, 263 (274); 35, 382 (401); 37, 150 (153); 40, 272 (LS, 275); zuletzt z. B. *BVerfG*, NJW 1995, 950 (951).

[27]BVerfGE 35, 263 (274); vgl. zudem BVerfGE 40, 272, (LS, 275).

[28]Dies betont etwa auch *Schulze-Fielitz*, in: Dreier, GG, Art. 19 IV Rn. 62.

[29]So exemplarisch *Finkelnburg*, in: FG BVerwG, 169 ff.

gebotene Grundsatz der Effektivität des Rechtsschutzes allmählich in die Kritik geraten ist[30]. Zahlreiche Diskussionen sind in diesem Zusammenhang schon geführt worden, in Rahmen deren der Effektivität des Rechtsschutzes mit der Zeit eine neue Bedeutung beigelegt wurde. So ist der nunmehr wohlbekannte Gedanke des „ausgewogenen Rechtsschutzes" im Zuge einer richtigeren Anwendung des Gebots effektiven Rechtsschutzes endlich in den Mittelpunkt getreten[31], was denn auch in Schrifttum wie Rechtsprechung[32] allgemein begrüßt wird.

Das Verständnis von „Effektivität des Rechtsschutzes" als ausgewogenem Rechtsschutz entfaltet seine Bedeutung vor allem im Hinblick auf die Berücksichtigung der Interessen aller Prozeßbeteiligten[33]: Das Interesse des Rechtsschutzsuchenden mag hinsichtlich der Effektivität im Sinne einer tatsächlichen Wirksamkeit des Rechtsschutzes schutzwürdig sein; auch das prozessual üblicherweise vom Prozeßgegner vertretene öffentliche Interesse und ggf. die Interessen der jeweiligen beteiligten Dritten dürfen dabei allerdings nicht außer Acht gelassen werden. Denn solche Interessen gelangen, nicht anders als das Interesse des Rechtsschutzsuchenden selbst, in einer Vielzahl von Rechtsnormen zum Ausdruck; sie werden mitunter sogar verfassungsrechtlich verbürgt. Da nun aber die Verfassung ein in sich verschränktes Sinngefüge ist, kann die Bestimmung des Art. 19 Abs. 4 Satz 1 GG, auch wenn sie mehr oder weniger allein im Hinblick auf das Interesse des Rechtsschutzsuchenden formuliert worden sein sollte, bei der Anwendung im konkreten Fall nur so auszulegen sein, „daß auch anderen Verfassungsnormen und –grundsätzen kein Abbruch getan wird"[34]. Alles im allem ist unter „Effektivität des Rechtsschutzes" in diesem Zusammenhang also ein ausgewogener Rechtsschutz zu verstehen; eine einseitig zugunsten des Rechtsschutzsuchenden erfolgende, ohne dabei

---

[30]Zur Kritik s. nur *Wilfinger*, Gebot, S.16 ff m. w. Nachw.

[31]Grundlegend *Schmidt-Aßmann*, NVwZ 1983, 1 ff.; vgl. zudem nicht zuletzt aber auch *Schmidt-Jortzig*, NJW 1994, 2569.

[32]Statt vieler *Huber*, in: v. Mangoldt/Klein/Starck, GG, Art. 19 Rn. 388 ff.; *Schoch* in: Schoch/Schmidt-Aßmann/Pietzner, VwGO, Vorb. § 80 Rn., jeweils m. w. Nachw.

[33]Vgl. näher zum ausgewogenen Rechtsschutz im nachfolgend dargestellten Sinne nur *Huber*, in: v. Mangoldt/Klein/Starck, GG, Art. 19 Rn. 388 ff. und nicht zuletzt *Schmidt-Aßmann*, in: Schoch/Schmidt-Aßmann/Pietzner, VwGO, Einl. 152 ff.

[34]BverfGE 60, 253 (267).

Rücksicht auf die anderen Prozeßbeteiligten nehmende Interpretation ist unzulässig.

Auch wenn der Grundsatz der Effektivität des Rechtsschutzes soeben im Sinne eines wirksamen, aber ausgewogenen Rechtsschutzes beschrieben wurde, so wird dieser inhaltlich heutzutage denn auch unumstritten so verstandene Begriff in Schrifttum und Rechtsprechung nahezu ausnahmslos als ein aus Art. 19 Abs. 4 Satz 1 GG hergeleitetes Gebot betrachtet. Fraglich ist dabei allerdings, ob ein solches insofern (angeblich) verfassungsrechtliches Gebot im Hinblick auf die Verwaltungsgerichtsordnung auch problemlos mittels einfachen Gesetzes durchgesetzt werden kann. Dies ist zu bejahen, und zwar aus zwei Gründen, die, um es gleich vorwegzunehmen, sogar darauf hindeuten, daß im Hinblick auf jene eben nicht allzu eindeutige Bestimmung des Art 19 Abs. 4 Satz 1 GG der nunmehr im Sinne eines wirksamen, aber ausgewogenen Rechtsschutzes zu verstehende Grundsatz der Effektivität des Rechtsschutzes in der Tat eher ein der Verwaltungsgerichtsordnung immanentes und somit bereits einfachgesetzlich anerkanntes Gebot ist:

Nach herrschender Auffassung ist das Erfordernis der Effektivität des Rechtsschutzes trotz ihrer Bedeutung als ausgewogener Rechtsschutz zunächst einmal aus Art. 19 Abs. 4 Satz 1 GG herzuleiten. Dieser Standpunkt ist aber insofern nicht ganz zweifelsfrei, als Art. 19 Abs. 4 Satz 1 GG im Hinblick auf seine Formulierung eher von der besonderen Schutzwürdigkeit der Rechtsposition des Rechtsschutzsuchenden ausgeht, ohne dabei jedoch auch die möglichen Interessen anderer Prozeßbeteiligten im Auge zu haben. Im Vergleich dazu ist die Aussage der entsprechenden Bestimmung der Verwaltungsgerichtsordnung aber deutlicher. Nach § 40 Abs. 1 Satz 1 VwGO[35] ist nämlich der Verwaltungsrechtsweg in allen öffentlich-rechtlichen Streitigkeiten nichtverfassungsrechtlicher Art gegeben. Hier spricht das Gesetz – etwa statt vom „Schutz des Verletzten in seinen Rechten" – unmittelbar von *„Streitigkeiten"*. Da es sich nun bei Streitigkeiten aber um nichts anderes als um den Interessenkonflikt von zumindest zwei Parteien handelt, liegt es nahe, daß der Gesetzgeber in der Verwaltungsgerichtsbarkeit den Grundsatz der Effektivität des

---

[35] Daß § 40 I 1 VwGO mehr oder weniger als eine dem Art. 19 IV 1 GG entsprechende Regelung angesehen werden kann, ergibt sich nicht nur aus dem ähnlichen Bestimmungsinhalt der beiden Vorschriften; auch die Gesetzmaterialien (so insb. die amtliche Begründung zu § 38 Entw. der VwGO [= § 40 VwGO], BT-Drs. III/55, S. 30) bestätigen dieses Ergebnis noch einmal.

Rechtsschutzes, wenn er überhaupt an ihn gedacht haben sollte, entsprechend der Zielbestimmung der Verwaltungsgerichtsordnung, den Interessenkonflikt aller Beteiligten so gut wie möglich beizulegen, im Sinne von ausgewogenem Rechtsschutz verstanden wissen wollte.

Der Umstand, daß unter Effektivität des Rechtsschutzes im Rahmen der Verwaltungsgerichtsordnung ein ausgewogener Rechtsschutz zu begreifen ist, ist andererseits aber auch vielen einzelnen Rechtsinstituten, die in der Verwaltungsgerichtsordnung ausdrücklich geregelt sind, zu entnehmen. Das gilt beispielsweise gerade für das Institut des vorläufigen Rechtsschutzes: Im Rahmen der Verwaltungsgerichtsordnung dient der vorläufige Rechtsschutz nicht nur, wie allgemein anerkannt[36], der Effektivität des Rechtsschutzes im Sinne einer tatsächlichen Wirksamkeit; auch innerhalb des Institutes des vorläufigen Rechtsschutzes selbst wird erkennbar, daß „Effektivität des Rechtsschutzes" darüber hinaus auch noch im Sinne von Ausgewogenheit zu verstehen ist. Gemeint ist hier vor allem die Regelung des § 80 Abs. 2 Satz 1 Nr. 4 VwGO. Wenn die Behörde ihr gemäß die sofortige Vollziehung „im öffentlichen Interesse oder im Interesse eines Beteiligten" anordnen kann, kann der Sinn dieser Regelung offenkundig nur in einer Berücksichtigung des Grundsatzes der Ausgewogenheit des (vorläufigen) Rechtsschutzes liegen.

Bislang wurde das Verhältnis von Effektivität des Rechtsschutzes einerseits und Verwaltungsgerichtsordnung andererseits behandelt. Aufgestellt wurde dabei die These, daß das Gebot effektiven Rechtsschutzes, mag es der herrschenden Auffassung zufolge auch aus Art. 19 Abs. 4 Satz 1 GG hergeleitet werden, in der Tat bereits der Verwaltungsgerichtsordnung immanent ist. In diesem Zusammenhang ist denn auch zu behaupten, daß die verwaltungsprozessualen Fragen, die angeblich erst unter Berufung auf das verfassungsrechtliche Gebot der Effektivität des Rechtsschutzes zu klären sind, durchaus schon im Rahmen allein der einfachgesetzlichen Verwaltungsgerichtsordnung gelöst werden können. Dies gilt insbesondere gerade für das Problem der Vorwegnahme der Hauptsache. Während nämlich diese Problematik nach der Funktionsadäquanz-Theorie *Schochs* vor allem unter Berücksichtigung der in Art. 19 Abs. 4 Satz 1GG gebotenen Effektivität des Rechtsschutzes bewältigt werden soll, ist in Wahrheit, wie im einzelnen gleich noch zu zeigen sein wird, bei der Behandlung sämtlicher Fragen eine eingehende Auseinandersetzung mit den

---

[36] Vgl. dazu bereits oben Teil 1, Abschn. 1 II, 1.

einschlägigen Bestimmungen der Verwaltungsgerichtsordnung ausschlaggebend.

cc) Die Zulässigkeit der vorläufigen Vorwegnahme der Hauptsache im Hinblick auf die Auslegung des § 123 VwGO

Nach *Schochs* Auffassung[37] ist eine Vorwegnahme der Hauptsache bereits aufgrund einfachgesetzlichen Rechts zulässig. Denn nach § 123 Abs. 3 i. V. m. § 938 Abs. 1 ZPO bestimme das Gericht den Inhalt einstweiliger Anordnungen ohnehin nach freiem Ermessen; davon sei auch die Vorwegnahme der Hauptsache mitumfaßt, wenn sie zur Erreichung des Zweckes des vorläufigen Rechtsschutzes notwendig ist.

Ebenfalls der Ansicht *Schochs*[38] zufolge setzt § 123 Abs. 1 VwGO der Entscheidungsfreiheit des Gerichts über den Inhalt einstweiliger Anordnungen jedoch eine bestimmte Grenze: die in einer einstweiligen Anordnung enthaltenen Maßnahme müsse vorläufig sein. Da aber der Begriff der „Vorläufigkeit" bzw. „Einstweiligkeit" in § 123 Abs. 1 VwGO im Sinne eines durch die einstweilige Anordnung geschaffenen Zustandes, der wiederum spätestens durch die Hauptsacheentscheidung für die Zukunft zum status quo ante umgekehrt werden könne, definiert werden solle, sei eine Vorwegnahme der Hauptsache, sofern sie vorläufig in diesem Sinne sei, dennoch geboten.

Schochs Ansicht ist beizupflichten. Vier Punkte sind hier aber zur Ergänzung noch zu klären:

(1) Nach *Schochs* Auffassung enthält das einfache Gesetz bereits eine Antwort hinsichtlich der Zulässigkeit immerhin der vorläufigen Vorwegnahme der Hauptsache, wobei er sogar an einer bestimmten Stelle einmal betont, daß hier ein Rückgriff auf das sogenannte Gebot effektiven Rechtsschutzes des Art. 19 Abs. 4 Satz 1 GG nicht notwendig sei[39]. Zwar ist insofern der Ansicht *Schochs* durchaus zuzustimmen; nicht zu verkennen ist allerdings, daß in *Schochs* Theorie das Gebot effektiven Rechtsschutzes nach wie vor doch noch

---

[37] Näher bereits oben Teil 1, Abschn. 2, II, 3.

[38] Näher ebd.

[39] So *Schoch*, in: Schoch/Schmidt-Aßmann/Pietzner, VwGO, § 123 Rn. 155.

eine große Rolle spielt[40]: An diesem Grundsatz soll z. B. der Zweck des vorläufigen Rechtsschutzes orientieren, welcher für die Zweckmäßigkeit des Inhalt einstweiliger Anordnungen gemäß § 123 Abs. 3 VwGO i. V. m. § 938 Abs. 1 ZPO ausschlaggebend ist. An ihm soll sich aber wiederum auch der Begriff der Vorläufigkeit bzw. Einstweiligkeit ausrichten, welcher eben für die zulässige Vorwegnahme der Hauptsache eine Grenze setzte. Da nach *Schochs* Auffassung das Gebot effektiven Rechtsschutzes sich jedoch aus Art. 19 Abs. 4 Satz 1 GG ergibt, ist seine Theorie in diesem Punkt widersprüchlich. Nach der in der vorliegenden Arbeit vertretenen Auffassung ist das Gebot effektiven Rechtsschutzes hingegen bereits der Verwaltungsgerichtsordnung immanent, und mit dieser Auffassung ist jene Widersprüchlichkeit von *Schochs* Theorie durchaus zu vermeiden.

(2) In *Schochs* Lehre sind zudem die Begriffe von „Vorläufigkeit" und „Einstweiligkeit" für die Zulässigkeit der vorläufigen Vorwegnahme der Hauptsache besonders bedeutsam. Zwar sind diese beiden Begriffe, die § 123 VwGO verwendet, nach wie vor umstritten; im Zuge seiner Hervorhebung der interimistischen Befriedungsfunktion des vorläufigen Rechtsschutzes hat *Schoch* ihnen jedoch eine zutreffende Definition gegeben[41]. Allerdings ist die sogenannte interimistische Befriedungsfunktion des vorläufigen Rechtsschutzes als solche keineswegs erst von *Schoch* im Hinblick auf das Gebot effektiven Rechtsschutzes des Art. 19 Abs. 4 Satz 1 GG erfunden worden; sie ergibt sich vielmehr bereits aus der Natur des vorläufigen Rechtsschutzes als einfachgesetzlichem Rechtsinstitut. Denn § 123 VwGO hat seinen Ursprung in der zivilprozessualen einstweiligen Verfügung. Nach Erkenntnis der rechtshistorischen Forschung vieler Wissenschaftler[42] diente und dient die einstweilige Verfügung immerhin des § 940 ZPO (entspricht § 123 Abs. 1 Satz 2 VwGO) u. a. aber eben als eine abschließende Zwischenregelung des vorläufigen Zustands; sie hat also eine prozessuale interimistische Befriedungsfunktion.

(3) Die einstweilige Verfügung des § 940 ZPO wird im Zivilprozeßrecht fernerhin als „Regelungsverfügung" bezeichnet. Vor Schaffung der Verwaltungsgerichtsordnung war die vorläufige Vorwegnahme der Hauptsache als eine Art

[40]Dazu näher bereits oben Teil 1, Abschn. 2, II, 1.

[41]Vgl. dazu ausführl. bereits oben Teil 1, Abschn. 2, II, 1.

[42]Siehe *Rohmeyer*, Geschichte, S. 33 ff. u. nicht zuletzt *Walker*, Einstweiliger Rechtsschutz, Rn. 85 ff.

von Regelungsverfügung angesehen worden[43]. Nachdem nun der Gesetzgeber diese Vorschrift aber doch noch in die Verwaltungsgerichtsordnung als § 123 Abs. 1 Satz 2 aufgenommen hat; so liegt es doch nahe, daß damit eine vorläufige Vorwegnahme der Hauptsache nach Auffassung des Gesetzgebers immerhin hinzunehmen ist. Die vorläufige Vorwegnahme der Hauptsache ist damit also schon aufgrund der einfachgesetzlichen Bestimmung des § 123 VwGO geboten. Diese Erkenntnis entspricht nicht zuletzt auch einer systematischen Auslegung der Gesamtheit der Regelungen des vorläufigen Rechtsschutzes in der Verwaltungsgerichtsordnung, weil die aufschiebende Wirkung im Problembereich des Eilrechtsschutzes der §§ 80 bis 80b VwGO, mag sie bereits kraft Gesetzes automatisch eintreten oder erst durch behördliche wie gerichtliche Entscheidung anordnet werden, wie zuvor schon in der vorliegenden Arbeit dargetan[44], ausnahmslos eine Art von vorläufiger Vorwegnahme der Hauptsache darstellt.

dd) Die Zulässigkeit der endgültigen Vorwegnahme der Hauptsache im Hinblick auf die Rechtsfortbildung des Instituts des vorläufigen Rechtsschutzes

Ebenfalls *Schochs* Lehre[45] zufolge ist die *endgültige* Vorwegnahme der Hauptsache andererseits nicht einfachgesetzlich zulässig; hier werde nämlich die Grenze der Vorläufigkeit überschritten; doch gebe es dabei im Hinblick auf das Gebot der Rechtsschutzeffektivität des § 19 Abs. 4 Satz 1 GG Ausnahmen. Dies gelte insbesondere bei strikt zeitgebundenen Streitigkeiten, wo jeglicher Hauptsacherechtsbehelf versage; der Anwendungsbereich des *„Eil-"*Rechtsschutzes werde nun also als die einzige Rechtsschutzmöglichkeit über die einfachgesetzliche Bestimmung hinaus erweitert. *Schochs* Auffassung hier ist teilweise richtig, teilweise jedoch falsch: Richtig ist, daß die endgültige Vorwegnahme der Hauptsache im Hinblick auf das Gebot effektiven Rechtsschutzes insbesondere bei strikt zeitgebundenen Streitigkeiten zulässig ist, da sonst von „Rechtsschutz" gar nicht mehr gesprochen werden könnte. Allerdings ist *Schochs* Ansicht insofern unrichtig, als er glaubt, daß Art. 19 Abs. 4 Satz 1 GG

---

[43] Vgl. nur *Walker*, Einstweiliger Rechtsschutz, Rn. 101 ff. m. w. Nachw.

[44] Oben Teil 1, Abschn. 1 II, 2, b.

[45] Vgl. bereits oben Teil 1, Abschn. 2, II, 3.

hier eingreife. Denn nach der in dieser Arbeit vertretenen Ansicht ist das Gebot effektiven Rechtsschutzes tatsächlich bereits der Verwaltungsgerichtsordnung immanent. Da nun nicht zuletzt auch das einfachgesetzliche Rechtsinstitut des vorläufigen Rechtsschutzes als solches vor allen Dingen gerade der Effektivität des Rechtsschutzes dient, ist im Hinblick auf die Zulässigkeit der endgültigen Vorwegnahme der Hauptsache eine aufgrund der Forderung nach Effektivität des Rechtsschutzes gebotene Rechtsfortbildung innerhalb des einfachgesetzlichen Rechts durchaus möglich; es bedarf hier also ebenfalls keines Rückgriffs auf Art. 19 Abs. 4 Satz 1 GG.

2. *Die Anwendung auf den Problembereich des kommunalverfassungsstreitbezogenen Anordnungsverfahrens*

Bisher wurde die These, das Gebot effektiven Rechtsschutzes sei der Verwaltungsgerichtsordnung immanent, belegt. Dies soll nun für das Thema des „vorläufigen Rechtsschutzes im Kommunalverfassungsstreit“ fruchtbar gemacht werden. Der Kommunalverfassungsstreit fällt zwar nicht in den Anwendungsbereich des Art. 19 Abs. 4 Satz 1 GG; für ihn ist die Verwaltungsgerichtsordnung jedoch anwendbar. So ist in bezug auf Verwaltungsstreitigkeiten dieser Art eine Vorwegnahme der Hauptsache, sofern diese im Hinblick auf das Gebot effektiven Rechtsschutzes *notwendig* ist, durchaus unbedenklich: Die vorläufige Vorwegnahme der Hauptsache kann sich dabei aus einer systematischen *Auslegung* des einfachen Gesetzes ergeben; auch ist die Zulässigkeit der endgültigen Vorwegnahme der Hauptsache im Hinblick auf die *Rechtsfortbildung* des einfachgesetzlichen Rechtsinstituts des vorläufigen Rechtsschutzes zu bejahen. Einschlägig ist hier beidemal also einzig und allein die Verwaltungsgerichtsordnung, welche für den Austrag des Kommunalverfassungsstreits angewendet werden muß.

II. Dynamischer Eilentscheidungsmodus statt einmaliger sorgfältiger Prüfung von Anordnungsanspruch und Anordnungsgrund – zum Einsatz der Zwischenentscheidung und der Abänderungsentscheidung

Soeben wurde u. a. gezeigt, daß das Gebot effektiven Rechtsschutzes bereits der einfachgesetzlichen Verwaltungsgerichtsordnung immanent ist. Nachdem nun die Frage, ob *Schochs* Funktionsadäquanz-Theorie auch im Problembereich des kommunalverfassungsstreitbezogenen Anordnungsverfahrens anwendbar ist, ebenfalls bereits geklärt worden ist, soll nun im folgenden auf die Frage eingegangen werden, ob das Risiko gerichtlicher Fehlentscheidung, welches im Rahmen des Problems der Vorwegnahme der Hauptsache eine große Rolle spielt, tatsächlich, wie die Funktionsadäquanz-Theorie dies dartut, allein mittels sorgfältiger Prüfung insbesondere im Hinblick auf das Vorliegen des Anordnungsanspruchs im konkret zu entscheidenden Fall minimiert werden kann. Hinsichtlich dieser Fragestellung hat die vorliegende Arbeit zuvor bereits[46] einen dynamischen Eilentscheidungsmodus statt der einmaligen sorgfältigen Prüfung von Anordnungsanspruch und Anordnungsgrund vorgeschlagen; je nach den Umständen des konkreten Einzelfalls sollten außerdem auch die Mittel der Zwischenentscheidung (Hängebeschluß) und der Abänderungsentscheidung eingesetzt werden. Allerdings sind Zwischenentscheidung und Abänderungsentscheidung als zwei in der Praxis in bezug auf das Anordnungsverfahren entwickelte Instrumente des Eilrechtsschutzes keineswegs unumstritten. Vor allen Dingen ist noch die Frage klärungsbedürftig, ob beide Instrumente de lege lata überhaupt anwendbar sind (dazu unten 1). Nicht zuletzt muß aber auch die Frage beantwortet werden, wie die Zwischen- und die Abänderungsentscheidung im konkreten Fall in Kombination mit der ordentlichen Eilentscheidung zusammenwirken sollen (dazu unten 2).

---

[46] Vgl. oben Teil 1, Abschn. 2, III, 2.

1. *Die Zulässigkeit von Zwischenentscheidung und Abänderungsentscheidung*

a) Die Zwischenentscheidung

Nach einheitlicher Auffassung der Rechtsprechung[47] ist – wie es sonst auch im Aussetzungsverfahren des § 80 Abs. 5 VwGO der Fall ist[48] – während des Anordnungsverfahrens, so es denn nötig ist, eine Zwischenentscheidung statthaft. Dieser sogenannte Hängebeschluß diene dabei vor allem dazu, eine einseitig durch den Antragsgegner erfolgende vorzeitige Schaffung vollendeter Tatsachen zu verhindern, bevor das Gericht im Anordnungsverfahren über den Eilantrag abschließend befindet. Auch im Rahmen des Ablaufs eines Anordnungsverfahrens solle effektiver Rechtsschutz gewährt werden. Zwischenentscheidungen seien insofern im Hinblick auf das Gebot der Effektivität des Rechtsschutzes völlig begründet, auch wenn das Gesetz dazu nichts sage.

Diese gerichtliche Praxis wird bislang denn auch im Schrifttum[49] nahezu allseitig begrüßt. Ebenso wie in der Rechtsprechung ist hier das Gebot der Effektivität des Rechtsschutzes besonders[50] in den Vordergrund gerückt worden[51]. Zwar haben manche Autoren in diesem Zusammenhang gelegentlich noch

---

[47]Statt vieler *HessVGH*, NVwZ-RR 1995, 302; NJW 1996, 474 (475); *SaarlOVG*, NVwZ-RR 1993, LS 1, 391 f.

[48]So dazu etwa *VGH BW*, NVwZ 1985, 922; *BayVGH*, DÖV 1981, 185 (186); *HambOVG*, NVwZ 1987, 515 (516); *SaarlOVG*, NVwZ-RR 1993, 391. Im Schrifttum dazu eingehend *Schoch*, in: Schoch/Schmidt-Aßmann/Pietzner, VwGO, Rn. 242 ff.

[49]Statt vieler *Brühl*, JuS 1995, 916 (920); *Happ*, in: Eyermann, VwGO, § 123 Rn. 60; *Kopp/Schenke*, VwGO, § 123 Rn. 29; *Redeker/v. Oertzen*, VwGO, § 123 Rn. 20a.

[50]Nach der Ansicht *Happs* (in: Eyermann, VwGO, § 123 Rn. 60.) ist § 123 III VwGO i. V. m. § 938 I ZPO wohl als zusätzliche rechtliche Grundlage der Zwischenentscheidung zu betrachten. Das erscheint allerdings zweifelhaft. Denn sicherlich läßt § 938 I ZPO dem Gericht beim Erlaß einer einstweiligen Anordnung einen großen Entscheidungsfreiraum; dies betrifft jedoch nur den Inhalt der nunmehr zu erlassenden einstweiligen Anordnung. Hier ist also die Frage nach dem „Wie" und „Was" *einer* einstweiligen Anordnung einschlägig; ob das Gericht darüber hinaus im Eilverfahren die einstweilige Anordnung auch mehrmalig erlassen kann, läßt sich im Hinblick auf § 938 I ZPO wohl noch nicht entscheiden.

[51]A. A. aber *Kopp/Schenke*, VwGO, § 123 Rn. 29. Nach der Ansicht dieser Autoren ist die Frage nach der Rechtsgrundlage der Zwischenentscheidungen hier überflüssig.

weitere Bedenken angemeldet; bei genauerem Hinsehen erweisen sich diese jedoch allesamt als unbegründet:

aa) Kritik an der Ansicht *Janks*

Nach Ansicht *Janks*[52] soll die Zwischenentscheidung nur im Verfahren der Sicherungsanordnung des § 123 Abs. 1 Satz 1 VwGO zulässig sein. Im Verfahren nach § 123 Abs. 1 Satz 2 VwGO, also bei der sogenannten Regelungsanordnung, sei für diese eher richterrechtliche Eilrechtsschutzform jedoch kein Raum. Im Verfahren nach § 123 Abs. 1 Satz 1 VwGO wolle der Antragsteller nämlich die Verwirklichung eines Abwehr- oder Unterlassungsanspruchs sichern lassen; die bereits während des Eilverfahrens drohende Gefahr könne und müsse also mittels einer Zwischenentscheidung überwunden werden. Mit einem Antrag auf Regelungsanordnung erstrebe der Antragsteller hingegen nur eine Erweiterung seiner Rechtsposition. Solche eher auf bestimmte positive Leistungen gerichtete Eilrechtsschutzbegehren verlangten oftmals eine materiell-akzessorische Beurteilung der Hauptsache und dürften daher nur im ordentlichen Eilverfahren abschließend entschieden werden.

Die Auffassung von *Jank* überzeugt nicht. Denn nach allgemeiner Erkenntnis sind der Tatbestand des § 123 Abs. 1 Satz 1 VwGO einerseits und derjenige des § 123 Abs. 1 Satz 2 VwGO andererseits praktisch wie theoretisch kaum exakt voneinander zu unterscheiden[53]. Im konkreten Fall kann ein Anordnungsantrag oftmals beiden Tatbeständen alternativ oder kumulativ entsprechen. Auch *Jank* selbst ist sich dieses Umstandes offenbar bewußt[54]; wieso er aber dennoch bei der Frage nach der Zulässigkeit der Zwischenentscheidung dem Unterschied zwischen Regelungsanordnung und Sicherungsanordnung Bedeutung beimessen will, ist nicht ersichtlich. Die Zwischenentscheidung muß vielmehr für beide Fälle, also sowohl für die Sicherungsanordnung als auch für die Regelungsanordnung, zugelassen werden, sofern die Voraussetzungen für eine solche Entscheidung im konkreten Fall erfüllt sind.

---

[52] *Jank*, in: Finkelnburg/Jank, Vorläufiger Rechtsschutz, Rn. 322 f.

[53] Siehe dazu bereits oben Teil 1, Abschn. 2, I. m. Fn. 3.

[54] Vgl. *Jank*, in: Finkelnburg/Jank, Vorläufiger Rechtsschutz, Rn. 91, 198 ff.

In der Praxis sind die Anforderung an den Erlaß einer Zwischenentscheidung denn auch längst festgelegt worden[55]: Es dürfe zum einen der begehrte Eilrechtsschutz nicht unzulässig oder offensichtlich aussichtslos, und zum anderen müsse der Antragsteller ohne eine Zwischenentscheidung unzumutbar schweren, anders nicht abwendbaren Nachteilen ausgesetzt sein. Hierbei habe das Gericht die dem Antragsteller drohenden Beeinträchtigungen gegen die Belastungen abzuwägen, die den übrigen Beteiligten entstehen können. Diese letztgenannte Voraussetzung meint bei Lichte besehen also eine summarische Prüfung in bezug auf das Vorliegen oder Nichtvorliegen des Anordnungsgrunds, und soweit *Jank* im Hinblick auf die sogenannte Regelungsanordnung etwas Bedenkenswertes über die Zulässigkeit der Zwischenentscheidung gesagt hat, geht es dabei mehr oder weniger nur um die Frage, ob der Anordnungsgrund im konkreten Fall tatsächlich gegeben ist.

bb) Kritik an der Ansicht *Schochs*

Nach *Schochs* Ansicht[56] ist außerdem die Zwischenentscheidung zwar in praktischer Hinsicht vorteilhaft, rechtsdogmatisch jedoch fragwürdig. Dies gelte insbesondere für den Fall, daß man die sogenannte Abänderungsentscheidung trotz fehlender positivrechtlicher Grundlage in analoger Anwendung des § 80 Abs. 7 VwGO als zulässig annehme[57]. Denn die Gefahr, die dem Rechtsschutzsuchenden bereits während des Eilverfahrens drohe und die mit der Zwischenentscheidung abgewendet werden solle, könne ebenso schnell mittels einer im Anordnungsverfahren unmittelbar gemäß § 123 Abs. 1 VwGO zu erlassenden regulären einstweiligen Anordnung abgewendet werden. Falls diese ordentliche Eilentscheidung sich dann später als fehlerhaft erweise, dürfe sie ohnehin im Abänderungsverfahren korrigiert werden. Die richterrechtliche Kreation einer Zwischenentscheidung sei dabei also unnötig.

Auch diese Ansicht von *Schoch* überzeugt nicht. Nach seiner Funktionsadäquanz-Theorie soll die Eilentscheidung nämlich im Hinblick auf eine Mini-

---

[55] Dazu grundlegend *SaarlOVG*, NVwZ-RR 1993, LS 2, 391 f.

[56] *Schoch*, in: Schoch/Schmidt-Aßmann/Pietzner, VwGO, § 123 Rn. 164 i. V. m. § 80 Rn. 242, 244.

[57] Hierzu eingehend sogleich unten in Teil 1, Abschn. 3, II, 1, b.

mierung des Fehlentscheidungsrisikos auf der Grundlage einer ernsthaften Prüfung des Anordnungsanspruchs getroffen werden. Dies kostet jedoch Zeit, und gerade deswegen braucht die Rechtsprechung hier eine mehr oder weniger allein auf dem Boden der summarischen Prüfung des Anordnungsgrunds zu treffende Zwischenentscheidung, um auf diesem Weg zum einen den Zeitdruck zu entschärfen und zum anderen, aber nicht zuletzt, die bereits über dem Rechtsschutzsuchenden schwebende Gefahr drohenden Rechtsverlusts baldmöglichst zu beseitigen. Dieser Vorteil der Zwischenentscheidung kann bei *Schoch* nicht zum Tragen kommen. Wenn er im übrigen annimmt, daß die dem Rechtsschutzsuchenden bereits während des Eilverfahrens entgegentretende Gefahr eines Rechtsverlusts durch den *schnellen* Erlaß einer einstweiliger Anordnung abzuwenden wäre, so spricht dies nur dafür, daß seine Konzeption zur Minimierung des Fehlentscheidungsrisikos widersprüchlich ist. Das Fehlentscheidungsrisikos im Eilverfahren darf eben keineswegs einseitig durch eine sorgfältige Prüfung des Anordnungsanspruchs auf Kosten der Rechte der Rechtsschutzsuchenden minimiert werden. Hier würde wohl eine Fehlentscheidung zugunsten des Ansehens des Gerichts vermieden; das im Eilverfahren zu beseitigende tatsächliche Risiko des möglichen endgültigen Rechtsverlusts des Rechtsschutzsuchenden wird dabei jedoch nicht gleichmäßig auf alle Prozeßbeteiligten verteilt. Vorzuziehen ist daher der dynamische Eilentscheidungsmodus, den die vorliegende Arbeit vorschlägt, für den die Zwischenentscheidung ein geeignetes Instrument darstellt.

Nach der in der vorliegenden Arbeit vertretenen Ansicht gilt das der Verwaltungsgerichtsordnung ohnehin immanente Gebot effektiven Rechtsschutzes auch für den Kommunalverfassungsstreit[58]. Das aus diesem Gebot abgeleitete richterrechtliche Rechtsinstitut der Zwischenentscheidung kann somit bei Bedarf ebenfalls im kommunalverfassungsstreitbezogenen Anordnungsverfahren eingesetzt werden.

b) Die Abänderungsentscheidung (§ 80 Abs. 7 VwGO analog)

Nach § 80 Abs. 7 VwGO ist die Eilentscheidung des Aussetzungsverfahrens später im sogenannten Abänderungsverfahren zu korrigieren. Ein ähnliches Rechtsinstitut besteht gemäß §§ 927 und 936 ZPO auch im Rahmen des zivil-

---

[58] Siehe oben Teil 1, Abschn. 3, I, 2.

prozessualen einstweiligen Rechtsschutzes. Zwar sieht das Gesetz diese Korrekturmöglichkeit einer Eilentscheidung für die Fälle der einstweiligen Anordnung des § 123 VwGO nicht vor[59]. Nach der nahezu einhelligen Auffassung in Rechtsprechung und Schrifttum[60] ist aber im Anordnungsverfahren eine Abänderungsentscheidung ggf. dennoch nötig und auch zulässig[61]. Problematisch ist hier nur die Frage, auf welcher Rechtsgrundlage das Rechtsinstitut der Abänderungsentscheidung im Bereich des Anordnungsverfahrens überhaupt beruhen kann; die Meinungen dazu sind äußerst geteilt[62] und bedürfen deswegen noch einer gründlichen Untersuchung[63].

aa) Der Rechtsgedanke der §§ 80 Abs. 7 VwGO und 927 ZPO

Nach einer im Schrifttum vertretenen Auffassung[64] soll der Rechtsgedanke der §§ 80 Abs. 7 VwGO und 927 ZPO auf das Rechtssystem der einstweiligen Anordnung, und zwar als Rechtsgrundlage für die Abänderungsentscheidung, zu übertragen sein. Dieser Standpunkt ist teilweise richtig und teilweise falsch. Sicher ist, daß § 80 Abs. 7 VwGO und § 927 ZPO mehr oder weniger gemeinsam etwa auf dem Gedanken der Elastizität der ohnehin nur aufgrund einer summarischen Prüfung getroffenen Eilentscheidung beruhen und dieser Gedanke auch auf das Anordnungsverfahren zutrifft. Allerdings normieren die beiden Vorschriften für das Abänderungsverfahren im Aussetzungsverfahren ei-

---

[59]Dasselbe gilt auch für das Anordnungsverfahren der Normenkontrolle gem. § 47 VI VwGO. Obwohl dies auch bei dieser Art des Verfahrens einstweiliger Anordnung positivrechtlich nicht belegbar ist, halten *NdsOVG*, DÖV 1997, 923 (924); *OVG NW*, NVwZ-RR 1999, 473 (474) den Erlaß einer Abänderungsentscheidung für zulässig.

[60]Siehe dazu nur *Jank*, in: Finkelnburg/Jank, Vorläufiger Rechtsschutz, Rn. 527 (insb. Fn. 31) m. w. Nachw von Rspr. u. Lit.

[61]Krit. jedoch *Hufen*, VwPrR, § 33 Rn. 21.

[62]Zu verschiedenen Begründungsansätzen vgl. nur *Schoch*, in: Schoch/Schmidt-Aßmann/Pietzner, VwGO, § 123 Rn. 175.

[63]Unzulässig ist insofern die Auffassung bei *Haurand/Vahle*, VR 1992, 117 (126); *Redeker*, NVwZ 1991, 526 (530): „irgendeine brauchbare Begründung wird sich finden lassen".

[64]So etwa *Brühl*, JuS 1995, 916 (921); *Kopp*, VwGO, 10. A., § 123 Rn. 39; *Schmitt Glaeser/Horn*, VwPrR, Rn. 323 a. E.; *VGH BW*, DVBl. 1995, 929; *BayVGH*, BayVBl. 1996, 215 f.; *HessVGH*, NVwZ-RR 1996, 713.

nerseits und für ein solches im zivilprozessualen Eilverfahren andererseits unterschiedliche Voraussetzungen[65], so daß sie daher nicht etwa gemeinsam herangezogen werden dürfen, nur um auf diesem Weg für die Abänderungsmöglichkeit einer einstweiligen Anordnung eine mögliche Rechtsgrundlage zu schaffen[66]. Die rechtliche Grundlage kann hier also nur *entweder* § 927 ZPO analog *oder* § 80 Abs. 7 VwGO analog sein. Der Vorschlag, beide Vorschriften bildeten gemeinsam eine Rechtsgrundlage, scheidet hingegen aus.

bb) § 927 ZPO analog

Nach § 123 Abs. 3 VwGO gelten manche Bestimmungen der Zivilprozeßordnung auch für den Erlaß einer einstweiligen Anordnung. Die Verweisungsvorschrift nennt hier enumerativ zahlreiche konkrete zivilprozeßrechtliche Bestimmungen; ausgerechnet § 927 ZPO gehört jedoch nicht dazu. Seit langem sieht eine in der Literatur vertretene Auffassung[67] hierin ein Redaktionsversehen des Gesetzgebers und behauptet insofern, daß § 927 ZPO trotz alledem für den Erlaß einstweiliger Anordnungen entsprechend anwendbar sein soll. Dieser Ansicht ist allerdings nicht zu folgen.

Das sogenannte Redaktionsversehen des § 123 Abs. 3 VwGO ist nämlich zum einen nach wie vor unbeweisbar[68]. Und zum anderen hat das genannte verwaltungsprozessuale System des Eilrechtsschutzes mittlerweile vielfach Änderungen erfahren[69], wobei das Abänderungsverfahren im Bereich des Aus-

---

[65]Hierzu s. nur *Happ*, in: Eyermann, VwGO, § 123 Rn. 77.

[66]So auch *Pietzner/Ronellenfitsch*, Assessorexamen, § 59, Rn. 26; *Schoch*, in: Schoch/Schmidt-Aßmann/Pietzner, VwGO, § 123 Rn. 176

[67]So z. B. *Bender*, in: FS Menger, S. 657 (672); *Jank*, in: Finkelnburg/Jank, Vorläufiger Rechtsschutz, Rn. 528; *Redeker/v. Oertzen*, VwGO, § 123 Rn. 29; *HambOVG*, NVwZ-RR 1994, 366 (367); NVwZ-RR 1995, 180; *OVG RP*, NVwZ-RR 1991, 390; dazu tendierend aber auch *Stern*, Verwaltungsproz. Probleme, Rn. 220; *Ule*, VwPrR, S. 387; *HessVGH*, NVwZ-RR 1998, 80.

[68]So auch *Pietzner/Ronellenfitsch*, Assessorexamen, § 59, Rn. 26.

[69]Zu solchen Änderungen ausführl. *Schoch*, in: Schoch/Schmidt-Aßmann/Pietzner, VwGO, § 80 Rn. 4 ff.; § 47 Rn. 126; § 123 Rn. 6 f. Zu beachten ist hier allerdings, daß die bisherigen Änderungen bekanntlich im wesentlichen nur auf das System der aufschiebenden Wirkung bezogen sind.

setzungsverfahrens sogar ausdrücklich durch das Vierte Gesetz zur Änderung der Verwaltungsgerichtsordnung – 4. VwGOÄndG[70] – vom 17. 12. 1990 in spürbarer Weise bis hin zur Form des heutigen § 80 Abs. 7 VwGO umgewandelt worden ist. Nachdem nun aber demgegenüber § 123 Abs. 3 VwGO nach wie vor unberührt gelassen wurde, ist die Absicht des Gesetzgebers eindeutig: Daß § 123 Abs. 3 VwGO den § 927 ZPO nicht nennt, ist keineswegs als Redaktionsfehler[71] auszulegen. § 927 ZPO kann also letztlich wegen der fehlenden Nennung in § 123 Abs. 3 VwGO und somit im Hinblick auf die juristische Regel des Umkehrschlusses (argumentum e contrario) nicht als Rechtsgrundlage für die Abänderungsentscheidung im Anordnungsverfahren herangezogen werden.

cc) § 80 Abs. 7 VwGO

Dennoch kann es mit der Erkenntnis, daß der Gesetzgeber bislang auf die Abänderungsnotwendigkeit der einstweiligen Anordnung in der Praxis nicht reagiert hat, nicht sein Bewenden haben. Im Gegenteil! Eben im Hinblick auf den soeben genannten, in §§ 80 Abs. 7 VwGO und 927 ZPO zum Ausdruck gelangenden Rechtsgedanken einerseits und nicht zuletzt auch der Funktionsgleichheit zwischen beiden verwaltungsprozessualen Eilrechtsschutzinstituten[72] andererseits entsteht hier eine planwidrige Unvollständigkeit. Die Lücke des § 123 VwGO, die hier insofern erkennbar wird, ist also zu füllen. Da nun allerdings die entsprechende Anwendung des § 927 ZPO bereits ausgeschlossen ist, bleibt offenkundig nur der Weg über eine Analogie zu § 80 Abs. 7 VwGO[73]. In Schrifttum[74] und Rechtsprechung[75] wird ein solcher Ansatz jüngst denn auch in zunehmendem Maße vertreten. Auch die vorliegende Arbeit folgt dem.

---

[70]BGBl. I, S. 2809.

[71]So auch *Schoch*, in: Schoch/Schmidt-Aßmann/Pietzner, VwGO, § 123 Rn. 176 a. E.

[72]Zur Funktionsgleichheit zwischen §§ 80 ff. VwGO einerseits und § 123 VwGO andererseits vgl. bereits oben Teil 1, Abschn. 1, II, 2, b.

[73]So auch *Schoch*, in: Schoch/Schmidt-Aßmann/Pietzner, VwGO, § 123 Rn. 177.

[74]So etwa *Happ*, in: Eyermann, VwGO, § 123 Rn. 77; *Pietzner/Ronellenfitsch*, Assessorexamen, § 59 Rn. 26, teilweise mit Beschränkung; *Schenke*, VwPrR, Rn. 1040; *Schoch*, in: Schoch/Schmidt-Aßmann/Pietzner, VwGO, § 123 Rn. 176 f.

Für die analoge Anwendung des § 80 Abs. 7 VwGO im Bereich des Anordnungsverfahrens sprechen auch eine Vielzahl praktischer Vorteile, die man auf dem Wege einer Analogie zu § 927 ZPO nicht gewinnen kann. Nach § 927 ZPO setzt die gerichtliche Abänderungsentscheidung z. B. eine Änderung der Sach- bzw. Rechtslage voraus und kann das Abänderungsverfahren nur auf Antrag stattfinden. Im Gegensatz dazu erlaubt § 80 Abs. 7 VwGO nicht nur die gerichtliche Abänderung von Amts wegen, auch darf das Gericht ohne veränderte Umstände insbesondere wegen neu erworbener Rechtskenntnisse seine frühere, unter Zeitdruck getroffene fehlerhafte Eilentscheidung berichtigen[76], und zwar ggf. sogar mehrmalig[77]. Gerade dadurch kann dem beim vorläufigen Rechtsschutz notwendigen Erfordernis der Flexibilität Rechnung getragen werden. Damit ist aber auch der Weg dafür frei, daß man nun im Bereich des Anordnungsverfahrens für den in der vorliegenden Arbeit besonders empfohlenen dynamischen Eilentscheidungsmodus eintritt. Hier zeigt die Abänderungsentscheidung gemäß § 80 Abs. 7 VwGO analog ihre unverkennbare Wirkung; zusammen mit Zwischenentscheidung und ordentlicher Eilentscheidung vermag sie zu einer dynamischen Eilentscheidungsweise beizutragen.

2. *Das Zusammenwirken von Zwischenentscheidung und Abänderungsentscheidung im Eil-Verfahren*

Die Zulässigkeit des Einsatzes von Zwischenentscheidung und Abänderungsentscheidung im Anordnungsverfahren des § 123 VwGO wurde soeben dargetan. Zugleich wird damit ein dynamischer Eilentscheidungsmodus begründet. Im folgenden ist nun zu klären, auf welche Weise die Zwischen- und die Abänderungsentscheidung mit der ordentlichen Eilentscheidung in jenem dynamischen Eilentscheidungsmodus zusammenwirken. Als Beispiel hierfür sol-

---

[75] BVerfGE, 92, 245 (260); *NdsOVG*, DÖV 1997, 923 (924); *OVG NW*, NVwZ-RR 1999, 473 (474).

[76] H. M., statt aller *Hamann*, in: Finkelnburg/Jank, Vorläufiger Rechtsschutz, Rn. 1028; *Hufen*, VwPrR, § 33 Rn. 54; *Pietzner/Ronellenfitsch*, Assessorexamen, § 58 Rn. 44 f.; *J. Schmidt*, in: Eyermann, VwGO, § 80 Rn. 102; *Würtenberger*, VwPrR, Rn. 535; dazu eingehend aber insb. *Kopp/Schenke*, VwGO, § 80 Rn. 217 f.; *Schoch*, in: Schoch/Schmidt-Aßmann/Pietzner, VwGO, § 80 Rn. 385; § 123 Rn.177.

[77] Vgl. dazu insb. *Hamann*, in: Finkelnburg/Jank, Vorläufiger Rechtsschutz, Rn. 1026, 1047 m. w. Nachw.

len die Fälle herangezogen werden, in denen die nach wie vor in der Praxis als problematisch angesehene Vorwegnahme der Hauptsache nunmehr tatsächlich als Inhalt der zu erlassenden einstweiligen Anordnung in Frage kommt. Es ist bei dieser Darstellung allerdings empfehlenswert, die endgültige Vorwegnahme der Hauptsache von der vorläufigen Vorwegnahme der Hauptsache zu unterscheiden.

a) Bei vorläufiger Vorwegnahme der Hauptsache

Bei den obigen Darlegungen über die Zulässigkeit der Zwischenentscheidung einerseits und der Abänderungsentscheidung andererseits im Anordnungsverfahren des § 123 VwGO wurden zugleich auch die wesentlichen Funktionen beider Arten von Eilentscheidung gezeigt: Während die Zwischenentscheidung vor allem wegen der Dringlichkeit des Rechtsschutzes (hier tritt also der Anordnungs*grund* in den Vordergrund) zugunsten des Rechtsschutzsuchenden eingesetzt werden kann und soll[78], spielen beim Erlaß der Abänderungsentscheidung die nachgebesserten Rechtskenntnisse des Gerichts eine große Rolle (hier ist also die Frage nach dem Anordnungs*anspruch* von besonderer Bedeutung)[79]. Wie nun aber die beiden Eilentscheidungsarten im Anordnungsverfahren entsprechend dieser ihrer jeweils speziellen Funktionen mit der ordentlichen Anordnungs-Eilentscheidung zusammenwirken sollen, wird im folgenden zu zeigen sein. Dabei soll zunächst beispielhaft ihr Zusammenwirken in den Fällen erörtert werden, in denen eine vorläufige Vorwegnahme der Hauptsache in Frage kommt.

Im Anordnungsverfahren, in dem eine vorläufige Vorwegnahme der Hauptsache in Betracht zu ziehen ist, können nicht selten vollendete Tatsachen bereits durch das Verhalten des Prozeßgegners geschaffen werden. Dies ist z. B. im kommunalverfassungsstreitbezogenen Anordnungsverfahren, in dem der Beschluß eines kommunalen Vertretungsorgans den Streitgegenstand darstellt, der Fall, wenn der umstrittene Beschluß nach außen etwa als ein Verwaltungsakt der kommunalen Körperschaft gegenüber den Bürgern umgesetzt wird, bevor noch das Gericht nach entsprechender Prüfung der Streitsache

---

[78] Dazu oben Teil 1, Abschn. 3, II, 1, a (insb. bb).

[79] Dazu oben Teil 1, Abschn. 3, II, 1, b, cc.

seine Eilentscheidung trifft[80]. Der nunmehr zum Verwaltungsakt umgesetzte Beschluß des kommunalen Vertretungsorgans ist nämlich im Hinblick auf das außenrechtliche Verwaltungsverfahrensgesetz und/oder etwa den Vertrauensschutz oft nicht mehr bloß wegen kommunalverfassungsrechtlicher und damit verwaltungsinterner Fragen wieder aufzuheben. Auf diese Weise werden also vollendete Tatsachen geschaffen, und die Eilentscheidung, sei es in Form des Erlasses einer einstweiligen Anordnung oder sei es in Form ihrer Ablehnung, ist damit, genau wie die Hauptsacheentscheidung selbst, nicht mehr von Bedeutung, weil die Hauptsache als solche bereits erledigt ist. Gerade hier kann die Zwischenentscheidung nun ihre Wirkung zeigen; denn die besondere Dringlichkeit des Eilrechtsschutzes ist hier deutlich zu erkennen. Das Gericht kann in einem solchen Fall also zuerst eine Zwischenentscheidung treffen, um die Umsetzung des Beschlusses zu verhindern. Und im Hinblick auf das Gebot effektiven Rechtsschutzes muß es dies auch tun, zumal wenn die Gefahr besteht, daß der Prozeßgegner die Umsetzung absichtlich schon während des Eilverfahrens vollziehen wird.

Hierbei ist allerdings noch zu beachten, daß die nunmehr zu treffende Zwischenentscheidung selbst eine vorläufige Vorwegnahme der Hauptsache enthält, da das Klageziel im Hauptsacheverfahren die Beseitigung des umstrittenen Beschlusses sein wird und die durch die Zwischenentscheidung herbeizuführende vorläufige Nichtumsetzung die Wirksamkeit des Beschlusses immerhin bis auf weiteres in Frage stellt. Allerdings ist eine solche Zwischenentscheidung trotz alledem unbedenklich, weil bei der Abwägung zwischen Umsetzungsinteresse des Prozeßgegners einerseits und Nichtumsetzungsinteresse des Rechtsschutzsuchenden andererseits das Letztere ersichtlich vorrangig schutzwürdig ist. Die Zwischenentscheidung ist somit sachlich gerechtfertigt.

Nach dem Erlaß der Zwischenentscheidung ist dann selbstverständlich noch die ordentliche Eilentscheidung zu treffen. Prüfungsumfang und -Intensität sind dabei jedoch je nach den verschiedenen Umständen zu bestimmen. Im zuvor gezeigten Fall der Umsetzung eines Beschlusses des kommunalen Ver-

---

[80] Vgl. dazu etwa *BayVGH*, BayVBl. 1988, 83; *HessVGH*, HSGZ 1985, 161; NVwZ 1987, 919; 1988, 82; 1988, 1155; NVwZ-RR 1995, 538; 1995, 689; *OVG Lüneburg*, OVGE 27, 351; 39, 489; *OVG* NW, DVBl. 1952, 24; DÖV 1958, 787; DVBl. 1973, 646; NWVBl. 1990, 191; NVwZ-RR 1993, 157; NWVBl. 1996, 7; NVwZ-RR 1998, 325; *SaarlOVG*, NVwZ 1992, 281; *VG Berlin*, LKV 1994, 28; *VG Aachen*, NVwZ-RR 1996, 414; *VG Dresden*, SächsVBl. 1996, 286; *VG Dessau*, LKV 1994, 188.

tretungsorgans muß das Gericht die Prüfung in *sorgfältiger* Form vornehmen, um somit eine richtige Eilentscheidung einmalig und endgültig zu treffen; denn hier kann das Umsetzungsinteresse des Prozeßgegners ungerechtfertigterweise *endgültig* verwirklicht werden, wenn das Gericht den Eilantrag des Rechtsschutzsuchenden, den umstrittenen Beschluß des kommunalen Vertretungsorgans zuerst nicht nach außen umsetzen zu lassen, nur aufgrund einer summarischen Prüfung unrichtigerweise zugunsten des Prozeßgegners ablehnt.

Es läßt sich hier allerdings auch ein Gegenbeispiel nennen, in dem das Gericht in bezug auf den Fall der vorläufigen Vorwegnahme der Hauptsache seine Prüfung in der Sache nur in summarischer Form vornehmen sollte und die insofern eventuell falsch getroffene Eilentscheidung später noch mittels der Abänderungsentscheidung korrigiert werden kann: Gemeint ist der Fall, daß – ebenfalls im kommunalverfassungsstreitbezogenen Anordnungsverfahren – ein Antrag auf vorläufige Mitwirkung in einer Fraktion des kommunalen Vertretungsorgans gestellt wird, nachdem der Rechtsschutzsuchende zuvor angeblich zu Unrecht aus dieser Fraktion ausgeschlossen worden ist[81]. In diesem Fall kann der Erlaß der dem Antrag entsprechenden einstweiligen Anordnung offensichtlich eine vorläufige – aber auch eben nur eine vorläufige – Vorwegnahme der Hauptsache herbeiführen. Im Gegensatz zum Fall der Umsetzung des Beschlusses des kommunalen Vertretungsorgans kann aber in diesem Fall, auch wenn das Gericht hier einmal eine falsche Eilentscheidung trifft, sowohl für den Rechtsschutzsuchenden als für seinen Gegner niemals der endgültige Verlust seines Rechtsinteresses herbeigeführt werden. Da aber dabei der einmal durch die Eilentscheidung verfehlterweise geregelte Zustand allenfalls *vorläufig* und später noch durch eine andere Eil- oder sogar doch die Hauptsacheentscheidung für die Zukunft korrigierbar ist, braucht das Gericht hier für die ordentliche Eilentscheidung den Anordnungsanspruch und den Anordnungsgrund nur *summarisch* zu prüfen – und um das Eilverfahren nicht unnötigerweise zu verschleppen, sollte das Gericht dies auch tun. Eine einmal getroffene falsche Eilentscheidung läßt sich später noch im Abänderungsverfahren korrigieren, wo dann die Abänderungsentscheidung zur Anwendung gelangt.

---

[81] Vgl. dazu *HessVGH*, 1987, 209; NVwZ 1990, 391; 1992, 506; *NdsOVG*, NVwZ 1994, 506; *OVG NW* DVBl. 1989, 940; 1993, 213; *SaarlOVG*, NVwZ-RR 1996, 462; *VG Darmstadt*, NVwZ-RR 1990, 104.

Alles im allem hat die Abänderungsentscheidung also die Funktion, die verfehlte frühere Eilentscheidung zu ändern oder aufzuheben. Sie dient dabei ja insbesondere zur Reaktion auf neue Erkenntnisse, die das Gericht im parallel laufenden Hauptsacheverfahren erworben hat. Dies ist ein großer Vorteil des dynamischen Eilentscheidungsmodus, in dem das Eilverfahren zum einen eben als *Eil*-Verfahren verbleibt und zum anderen sich die Eilentscheidungen nicht zuletzt jederzeit der Neuentwicklung des Hauptsacheverfahrens anpassen können.

b) Bei endgültiger Vorwegnahme der Hauptsache

Im Vergleich zur vorläufigen Vorwegnahme der Hauptsache ist bei der endgültigen Vorwegnahme der Hauptsache, die vor allem in strikt zeitgebundenen Rechtsstreitigkeiten als zulässige Rechtsfortbildung des Rechtsinstituts des vorläufigen Rechtsschutzes[82] in Frage kommt, der hier empfohlene dynamische Eilentscheidungsmodus sicherlich nicht von besonderer Bedeutung. Zwar kann hier das Instrument der Zwischenentscheidung u. U. dazu eingesetzt werden, daß nicht durch den Prozeßgegner absichtlich vollendete Tatsachen geschaffen werden können, bevor das Gericht die ordentliche Eilentscheidung trifft. Aber falls nun tatsächlich eine ordentliche Eilentscheidung – gleichgültig, ob sie nun in Form des Erlasses der erwünschten einstweiligen Anordnung oder in Form ihrer Ablehnung ergeht – vom Gericht getroffen wird, kann die Streitsache dann bestenfalls in seltenen Ausnahmefällen noch einmal im Abänderungsverfahren aufgerollt werden. Denn hier wird entweder die die Hauptsacheentscheidung endgültig vorwegnehmende einstweilige Anordnung vom Rechtsschutzsuchenden sofort gebraucht, oder die eben strikt zeitgebunden Streitigkeiten sind längst ungelöst erledigt. In solchen Fällen, in denen der dynamische Eilentscheidungsmodus nicht genutzt werden kann, kann das Gericht also offenbar nur einmalig im ordentlichen Eilverfahren tief in die Sache eindringen. Das heißt, daß das Gericht nunmehr u. a. den Anordnungsanspruch so gut wie möglich in vollem Umfang und in tatsächlicher wie rechtlicher Hinsicht überprüfen muß, auch wenn der Zeitdruck dabei besonders hoch ist. Das

---

[82]Dazu bereit oben Teil 1, Abschn. 3, 1, 1, b, dd.

Eilverfahren stellt hier sozusagen „einen beschleunigten Hauptsacheprozeß“[83] dar. Glücklicherweise kommen solche Fälle in der Praxis wohl nur in sehr geringer Zahl vor.

Allerdings kann das Gericht in einem solchen beschleunigten Hauptsacheprozeß zum Zwecke gezielter Entlastung etwa die Möglichkeiten des § 86 Abs. 1, Satz 1, 2. Halbs. und Abs. 3 VwGO besonders „fingerfertig“ in Anspruch nehmen, um die Mitwirkungspflichten aller Verfahrensbeteiligten – jedenfalls bei der Erforschung des Sachverhalts des Streits – in stärkerem Maße zu aktivieren. Diese Frage soll nun jedoch nicht weiter vertieft werden. Es sei hier zusammenfassend nur noch einmal hervorgehoben, daß der Nutzen des dynamischen Eilentscheidungsmodus auch seine Grenzen hat, wie dies z. B. bei der endgültigen Vorwegnahme der Hauptsache gerade gezeigt wurde.

---

[83]Der Name hier wird in Anlehnung an *Leipold*, ZZP 90 (1977), 258 (260) gebildet: „Aus dem echten Eilverfahren wird ein beschleunigter ordentlicher Prozeß...“

Zweiter Teil

Die Sachentscheidungsvoraussetzungen als besonderes Problem im kommunalverfassungsstreitbezogenen Anordnungsverfahren

Der nachfolgende zweite Teil dieser Arbeit beschäftigt sich mit den Sachentscheidungsvoraussetzungen des kommunalverfassungsstreitbezogenen Anordnungsantrags. Es soll dabei, wie oben schon näher dargelegt[1], jedoch nur auf drei Probleme eingegangen werden, die sich eben dadurch auszeichnen, daß sie zum einen Besonderheiten gerade im Hinblick auf das *Anordnungs*verfahren aufweisen und sich zum anderen auf Beschlüsse kommunaler Vertretungsorgane beziehen. Es handelt sich dabei um

- die Frage nach der richtigen Eilrechtsschutzform im Rahmen der allgemeinen Gestaltungsklage (Abschnitt 1),
- die Frage nach der Zulässigkeit und der Notwendigkeit der Feststellungsanordnung (Abschnitt 2) sowie
- die Frage nach dem richtigen Antragsgegner (Abschnitt 3).

Beschlüsse der kommunalen Vertretungsorgane spielen im Kommunalverfassungsstreit seit jeher und nach wie vor eine ganz entscheidende Rolle; wie sie nun aber vom Gericht im Streitfall behandelt werden sollen, ist oft nur schwer ersichtlich. Der vorliegende zweite Teil versteht sich insofern also auch als ein Beitrag dazu, die im Hinblick auf Beschlüsse kommunaler Vertretungsorgane offenen Fragen, die bislang im verwaltungsprozessualen Bereich aufgeworfen wurden, jedenfalls insofern einer möglichen Lösung zuzuführen, als sie mit dem vorläufigen Rechtsschutz im Zusammenhang stehen.

---

[1]Oben Einl., III. 3. c.

Abschnitt 1

Die richtige Eilrechtsschutzform im Rahmen der allgemeinen Gestaltungsklage

I. Fragestellung: Einstweilige Anordnung (§ 123 VwGO) oder aufschiebende Wirkung (§§ 80 bis 80b VwGO analog) als richtige Eilrechtsschutzform

Im Kommunalverfassungsstreit, in dem ein bestimmter Beschluß des kommunalen Vertretungsorgans wegen seiner angeblichen Rechtswidrigkeit vom klagenden kommunalen Organ bzw. Organteil angegriffen wird und mithin zur gerichtlichen Prüfung ansteht (im folgenden: kommunaler Beschlußstreit), ist die Frage nach der richtigen (Hauptsache-)Rechtsschutzform bekanntlich hochgradig umstritten[1]. In bezug auf diese Fragestellung hält man zwar nach wie vor überwiegend die allgemeine Leistungsklage und/oder die Feststellungsklage für einschlägig[2]; Gegen diese wohl auch heutzutage noch herrschende Auffassung erheben sich jedoch im Schrifttum immer wieder kritische Stimmen. Es wird dabei vor allem unter Besinnung auf das prozessuale Erfordernis der Effektivität des Rechtsschutzes angezweifelt, ob die allgemeine Leistungsklage und die Feststellungsklage tatsächlich, wie behauptet, in der Lage wären, einen Beschluß des kommunalen Vertretungsorgans im Fall der Erkenntnis seiner Rechtswidrigkeit durch das Gericht wirkungsvoll zu beseitigen. Das Schrifttum lehnt dies in zunehmendem Maße ab, und eben deshalb wird nicht selten das Ausweichen auf eine sogenannte „allgemeine (kassatorische) Ge-

---

[1]Zur ganzen Problematik besonders ausführlich *Schwarplys*, Allg. Gestaltungsklage, S. 27 ff.; vgl. zudem zusammenfassend, doch sich allgemein auf alle Organstreitigkeiten erstreckend, *Bauer/Krause*, JuS 1996, 411 (412 ff.). Zum früheren Meinungsstand s. im übrigen *Bleutge*, KVS, S. 145 ff.

[2]Exemplarisch: *Pietzcker*, in: Schoch/Schmidt-Aßmann/Pietzner, VwGO, Vorb. § 42 Abs. 1 Rn. 18, 20. Zu beachten ist allerdings, daß in bezug auf die Frage, ob für den kommunalen Beschlußstreit überhaupt *nur* die Feststellungsklage oder doch *auch* die allg. Leistungsklage die richtige Rechtsschutzform ist, bislang innerhalb dieser überwiegenden Auffassung eben noch keine einheitliche Antwort gefunden ist.

staltungsklage"[3] zur Diskussion gestellt[4]: Diese neu entwickelte Klageart, die ähnlich wie die Anfechtungsklage auf ein rechtsgestaltendes Aufhebungsurteil

---

[3]Zu diesem Terminus als solchem s. bereits oben Einl. Fn. 35.

[4]Dazu insb. *Schwarplys*, Allg. Gestaltungsklage, S. 70 ff. u. passim. Für die allg. Gestaltungsklage als eine richtige Rechtsschutzform im kommunalen Beschlußstreit ansonst auch *Bethge*, Verwaltung 1975, 459 (478 ff.); *ders*, in: HKWP II, S. 176 (187); *Binne*, Beanstandungspflicht, S. 275 ff.; *Bleutge*, KVS, S. 185 i. V. m. 155 ff.; *Graf*, BayVBl. 1982, 332 (333 f.); *Grupp*, in: FS Lüke, S. 207 (216 ff.); *Heermann*, Gemeinderatsbeschluß, S. 298 ff.; *Hufen*, VwPrR, § 21 Rn. 16; *Karst*, Gemeinderatsbeschluß, S. 123 ff.; *Kiock*, KVS, S. 103 ff.; *Knemeyer*, BayKommR, Rn. 285; *A. Lange*, BayVBl. 1976, 755 f.; *G. Meyer*, Beschlüsse, S. 166 f.; *Pietzner/Ronellenfitsch*, Assessorexamen, § 9 Rn. 9; *Stumpf*, BayVBl. 2000, 103 ff.; *Ule*, VwPrR, S. 159. Vgl. außerdem noch *Strahl*, Allg. Gestaltungsklage, S. 86 ff.: Der Autor plädiert zwar für die allg. Gestaltungsklage als eine in der VwGO anerkannte Rechtsschutzform, ohne jedoch weiter auf einschlägige Probleme des KVS einzugehen. In vorsichtiger Formulierung für die allg. Gestaltungsklage im kommunalen Beschlußstreit schließlich wohl auch *Erichsen*, in: FS f. Menger, S. 211 (231 f.); *Happ*, in: Eyermann, VwGO, § 42 Rn. 70; *Stern*, Verwaltungsproz. Probleme, Rn. 148. *Erichsen* hat seine Auffassung später jedoch in *Erichsen/Biermann*, Jura 1997, 157 (162), wieder aufgegeben.

A. A.: *Bauer/Krause*, JuS 1996, 411 (413 f.); *Erichsen/Biermann*, Jura 1997, 157 (162); *Fehrmann*, DÖV 1983, 311 (314); *ders*, NWVBl. 1989, 303 (304 f.); *Gern*, KommR, Rn. 787; *Hoppe*, Organstreitigkeiten, S. 127 f.; *Kopp*, VwGO, 10 A., Vorb. § 40 Rn. 7 f.; *Kopp/Schenke*, VwGO, 11. A., Vorb. § 40 Rn. 8b; *Krebs*, VerwArch. 68 (1977), 189 (195 f.); *Lissack*, BayKommR, § 4 Rn. 155; *Papier*, DÖV 1980, 292 (298 f.); *Pietzcker*, in: Schoch/Schmidt-Aßmann/Pietzner, Vorb. § 42 Abs. 1 Rn. 19 f.; *Redeker/v. Oertzen*, VwGO, § 42 Rn. 1; *Renck-Laufke*, BayVBl. 1982, 75 (76 f.); *Schenke*, VwPrR, Rn. 370 ff.; *Schmidt-Aßmann*, KommR, Rn. 84 m. Fn. 289 und insofern auch *ders*, in: FS f. Menger, S. 107 (116); *ders*, in: Schoch/Schmidt-Aßmann/Pietzner, VwGO, Einl. Rn. 216; *Schnapp*, VerwArch. 78 (1987), 407 (446 f.); *Schoch*, JuS 1987, 783 (788 f.); *Steiner*, BayKommR, Rn. 98 f.; *Stober*, KommR, S. 222; *Streinz*, BayVBl. 1983, 744 (748, Fn. 156); *Würtenberger*, VwPrR, Rn. 266 m. Fn. 2 u. Rn. 679. Gegen die allg. Gestaltungsklage zudem wohl auch *Lorenz*, AöR 93 (1968), 308 (335 f.); *Schmidt-Jortzig*, KommR, Rn. 269; *Schmitt Glaeser/Horn*, VwPrR, Rn. 369 f.; *Scholler*, KommR, S. 179. *Ehlers*, NVwZ 1990, 105 (106) lehnt die allg. Gestaltungsklage ebenfalls ab, spricht aber aaO., S. 108, wiederum an, daß fehlerhafte Beschlüsse der Volksvertretung im Kommunalrecht grundsätzlich wirksam seien, so daß keine in der VwGO geregelte Klageart zum Zuge komme und eine Rechtsschutzlücke vorliege. *Preusche*, NVwZ 1987, 854 (855 f.) spricht sich zwar gegen die allg. Gestaltungsklage aus, nimmt allerdings entsprechend bestimmten materiellrechtlichen Gestaltungsklagerechten eine neben der Anfechtungsklage und ohne ausdrückliche prozeßrechtliche Regelung geltende Gestaltungsklage als richtige Klageart für den KVS an. Eine Sonderauffassung vertritt *Lerche*, in: FS Knöpfle, S. 172 (179 ff.), der zwar befürwortet, daß die rechtswidrigen Bemit kassatorischer Wirkung gerichtet ist, soll nun in den Fällen des kommunalen Beschlußstreits gegebenenfalls[5] anstatt der allgemeinen Leistungs- bzw. Feststellungsklage als die richtige Rechtsschutzform fungieren[6]. Ein bemerkenswerter Meinungswandel, dessen kontinuierliche Ausweitung nach und nach auch im Problembereich „des vorläufigen Rechtsschutzes im Kommunalverfassungsstreit" Bedeutung erlangt hat.

Demgegenüber soll gemäß einer nach wie vor bundesweit in der Rechtsprechung verbreiteten Auffassung[7] im Kommunalverfassungsstreit der vorläufige Rechtsschutz gegen den Eingriff der Beschlüsse kommunaler Vertretungsorgane nur mittels einstweiliger Anordnung zu gewähren sein. Die einschlägigen Gerichtsentscheidungen gehen hierbei zwar richtigerweise davon aus, daß die Beschlüsse kommunaler Vertretungsorgane mangels intendierter Außenwirkung grundsätzlich keine Verwaltungsakte sind und mithin weder im Haupt-

---

schlüsse kommunaler Vertretungsorgane prozessual durch die gerichtlichen Kassationsurteile unmittelbar aufgehoben werden sollten, der dieses Ziel allerdings nicht durch die Etablierung einer allg. Gestaltungsklage erreichen will (vgl. ebd., S. 180, Fn. 32), sondern mittels einer *totalen (!)* analogen Anwendung der Anfechtungsklage. Krit. hierzu insb. *Stumpf*, BayVBl. 2000, 103 (104 m. Fn. 11).

[5]D. h.: neben der allg. Gestaltungsklage sollen für den kommunalen Beschlußstreit die anderen Klagearten nicht von vornherein von einer Einstufung als richtige Rechtsschutzform ausgeschlossen sein. Vgl. dazu nur *Karst*, Gemeinderatsbeschluß, S. 120 i. V. m. 88 f. mit dem Beispiel einer Feststellungsklage zur Feststellung der Nichtigkeit eines offensichtlich an einem besonders schwerwiegenden Fehler leidenden Beschlusses des kommunalen Vertretungsorgans (§ 44 VwVfG analog).

[6]Nicht zu verkennen ist allerdings, daß die allg. Gestaltungsklage keineswegs nur der Aufhebung der Beschlüsse kommunaler Vertretungsorgane dienen kann. In der Tat ist diese Klageart, sofern sie de lege lata überhaupt zulässig ist – und das ist wohl mittlerweise nicht mehr zu bezweifeln (dazu besonders überzeugend *Grupp*, in: FS Lüke, S. 207 [209 ff.]) – noch in vielen anderen Bereichen von unschätzbarem Nutzen. Zu konkreten Beispielen hierzu vgl. vor allem *Pietzner/Ronellenfitsch*, Assessorexamen, § 9 Rn. 8 ff. und ergänzend außerdem *Felix/Schwarplys*, ZBR 1996, 33 (36 ff.).

[7]So z. B. *BayVGH*, BayVBl. 1988, 83; *HessVGH*, HSGZ 1985, 161; NVwZ 1987, 919; 1988, 82; 1988, 1155; NVwZ-RR 1995, 689; *OVG Lüneburg*, OVGE 39, 489; *OVG NW* DÖV 1958, 787 in bezug auf den der Bestimmung des § 80 VwGO entsprechenden § 51 MRVO 165; DVBl. 1973, 646 (647); NWVBl. 1990, 191; 1996, 7; NVwZ-RR 1998, 325; *SaarlOVG*, NVwZ 1992, 281 f.; *OVG Lüneburg*, OVGE 27, 351; *VG Berlin*, LKV 1994, 28 (29); *VG Aachen*, NVwZ-RR 1996, 414; *VG Dresden*, SächsVBl. 1996, 286; *VG Dessau*, LKV 1994, 188.

sacheverfahren mit der Anfechtungsklage aufgehoben noch im Eilverfahren mit aufschiebender Wirkung versehen werden können[8]; nachdem man aber im Schrifttum allmählich die allgemeine Gestaltungsklage als die richtige Rechtsschutzform gegen rechtswidrige Beschlüsse kommunaler Vertretungsorgane in der Hauptsache anerkannt hat, ist die Frage, ob sich die angesprochene Rechtsprechung auch heutzutage noch sinnvoll aufrecht erhalten läßt, nicht zweifelsfrei. Denn die allgemeine Gestaltungsklage ist, worauf schon viele Autoren zutreffend hingewiesen haben[9], eine der Anfechtungsklage nachgebildete Klageart. Welches prozessuale Mittel nunmehr aber dieser entsprechen und so im einschlägigen Eilverfahren gerade dem vorläufigen Rechtsschutz gegen den Eingriff des strittigen Beschlusses des kommunalen Vertretungsorgans dienen soll, läßt sich damit noch nicht so leicht entscheiden: Auf den ersten Blick scheint hier wohl weiterhin noch die in § 123 VwGO geregelte einstweilige Anordnung einschlägig zu sein, weil die allgemeine Gestaltungsklage ja eben keine Anfechtungsklage in gesetzlich vorgeschriebener Form ist; unterzieht man aber in diesem Zusammenhang die soeben genannten besonderen Beziehungen zwischen allgemeiner Gestaltungsklage einerseits und Anfechtungsklage andererseits noch einmal der genaueren Betrachtung, wäre dann auch die Möglichkeit, daß das Rechtsinstitut der aufschiebenden Wirkung nunmehr etwa in *analoger* Anwendung der §§ 80 bis 80b VwGO in Frage kä-

---

[8]Auf diese Begründung eingehend etwa *HessVGH*, NVwZ 1988, 82; 1988, 1155; *OVG NW*, DVBl. 1973, 646 (647); *VG Berlin*, LKV 1994, 28 (29); *VG Dessau*, LKV 1994, 188. Die Ansicht der Rechtsprechung entspricht auch der h. M. im Schrifttum; dazu vgl. nur *Bauer/Krauss*, JuS 1996, 411 (413: zur Nichtanwendung der Anfechtungsklage); 512 (517: zur Nichtanwendung der aufschiebenden Wirkung). Die Gegenmeinung im Schrifttum, die Beschlüsse kommunaler Vertretungsorgane seien doch VAe eigener Art (so etwa *Hufen*, § 21 Rn. 12; *Martensen*, JuS 1995, 1077 [1077 f.] u. nicht zuletzt *Kopp/ Schenke*, VwGO, Anh. § 42 Rn. 86 ff.; *Schenke*, VwPrR, Rn. 226 ff.), sei hier im Hinblick auf schon zahlreiche kritische Auseinandersetzungen damit seitens vieler anderer Autoren (vgl. z. B. die überzeugenden Einwänden von *Lerche*, in: FS Knöpfle, S. 171 [178 f., 180 f.]) nicht mehr berücksichtigt.

[9]Siehe dazu insb. *Schwarplys*, Allg. Gestaltungsklage, S. 79 ff.: Die Autorin sieht die Rechtsgrundlage der allg. Gestaltungsklage vor allem in der analogen Anwendung der §§ 42 I, 113 I 1 VwGO. Diese Auffassung entspricht bei Lichte besehen aber auch der seit *Bleutge*, KVS, S. 185, von vielen anderen Autoren, wie etwa *Heermann*, Gemeinderatsbeschluß, S. 302 ff.; *Klock*, KVS, S. 103 ff., vertretenen Ansicht. So wird die allg. Gestaltungsklage in diesem Zusammenhang mitunter auch als „atypische Anfechtungsklage", als „Quasianfechtungsklage" usw. bezeichnet.

me, nicht ausgeschlossen[10]. Die Frage nach der richtigen Eilrechtsschutzform, die im Zusammenhang mit der allgemeinen Gestaltungsklage gestellt wird, ist insofern schillernd. Gleichzeitig bietet sie aber auch eine nicht zu versäumende Gelegenheit zu überlegen, ob im kommunalen Beschlußstreit tatsächlich, wie die Rechtsprechung nach wie vor unverändert behauptet, nicht die aufschiebende Wirkung, sondern einzig und allein die einstweilige Anordnung als richtige Eilrechtsschutzform in Betracht kommt. Diese Frage soll nun im Hinblick auf ihre unverkennbare Bedeutung für eine – zumindest zukünftig – richtige Ausübung der gerichtlichen Eilentscheidung im folgenden insbesondere im Zusammenhang mit der allgemeinen Gestaltungsklage behandelt werden.

Die Frage, welche Eilrechtsschutzform – die einstweilige Anordnung des § 123 VwGO oder eher die aufschiebende Wirkung der §§ 80 bis 80b VwGO in Analog – im Rahmen der allgemeinen Gestaltungsklage zum Zwecke des vorläufigen Rechtsschutzes gegen den Eingriff der umstrittenen Beschlüsse kommunaler Vertretungsorgane statthaft ist, hat in der Vergangenheit denn auch bereits mehrfach heftige Diskussionen im Schrifttum ausgelöst[11]. Zwar ist das Problem dort ebensowenig geklärt[12]; allerdings sind eben dank des intensiven

---

[10]Die Frage, ob im KVS ggf. auch die Normenkontrolle für das Hauptsacheverfahren und damit die einstweilige Anordnung des § 47 VI VwGO für das einschlägige Eilverfahren zum Einsatz kommen kann und soll, wird hier, wie schon oben in Einl. Fn. 12 a. E. dargetan, absichtlich aus der Betrachtung ausgeschieden.

[11]Das Schrifttum hat sich bislang, wie schon oben dargelegt (Einl., II), kaum mit dem KVS-Eilverfahren befaßt. Die dortigen Auseinandersetzungen um die richtige Eilrechtsschutzform für den kommunalen Beschlußstreit stellen somit mehr oder weniger eine Ausnahme von der Regel dar. Zu wichtigen Beiträgen dazu s. unten Fn. 12.

[12]So für die analoge Anwendung der §§ 80 ff. VwGO *Heermann*, Gemeinderatsbeschluß, S. 137 ff., 309f.; *Kiock*, KVS, S. 108 ff.; *Schwarplys*, Allg. Gestaltungsklage, S. 105 ff. einerseits und für die unmittelbare Anwendung des § 123 VwGO *Bethge*, in: HKWP II, S. 176 (194); *Binne*, Beanstandungspflicht, S. 286 ff.; *Bleutge*, KVS, S. 154 m. Fn. 17; *Grupp*, in: FS Lüke, S. 207 (222); *G. Meyer*, Beschlüsse, S. 174 andererseits. Zur letztgenannten Ansicht vgl. zudem auch *Pietzner/Ronellenfitsch*, Assessorexamen, Schaubild 10 auf S. 104 allgemein in bezug auf die richtige Eilrechtsschutzform im Rahmen der allg. Gestaltungsklage; *Strahl*, Allg. Gestaltungsklage, S. 105, 178 ebenfalls allgemein in bezug auf die allg. Gestaltungsklage als solche; *Alberts*, WissR 1974, 50 (55 ff.) in bezug auf den Hochschulverfassungsstreit; *Felix*, Remonstrationsrecht, S. 218 ff. u. *Felix/Schwarplys*, ZBR 1996, 33 (39 f.), beide gleichermaßen in bezug auf die Rechtsstreitigkeiten wegen dienstlicher Weisungen im Beamtenrecht.

Meinungsaustausches vieler Wissenschaftler bereits zahlreiche wichtige Punkte, die den Kern der strittigen Frage ausmachen könnten, nach und nach zu Tage gefördert worden. Diese Bemühungen des Schrifttums sind von großer Bedeutung. Auf jeden Fall können sich somit die nachfolgenden Untersuchungen, die sich gerade im Zusammenhang mit dem kommunalen Beschlußstreit um die Klärung der Frage nach der richtigen Eilrechtsschutzform im Rahmen der allgemeinen Gestaltungsklage bemühen werden, allein auf jene wichtigen Punkte konzentrieren, die das Schrifttum bislang im Hinblick auf die hier gestellte Frage zur Sprache gebracht hat.

II. Untersuchung: Die Notwendigkeit der analogen Anwendung der §§ 80 bis 80b VwGO

1. Die Aufhebbarkeit als Rechtsfolge fehlerhafter Beschlüsse kommunaler Vertretungsorgane

Der Punkt, den man seit jeher im Hinblick auf die Problematik, welche Eilrechtsschutzform – § 123 VwGO oder § 80 bis 80b VwGO analog – im Rahmen der allgemeinen Gestaltungsklage zum Zwecke des vorläufigen Rechtsschutzes gegen die Umsetzung strittiger Beschlüsse kommunaler Vertretungsorgane statthaft ist, als den entscheidenden ausgemacht hat, betrifft zunächst die Rechtsfolge der Fehlerhaftigkeit der Beschlüsse kommunaler Vertretungsorgane. Diese insbesondere im Hinblick auf die materiellrechtliche Seite der Beschlüsse kommunaler Vertretungsorgane gestellte Frage mag früher durchaus umstritten gewesen sein; heutzutage kann sie als im wesentlichen geklärt angesehen werden.

Es werden nämlich die Beschlüsse kommunaler Vertretungsorgane, wie schon oben dargelegt[13], mangels intendierter Außenwirkung in Schrifttum wie Rechtsprechung heute ganz allgemein nicht mehr als Verwaltungsakte betrachtet. Aber auch wenn diese Ansicht schon längst kaum mehr auf nennenswerte Widerstände stößt, bleibt damit noch immer ungeklärt, ob die Beschlüsse kommunaler Vertretungsorgane, die nun allenfalls als Rechtsakte verwaltungsinterner Art qualifiziert werden können, im Falle ihrer Rechtswidrig-

[13] Oben Teil 2, Abschn. 1, I.

keit trotz alledem – den Verwaltungsakten insofern ähnlich – ihre Rechtsverbindlichkeit bis auf weiteres behalten sollen *(so die eine Auffassung)* oder diese vielmehr automatisch verlieren, so daß sie schon einzig und allein aufgrund ihrer Rechtswidrigkeit als eo ipso nichtig angesehen werden dürfen *(so die andere Auffassung)*.

In der Vergangenheit hat diese Frage heftige Kontroversen ausgelöst: Während dabei jedoch die an zweiter Stelle genannte Auffassung anfangs noch die Oberhand hatte behalten können[14], ist unterdessen dank der eingehenden Beschäftigung vieler Wissenschaftler[15] mit dem Problem die erste Auffassung nach und nach in den Vordergrund gerückt. Man ist gegenwärtig also mehrheitlich davon überzeugt, daß auch die Beschlüsse kommunaler Vertretungsorgane ungeachtet ihrer innenrechtlichen Natur im Falle ihrer Fehlerhaftigkeit ihre Wirksamkeit *in der Regel*[16] zunächst noch nicht per se verlieren und sie damit dann, wie dies auch bei außenrechtlichen Verwaltungsakten der Fall ist, allenfalls auf prozessualem Wege aufgehoben werden können.

Die Auffassung, daß rechtswidrige Beschlüsse der kommunalen Vertretungsorgane in materiellrechtlicher Hinsicht zunächst noch ihre Rechtsverbindlichkeit behalten und prozessual nur aufhebbar sind, hat maßgeblich zu einer raschen Verbreitung der eben auf das Ziel, fehlerhafte Nichtverwaltungsakte aufzuheben, gerichteten allgemeinen Gestaltungsklage beigetragen. Innerhalb

---

[14]So vor allem *Papier*, DÖV 1980, 292 (299) *Renck-Laufke*, BayVBl. 1971, 17 f.; *dies.*, BayVBl. 1982, 75 (76); im Anschluß daran etwa *Fehrmann*, DÖV 1983, 311 (314); *Schoch*, JuS 1987, 783 (789).

[15]Hervorgehoben seien hier u. a. *Heermann*, Gemeinderatsbeschluß, S. 131 ff.; *Karst*, Gemeinderatsbeschluß, S. 75 ff.; *Schwarplys*, Allg. Gestaltungsklage, S. 40 ff. Vgl. aber auch *Ehlers*, NVwZ 1990, 105 (107 f.). Die Auffassungen dieser Autoren sind insofern von Bedeutung, als sie zum einen nicht nur zeigen, daß entgegen früherer Behauptungen in der Literatur (vgl. oben Fn. 14) auch zahlreiche Bestimmungen der Kommunalgesetze der Bundesländer davon ausgehen, daß Beschlüsse kommunaler Vertretungsorgane trotz ihrer Rechtsfehlerhaftigkeit wirksam bleiben, sondern zum anderen auch – und das ist besonders entscheidend – einen besonderen Akzent darauf setzen, daß jene einschlägigen gesetzlichen Bestimmungen denn auch gemeinsam eine verfassungsrechtlichen Begründung, wie z. B. die der Rechtssicherheit, haben.

[16]D. h.: falls die Rechtsmängel der Beschlüsse im seltenen Ausnahmefall schwerwiegend und offensichtlich sind, seien die fehlerhaften Beschlüsse – ähnlich wie bei VAen (vgl. § 44 VwVfG) – ausnahmsweise nichtig. Vgl. nur *Karst*, Gemeinderatsbeschluß, S. 88 f.

des Kreises der Anhänger dieser neu entwickelten Klageart haben sich allerdings Meinungsverschiedenheiten ergeben im Hinblick auf die Frage, ob die nunmehr trotz Fehlerhaftigkeit rechtlich noch verbindlichen Beschlüsse in einem im Rahmen der allgemeinen Gestaltungsklage zusätzlich eingeschalteten Eilverfahren angesichts der Ähnlichkeit der allgemeinen Gestaltungsklage zur Anfechtungsklage in analoger Anwendung der §§ 80 bis 80b VwGO mittels des Rechtsinstituts der aufschiebenden Wirkung behandelt werden sollen[17]. Die herrschende Auffassung lehnt hier zwar nach wie vor die sogenannte analoge Anwendung der aufschiebenden Wirkung kategorisch als überflüssig ab; eine hinsichtlich dieser Frage vertretene Mindermeinung soll gleichwohl nicht unbeachtet bleiben: Auch sie teilt zunächst den Standpunkt der herrschenden Auffassung, daß die einstweilige Anordnung des § 123 VwGO dank ihrer Rechtsnatur als allgemeine Eilrechtsschutzform im Verwaltungsprozeß grundsätzlich für den vorläufigen Rechtsschutz hinsichtlich der Rechtsstreitigkeiten sämtlicher Nichtanfechtungssachen und somit auch des kommunalen Beschlußstreits einschlägig sei; vor allem unter Hervorhebung zweier Argumente, der Effektivität des Rechtsschutzes einerseits und der sogenannten Kompensationstheorie andererseits, neigt sie letztlich jedoch – entgegen der herrschenden Auffassung – zu einer analogen Anwendung der §§ 80 bis 80b VwGO für den kommunalen Beschlußstreit. Diese beiden Argumente sollen nun im folgenden näher behandelt werden.

2. *Einstweilige Anordnung und aufschiebende Wirkung als zwei im Hinblick auf das Gebot effektiven Rechtsschutzes gleichwertige Eilrechtsschutzformen*

Als erstes Argument wird angeführt, daß im Vergleich zum Rechtsinstitut der einstweiligen Anordnung des § 123 VwGO das in §§ 80 bis 80b VwGO geregelte Rechtsinstrument der aufschiebenden Wirkung für den Eilrechtsschutzsuchenden eindeutig günstiger sei. Da nun außerdem im kommunalen Beschlußstreit u. a. eben im Hinblick auf die Effektivität des Rechtsschutzes[18] die

[17] Siehe dazu bereits oben Fn. 12.

[18] So vor allem *Heermann*, Gemeideratsbeschluß, S. 137. *Schwarplys*, Allg. Gestaltungsklage, S. 103 ff., nennt die Effektivität des Rechtsschutzes zwar nicht ausdrücklich als den Angelpunkt für eine analoge Anwendung der §§ 80 ff. VwGO im Rahmen der allg. Gestaltungsklage; in ihren sämtlichen Darstellungen stellt die Effektivität des Rechtsschutzes nach wie vor je-

in Anlehnung an die Anfechtungsklage entwickelte allgemeine Gestaltungsklage – zugunsten des Rechtsschutzsuchenden – als die richtige Hauptsacherechtsschutzform gegen die rechtswidrigen Beschlüsse der kommunalen Vertretungsorgane eingesetzt worden sei, habe man in einem auf den kommunalen Beschlußstreit bezogenen Eilverfahren ebenfalls aus dem Gedanken der Effektivität des Rechtsschutzes heraus statt der ungünstigen einstweiligen Anordnung die üblicherweise nur für die Anfechtungsklage anwendbare aufschiebende Wirkung in analoger Weise zum Einsatz zu bringen, um auf diesem Weg die Rechtsposition des Rechtsschutzsuchenden auch im Eilverfahren verbessern zu können. Diese Auffassung, die damit offenkundig auf der Basis des Gedankens der Effektivität des Rechtsschutzes beruht, vermag allerdings nicht zu überzeugen. Sie muß bereits aus folgenden Gründen abgelehnt werden:

a) Die Ausgewogenheit des Rechtsschutzes

Die Effektivität des Rechtsschutzes ist nach der heute gängigen Auffassung[19] zu Recht nicht (mehr) in Richtung einer einseitigen Besserstellung der Rechtsposition des Rechtsschutzsuchenden auszulegen. Der Rechtsschutz soll vielmehr ausgewogen sein. Auch die rechtliche Stellung der Gegenpartei ist zu berücksichtigen, weil man in einem eben noch offenen Prozeßvorgang schließlich nicht voreilig behaupten kann, daß im betreffenden Streitfall nicht etwa das Interesse der Gegenpartei, sondern das behauptete Recht des Rechtsschutzsuchenden im Hinblick auf den Prozeßausgang tatsächlich schutzwürdig wäre. Dieser in zunehmendem Maße vertretene Rechtsgedanke vom ausgewogenen Rechtsschutz verbietet es also, sich aufgrund einer Überspitzung des Grundsatzes der Effektivität des Rechtsschutzes und mithin einseitig zugunsten des Rechtsschutzsuchenden an die Auffassung, die aufschiebende Wirkung sei auf den kommunalen Beschlußstreit analog anzuwenden, anzuschließen.

---

doch das wesentliche Motiv dar (so insb. ebd., S. 106, 112), so daß die Autorin schließlich im Hinblick auf den einer allg. Gestaltungsklage entsprechenden vorläufigen Rechtsschutz die Analogie der §§ 80 ff. VwGO als einen im Vergleich zur unmittelbaren Anwendung des § 123 VwGO für den Eilrechtsschutzsuchenden weit günstigeren Weg annimmt.

[19]Dazu näher bereits oben Teil 1, Abschn. 3, I, 1, b, bb.

b) Die Zweispurigkeit des vorläufigen Rechtsschutzes

Nach einer heutzutage ebenfalls weitverbreiteten Auffassung[20] gibt es fernerhin trotz der Funktionsgleichheit von aufschiebender Wirkung einerseits und einstweiliger Anordnung andererseits zwischen beiden Eilrechtsschutzformen eine sogenannte Konstruktionsungleichheit. Diese Ungleichheit wirke sich zwar, so wird behauptet, letztlich dahingehend aus, daß die Rechtsstellung des Rechtsschutzsuchenden im Bereich der aufschiebenden Wirkung deutlich besser sei als in demjenigen der einstweiligen Anordnung; allerdings erscheint diese Behauptung selbst, wie erst jüngst zutreffend hervorgehoben wurde[21], nicht zweifelsfrei. Dabei geht es neben dem später noch zu erörternden Unterschied hinsichtlich des sogenannten vorprozessualen vorläufigen Rechtsschutzes des § 80 Abs. 1 bis 4 VwGO[22] vor allem um einen entscheidenden Punkt: Die Frage, welche der beiden Rechtsschutzformen im Hinblick auf die Beweislast zum einen und die verschuldensunabhängige Haftung gemäß § 123 Abs. 3 i. V. m. § 945 ZPO zum anderen für den Rechtsschutzsuchenden tatsächlich günstiger ist, mag gegenwärtig trotz aller Bemühungen vieler Wissenschaftler weiterhin nicht geklärt sein; doch kann diese Fragestellung, wie auch immer sie letztendlich zu beantworten sein mag, so oder so kein Argument dafür darstellen, in einem auf den kommunalen Beschlußstreit bezogenen Eilverfahren trotz der schon gegebenen potentiellen Anwendbarkeit des § 123 VwGO die §§ 80 bis 80b VwGO analog nun doch anzuwenden, um damit im Hinblick auf die Effektivität des Rechtsschutzes, in welchem Sinne auch immer, einseitig nur die Rechtsstellung des Eilrechtsschutzsuchenden verbessern zu können[23].

---

[20]Eingehend dazu *Schoch*, Vorläufiger Rechtsschutz, S. 1079 ff.; *ders*, in: Schoch/Schmidt-Aßmann/Pietzner, VwGO, Vorb. Rn. 42 ff.; vgl. im übrigen auch *Finkelnburg/Jank*, Vorläufiger Rechtsschutz, Rn. 18 ff.; *Pietzner/Ronellenfitsch*, Assessorexamen, § 51 Rn. 4 f.; *Redeker/v. Oertzen*, VwGO, § 123 Rn. 1.

[21]So insb. *Schoch*, in: Schoch/Schmidt-Aßmann/Pietzner, VwGO, Vorb. Rn. 45 ff.

[22]Dazu eingehend unten Abschn. 1, II, 2.

[23]So aber *Schwarplys*, Allg. Gestaltungsklage, S. 106, 110 u. 112.

aa) Beweislast

Schon der Behauptung[24], die Beweislastverteilung sei in § 80 Abs. 5 VwGO zugunsten des Antragstellers ausgefallen und in § 123 VwGO gerade umgekehrt, kann nicht gefolgt werden. Sie stützt sich zwar auch auf die Gesetzmaterialien zur Verwaltungsgerichtsordnung[25]; doch ist die dabei angeführte amtliche Begründung zu § 122 des Entwurfs der Verwaltungsgerichtsordnung (= § 123 VwGO) selbst bereits fragwürdig:

Nach der Formulierung dieser amtlichen Begründung ist als erstes festzustellen, daß in bezug auf die verwaltungsgerichtlichen Eilverfahren, seien es solche im Sinne des § 80 Abs. 5 VwGO oder solche im Sinne des § 123 VwGO, der Gesetzgeber keineswegs eine beweislastrechtlich primär anwendbare Sonderregel[26] treffen wollte. Ganz im Gegenteil hat der Gesetzgeber die Lösung der einschlägigen Fragen der Beweislastverteilung vielmehr sämtlich auf der üblicherweise für das Beweislastrecht geltenden Grundregel[27] beruhen lassen. Dabei hat er jedoch jene Grundregel insofern nicht korrekt behandelt, als er die Konsequenz ihrer Verwendung zu rasch dahingehend gezogen hat, daß im Rahmen des § 123 VwGO vor allem der Antragsteller den beweislastrechtlichen Nachteil und im Rahmen des § 80 Abs. 5 VwGO der Antragsgegner ihn zu tragen hat. Denn nach heute allgemeinem Verständnis[28] ist auch im Aussetzungsverfahren des § 80 Abs. 5 VwGO die Prüfung des materiellrechtlichen Anspruchs des Antragstellers für die Entscheidung über den gestellten Eilantrag von wesentlicher Bedeutung. In diesem Zusammenhang trägt der Antragsteller im Aussetzungsverfahren also, genauso wie im Anordnungsverfahren des § 123 VwGO, die ihm im Hauptsacheverfahren zufallende Beweislast (Aussetzungs- bzw. Anordnungsanspruch). Im Aussetzungsverfahren ist außerdem wie im Anordnungsverfahren eine Abwägung zwischen öffentlichem Interesse und privatem Interesse des Antragstellers oftmals nicht zu

---

[24]So z. B. BVerfGE 51, 268 (286).

[25]Siehe BT-Drs. III/55, S. 44.

[26]Zu diesem Begriff s. nur *Dawin*, in: Schoch/Schmidt-Aßmann/Pietzner, VwGO, § 108 Rn. 109 ff.

[27]Zu diesem Begriff wiederum ebd., Rn. 100.

[28]Siehe dazu nur *J. Schmidt* in: Eyermann, § 80 Rn. 69 ff.

vermeiden[29] (Aussetzungs- bzw. Anordnungsgrund). Auch in dieser Entscheidungsphase wird die Beweislast damit im Aussetzungs- wie im Anordnungsverfahren in gleicher Weise verteilt: In beiden Verfahrensarten trägt der Antragsteller die Beweislast in Hinsicht auf sein privates Interesse und der Antragsgegner – die Verwaltung – in Hinsicht auf das öffentliche Interesse[30], so daß die Beweislastverteilung im Aussetzungsverfahren des § 80 Abs. 5 VwGO einerseits und im Anordnungsverfahren des § 123 VwGO andererseits schließlich keinen definitiven Unterschied aufzuweisen hat. Der Auffassung der amtlichen Begründung zu diesem Punkt und ihren Befürwortern ist also alles in allem nicht zuzustimmen.

bb) Verschuldensunabhängige Haftung

Nach § 123 Abs. 3 VwGO i. V. m. § 945 ZPO hat der Eilrechtsschutzsuchende im Anwendungsbereich der einstweiligen Anordnung zudem eine sogenannte verschuldensunabhängige Haftung zu tragen. Zwar hat diese haftungsrechtliche Einrichtung als solche zivilprozessual ihren guten Zweck zum Schutz des Schuldners (Antragsgegner) gegen den voreiligen Gläubiger (Antragsteller)[31]; nachdem sie nun verwaltungsprozessual aber infolge der Verweisung des § 123 Abs. 3 VwGO für anwendbar auf die einstweilige Anordnung erklärt wird, stellt sich die Frage, ob insofern auch jener zivilprozessuale Rechtsgedanke sich vollständig im *gesamten* Eilrechtsschutzsystem des Verwaltungsprozeßrechts widerspiegelt. Es geht dabei vor allem um die aufschiebende Wirkung der §§ 80 bis 80b VwGO: Wenn nun eine verschuldensunabhängige Haftung in diesem Problembereich keine Anwendung finden soll, mag dies auf den ersten Blick als besonders günstig für den Eilrechtsschutzsuchenden zu begrüßen sein; dahinter verbergen sich jedoch eine Reihe von Problemen[32]. Da aber diese Probleme, die hier im Hinblick auf die Themenstellung der vorliegenden Ar-

---

[29] Siehe ebd.

[30] Vgl. dazu *Quaritsch*, VerwArch. 51 (1960), 342 (372) m. w. Nachw.

[31] Vgl. dazu nur *Schoch*, in: Schoch/Schmidt-Aßmann/Pietzner, VwGO, § 80 Rn. 406 f.; § 123 Rn. 193 m. w. Nachw.

[32] So krit. etwa auch *Renck*, NVwZ 1994, 1177 (1178).

beit nicht weiter behandelt werden sollen[33], ihre Ursache in einer von vornherein schon vom Gesetzgeber im Hinblick auf das gesamte Eilrechtsschutzsystem des Verwaltungsprozeßrechts verfehlt getroffenen Haftungsrisikoverteilung finden und somit – und das ist der Schwerpunkt – mit dem Gedanken der Effektivität des Rechtsschutzes gar nichts zu tun haben, ist den Bemühungen, den kommunalen Beschlußstreit, um die ungünstige verschuldensunabhängige Haftung zu vermeiden, allein unter Berufung auf die Effektivität des Rechtsschutzes mit der Eilrechtsschutzform der aufschiebenden Wirkung in Verbindung setzen zu wollen, nicht zu folgen[34].

Bislang wurde die Fragestellung behandelt, ob der kommunale Beschlußstreit bei Infragekommen von vorläufigem Rechtsschutz, wie vereinzelt behauptet, im Hinblick auf den Aspekt der Effektivität des Rechtsschutzes statt mittels der einstweiligen Anordnung vielmehr, in analoger Anwendung der §§ 80 bis 80b VwGO, mittels der für den Eilrechtsschutzsuchenden viel günstigeren Eilrechtsschutzform der aufschiebenden Wirkung entschieden werden kann. Gemäß den obigen Darlegungen ist eine solche Möglichkeit jedoch zu verneinen. Denn abgesehen von der Frage, ob der Gedanke der Effektivität des Rechtsschutzes heutzutage noch in eine einseitig zugunsten des Rechtsschutzsuchenden sprechende Form gefaßt werden kann, sind jene Elemente, die angeblich den Eilrechtsschutzsuchenden im Bereich der aufschiebenden Wirkung besser gestellt hätten als im Bereich der einstweiligen Anordnung, entweder (so z. B. die Beweislastfrage) nicht nachweisbar oder können sie (so z. B. die verschuldensunabhängige Haftung im Sinne von § 123 Abs. 3 VwGO i. V. m. § 945 ZPO) auch im Lichte des Gedankens der Effektivität des Rechtsschutzes nicht beseitigt werden. Dieses Untersuchungsergebnis bedeutet aber wiederum, daß für den kommunalen Beschlußstreit, welcher im Hauptsacheverfahren eben im Hinblick auf das Gebot effektiven Rechtsschutzes mittels der allgemeinen Gestaltungsklage zu entscheiden ist, die in § 123 VwGO geregelte einstweilige Anordnung nach wie vor die richtige Eilrechtsschutzform darstellt.

---

[33]Es sei hier zur ganzen Problematik deshalb nur auf die ausführliche Darstellung von *Schoch*, in: Schoch/Schmidt-Aßmann/Pietzner, VwGO, § 80 Rn. 406 ff.; § 123 Rn. 193 ff. verwiesen.

[34]So aber *Schwarplys*, Allg. Gestaltungsklage, S. 110.

3. Die Kompensationstheorie als überholte Lehre

Das Rechtsinstitut der aufschiebenden Wirkung ist außerdem im Eilrechtsschutzsystem des Verwaltungsprozeßrechts wegen des sogenannten automatischen Eintritts der aufschiebenden Wirkung gemäß § 80 Abs. 1 VwGO besonders auffällig. Auch hierin sieht man oftmals – neben dem soeben bereits behandelten und im Ergebnis abgelehnten Argument der Effektivität des Rechtsschutzes – einen wesentlichen Anhaltspunkt für eine analoge Anwendung der aufschiebenden Wirkung auf den kommunalen Beschlußstreit[35]: Denn rechtswidrige Beschlüsse kommunaler Vertretungsorgane seien in materiellrechtlicher Hinsicht genauso wie rechtswidrige Verwaltungsakte nicht nichtig, sondern nur aufhebbar. Ist bei Verwaltungsakten der automatische Eintritt der aufschiebenden Wirkung nun aber überkommener Ansicht zufolge als verwaltungsprozessualer Ausgleich für die insofern schwächere Position des vom Verwaltungsakt einseitig belasteten Rechtsschutzsuchenden gegenüber der Verwaltung anzusehen, sei dieselbe Überlegung, so wird argumentiert, auf die Streitfälle hinsichtlich der üblicherweise für die betroffenen kommunalen Organe bzw. Organteile ebenfalls einseitig verbindlichen Beschlüsse kommunaler Vertretungsorgane zu übertragen. Auch diese sogenannte „Kompensationstheorie" ist allerdings – nicht anders als das soeben bereits behandelte Argument der Effektivität des Rechtsschutzes – nicht überzeugend zu vertreten. Denn die Frage, ob der automatische Eintritt der aufschiebenden Wirkung tatsächlich weiterhin noch, wie die überkommene Ansicht meint, eine Art von Kompensation zugunsten des Rechtsschutzsuchenden darstellt, ist heute durchaus zu bezweifeln.

a) Die praktische Bedeutung des automatischen Suspensiveffekts des § 80 Abs. 1 VwGO

Zunächst ist festzustellen, daß in der Verwaltungspraxis das Verhältnis von § 80 Abs. 1 einerseits zu § 80 Abs. 2 VwGO andererseits längst nicht mehr das einer Regel zur Ausnahme ist. Bedingt durch die nahezu ausnahmslose Verwendung der behördlichen Anordnung der sofortigen Vollziehung gemäß § 80

---

[35] So insb. *Heermann*, Gemeideratsbeschluß, S. 137 f.; *Schwarplys*, Allg. Gestaltungsklage, S. 111 f.

Abs. 2 Satz 1 Nr. 4 ist bekanntlich heute in der Praxis die sofortig Vollziehung des Verwaltungsakts vielmehr eher die Regel. Der automatische Suspensiveffekt gemäß § 80 Abs. 1 VwGO hat seine Bedeutung also in weitestem Umfang verloren, und im Bereich der §§ 80 bis 80b VwGO hat sich somit der tatsächliche Eilrechtsschutz nach und nach auf das Aussetzungsverfahren des § 80 Abs. 5 VwGO verlagert.

b) Rechtliche Bewertung des Regel-Ausnahme-Verhältnisses zwischen § 80 Abs. 1 und Abs. 2 VwGO

Die Frage, ob das Regel-Ausnahme-Verhältnis zwischen § 80 Abs. 1 einerseits und § 80 Abs. 2 VwGO andererseits auch sachliche Bedeutung hat, so daß die oben dargestellte Tendenz der Verwaltungspraxis bedenklich erscheint, ist seit jeher umstritten[36]. Wiewohl allerdings der Gedanke einer „Kompensation gegenüber der Übermacht der Verwaltung" früher wirklich als herrschende Auffassung[37] in den Vordergrund trat, ist diese Theorie heute mittlerweile überholt. Es gibt dabei mindestens drei Gründe, die gegen ein *sachliches* Regel-Ausnahme-Verhältnis zwischen § 80 Abs. 1 und Abs. 2 VwGO sprechen; dieses Verhältnis ist von daher, wenn überhaupt, also nur noch von *gesetzestechnischer* Bedeutung[38]:

aa) Fehlende verfassungsrechtliche Vorgaben

Anfänglich hat das Bundesverfassungsgericht der Bestimmung des § 80 Abs. 1 VwGO große Bedeutung beigemessen. Nach seinem jetzigen Dafürhalten ist der automatische Eintritt der aufschiebenden Wirkung jedoch nicht (mehr) schon von Verfassungs wegen gewährt[39]: Er sei allenfalls eine einfachgesetzliche Einrichtung, wobei der Gesetzgeber etwa über seine Anwendungsweise

[36] Vgl. nur *Bauer*, Gerichtsschutz, S. 97 ff. m. w. Nachw.

[37] Statt vieler *Bauer*, aaO., S. 98 f.

[38] Dies behauptete *Bettermann*, DVBl. 1976, 64 (65) schon früher.

[39] Zur einschlägigen Rechtsprechung des BVerfG und dem Wandel seiner Meinung s. nur zusammenfassend *Puttler*, in: Sodan/Ziekow, Nomos-Kommentar zur VwGO, § 80 Rn. 6 ff.

und seinen Anwendungsumfang entscheiden kann. Dieser neuen Ansicht des höchsten deutschen Gerichts folgt heute nahezu einhellig auch das Schrifttum[40], obwohl dort früher eher die Gegenauffassung überwog[41].

bb) Die veränderte einfachgesetzliche Rechtslage

Der automatische Suspensiveffekt des § 80 Abs. 1 VwGO wurde anfangs zudem auch vom (Einfach-)Gesetzgeber als sehr bedeutsam eingeschätzt[42]. Mittlerweile hat dieses Rechtsinstitut aber selbst auf der Ebene des einfachgesetzlichen Rechts ganz erheblich an Gewicht verloren. Dies beruht nicht nur auf der immer häufigeren Einfügung von im Sinne des § 80 Abs. 2 Satz 1 Nr. 3 VwGO erlassenen Gesetzen[43]; vor allem im Zuge der sechsten Reform der Verwaltungsgerichtsordnung vom 1. 11. 1996[44] ist der Grundsatz des automatischen Eintritts der aufschiebenden Wirkung vielmehr in noch stärkerem Maße eingeschränkt worden[45]. Das Regel-Ausnahme-Verhältnis zwischen § 80 Abs. 1 VwGO einerseits und § 80 Abs. 2 andererseits ist von daher also mehr oder weniger nur noch von gesetzestechnischer Bedeutung, während man früher im Hinblick auf die ursprüngliche Auffassung des § 80 VwGO bei diesem Regel-Ausnahme-Verhältnis von einer für den Rechtsschutzsuchenden besonders günstigen Kompensation sprechen wollte.

---

[40]Statt vieler *Huber*, in: v. Mangoldt/Klein/Starck, GG, Art. 19 Rn. 485; *Krebs*, in: v. Münch/Kunig, GG, Art. 19 Rn. 64 a. E.; *Schoch*, in: Schoch/Schmidt-Aßmann/Pietzner, VwGO, § 80 Rn. 17.

[41]Zum Überblick über den Meinungswandel im Schrifttum s. *Haibach*, DÖV 1996, 60 (62).

[42]So bereits die amtliche Begründung zu § 81 Entw. der VwGO (= § 80 VwGO) in BT-Drs. III/55, S. 39.

[43]So im einzelnen etwa *Schoch*, in: Schoch/Schmidt-Aßmann/Pietzner, VwGO, § 80 Rn. 127 ff. m. w. Nachw.

[44]6. VwGOÄndG, in: BGBl. I, S. 1626.

[45]So insb. § 80 II 1 Nr. 3 in seiner jetzigen Fassung. Vgl. in diesem Zusammenhang aber auch den neu eingefügten § 80b VwGO; danach wird die Dauer der aufschiebenden Wirkung sogar schon vom Gesetz deutlich abgekürzt. Dies ist ein weiterer Schlag gegen den automatischen Suspensiveffekt, bei dem man gar nicht mehr von einer Kompensation zugunsten des Rechtsschutzsuchenden sprechen kann.

Dem Bedeutungswandel des automatischen Suspensiveffekts des § 80 Abs. 1 VwGO auch auf der Ebene des einfachgesetzlichen Rechts ist allerdings nicht unbedingt nur mit Kritik zu begegnen[46]. Auch das öffentliche Interesse und ggf. die Interessen der anderen Prozeßbeteiligten dürfen nämlich im Rechtssystem des vorläufigen Rechtsschutzes nicht unberücksichtigt gelassen werden. Da nun aber gerade solche Interessen erkennbar gegen eine einseitige, nur zugunsten des Rechtsschutzsuchenden eintretende automatische aufschiebende Wirkung sprechen und der Einfachgesetzgeber in seinen wiederholten Gesetzesänderungen wiederum diesem Gedanken mit Recht Rechnung getragen hat, ist der jetzige Zustand eines allein in gesetzestechnischer Hinsicht relevanten Regel-Ausnahme-Verhältnisses von § 80 Abs. 1 VwGO einerseits und Abs. 2 andererseits durchaus zu begrüßen.

Die öffentlichen und privaten Interessen, die an einem streitigen Rechtsverhältnis beteiligt sind, sind schließlich vielseitig. Welches nun davon besonders schutzwürdig ist, ist von daher im Eilrechtsschutz ebenso wie im Hauptsacherechtsschutz nur von Fall zu Fall zu entscheiden. Hier verbietet sich ersichtlich ein genereller Eintritt (so § 80 Abs. 1 VwGO) oder Ausschluß (so § 80 Abs. 2 VwGO) der aufschiebenden Wirkung. Geboten ist vielmehr ein neutrales Verfahren, in dem das Gericht als Unbeteiligter[47] je nach den unterschiedlichen Konstellationen im konkreten Fall entscheiden kann. Im Eilrechtsschutzsystem des § 80 bis 80b VwGO ist dies u. a. eben bei § 80 Abs. 5 VwGO der Fall. Das vor allem in § 80 Abs. 5 geregelte Aussetzungsverfahren hat sich seit langem schon in der Praxis bewährt. Seine Bedeutung wird nun aber darüber hinaus wegen der mittlerweile durchaus veränderten einfachgesetzlichen Rechtslage auch noch rechtlich bestätigt.

---

[46] So aber etwa *Schoch*, in: Schoch/Schmidt-Aßmann/Pietzner, VwGO, Vorb. § 80 Rn. 76 ff. m. – teilweise jedoch zutreffender – Kritik aus Anlaß der 6. VwGO-Reform.

[47] Somit ist das behördliche Aussetzungsverfahren des § 80 IV VwGO denn auch nach wie vor nicht von besonderer Bedeutung. Denn in diesem Verfahren wird die Frage des Eilrechtsschutzes von der eben am streitigen Verwaltungsrechtsverhältnis beteiligten Verwaltung entschieden; eine durchaus unvoreingenommene Entscheidung ist dabei schwerlich zu erwarten.

cc) Die Europäisierungsorientierung der inländischen Rechtsordnung

Als Mitgliedstaat der Europäischen Union hat die Bundesrepublik Deutschland ein besonders auffälliges verwaltungsprozessuales Eilrechtsschutzsystem, wobei allerdings nicht etwa der Eilrechtsschutz der Bürger gegen die Verwaltung vernachlässigt wird[48], sondern gerade das Gegenteil der Fall ist: Denn bedingt durch den automatischen Suspensiveffekt des § 80 Abs. 1 VwGO wird das Interesse des Eilrechtsschutzsuchenden in einer Weise überbewertet, wie es dem EU-Recht völlig fremd ist. Anläßlich des bekannten Urteils zur „Tafelweindestillation“ des Gerichtshofs der Europäischen Gemeinschaften[49] haben zahlreiche deutsche Rechtswissenschaftler denn auch verschiedentlich im Hinblick auf das konkrete geltende Recht oder unter rechtspolitischem Aspekt diskutiert, ob sich der Rechtsmechanismus des Suspensiveffekts im Hinblick auf den EU-Rechtsstandard heutzutage noch behaupten kann oder ob vielmehr die deutschen Behörden, wenn sie nun aufgrund des EU-Rechts einen Verwaltungsakt erlassen, so gut wie möglich gemäß § 80 Abs. 2 Satz 1 Nr. 4 VwGO eine sofortige Vollziehung anordnen sollten, um die effektive Verwirklichung des Gemeinschaftsrechts sicherzustellen[50].

Nun haben solche Diskussionen zwar sicherlich mit dem hier interessierenden Thema der „Notwendigkeit einer analogen Anwendung der §§ 80 bis 80b VwGO im Rahmen der allgemeinen Gestaltungsklage“ nur wenig zu tun; doch eben im Hinblick auf jene europarechtlichen Diskussionen einerseits und nicht zuletzt den gegenwärtig ständig in großem Umfang voranschreitenden Europäisierungsvorgang der nahezu ganzen deutschen Verwaltungsrechtsordnung[51] andererseits darf man durchaus bezweifeln, ob Rechtsstreitigkeiten, die wie der kommunale Beschlußstreit im Rahmen der allgemeinen Gestaltungsklage auf dem Rechtsweg ausgetragen werden sollen, im Hinblick auf den vorläufi-

---

[48]Zum Überblick über das deutsche verwaltungsgerichtliche System des Eilrechtsschutzes im Vergleich zum EU-Standard s. *Schoch*, in: Schoch/Schmidt-Aßmann/Pietzner, VwGO, Vorb. § 80 Rn. 16 ff.; *Wimmer*, in: Finkelnburg/Jank, Vorläufiger Rechtsschutz, Rn. 1302 f.

[49]*EuGH*, Urt. v. 10.07.1990, Rs. C-217/88, Slg. 1990 I, 2879 (2906 ff.).

[50]Vgl. dazu nur *Schoch*, in: Schoch/Schmidt-Aßmann/Pietzner, VwGO, Vorb. § 80 Rn.24; § 80 Rn. 58, 157; *Wimmer*, in: Finkelnburg/Jank, Vorläufiger Rechtsschutz, Rn. 1302, 1316; vgl. auch *J. Schmidt*, in: Eyermann, VwGO, § 80 Rn. 2.

[51]Siehe dazu nur *Schoch*, VBlBW 1999, 241 ff. m. w. Nachw.

gen Rechtsschutz tatsächlich noch unter Berufung auf die sogenannte Kompensationstheorie mittels einer analogen Anwendung der §§ 80 bis 80b VwGO einer Klärung zugeführt werden können. Die Antwort lautet: Nein! Eben die gegenwärtige Europäisierungstendenz des inländischen Rechtes spricht vielmehr dagegen, mit der überholten Kompensationstheorie eine sogenannte analoge Anwendung der §§ 80 bis 80b VwGO zuzulassen, mittels deren der Verwendungskreis der aufschiebenden Wirkung unnötigerweise nur weiterhin vergrößert würde.

Bislang wurde die Frage, ob im kommunalen Beschlußstreit, im Rahmen dessen die in Anlehnung an die Form der Anfechtungsklage nachgebildete allgemeine Gestaltungsklage vom Schrifttum allmählich als die statthafte Klageform im Hauptsacheverfahren anerkannt worden ist, auch die in §§ 80 bis 80b VwGO geregelte aufschiebende Wirkung nunmehr als die richtige Eilrechtsschutzform gelten soll, im Hinblick auf die sogenannte Kompensationstheorie ausführlich untersucht. Nachdem nun aber auch diese Theorie als überholt abgelehnt worden ist, ist eine richtige Antwort auf jene Frage, die im vorliegenden Abschnitt abschließend zu entscheiden ist, offenbar nur noch davon abhängig, ob das Rechtsinstitut der einstweiligen Anordnung auch im Vergleich zu dem Aussetzungsverfahren des § 80 Abs. 5 VwGO gleichwertig ist[52]. Denn im Zuge der bisherigen Untersuchung ist das Aussetzungsverfahren des § 80 Abs. 5 VwGO als eine zur Zeit innerhalb des genannten Eilrechtsschutzsystems der aufschiebenden Wirkung tatsächlich tragende Eilrechtsschutzform erkannt worden. Falls nun aber dennoch die einstweilige Anordnung im Hinblick auf das Eilverfahren gerade jener Art ebenfalls eine ganz ähnliche Funktion erfüllen könnte, wäre für eine Eilentscheidung über den kommunalen Beschlußstreit die analoge Anwendung der §§ 80 bis 80b VwGO letztlich überflüssig; hier stünde vielmehr bereits die einstweilige Anordnung des § 123 VwGO als eine ohnehin generell – mit Ausnahmen der Anfechtungsangelegenheiten – für die Verwaltungsstreitsachen jeglicher Art geltende Eilrechtsschutzform zur Verfügung. Fraglich ist nun jedoch, ob diese allgemeine Eilrechtsschutzform tatsächlich eine dem Aussetzungsverfahren ähnliche Funktion hat, so daß sie auch auf eine Eilentscheidung im Rahmen eines kommunalen Beschlußstreits

---

[52]Vgl. dieselbe Fragestellung bei *Felix*, Remonstrationsrecht, S. 226 ff. in bezug auf die Rechtsstreitigkeiten wegen der dienstlichen Weisungen im Beamtenrecht, in denen die allg. Gestaltungsklage die richtige Hauptsacheklageform sein soll.

optimal anzuwenden ist. Eben dieser Frage soll im folgenden nachgegangen werden.

4. *Die gestaltende Aussetzungsanordnung als richtige Eilentscheidungsform im Rahmen der allgemeinen Gestaltungsklage*

Dem gerichtlichen Verfahren des § 80 Abs. 5 VwGO, welches üblicherweise mit dem abgekürzten Begriff „Aussetzungsverfahren" bezeichnet wird, sind neben der im Gesetz bereits vorgesehenen Anordnung und Wiederherstellung der aufschiebenden Wirkung bekanntlich noch viele andere Funktionen zugewiesen[53]. Nach wie vor am wesentlichsten ist dabei allerdings, daß das Gericht in diesem Verfahren ggf. eben, wie gesetzlich geregelt, in bezug auf den strittigen Verwaltungsakt ganz oder teilweise eine aufschiebende Wirkung anordnen (im Falle der § 80 Abs. 2 Satz 1 Nrn. 1 bis 3 und Satz 2 VwGO) bzw. wiederherstellen (im Falle des § 80 Abs. 2 Satz 1 Nr. 4 VwGO) kann. Die gerichtliche Entscheidung hierzu hat – unumstritten[54] – *rechtsgestaltende* Natur, wobei vor allem die angeordnete bzw. wiederhergestellte aufschiebende Wirkung unmittelbar mit der Gerichtsentscheidung eintritt, ohne jedoch etwa noch einer behördlichen Aussetzung der Vollziehung des betroffenen Verwaltungsakts zu bedürfen. Da nun aber insofern die aufschiebende Wirkung hier sozusagen vom Gericht selbst in Kraft gesetzt wird, ist eine solche gerichtliche Entscheidungsart im Hinblick auf die Prozeßökonomie und nicht zuletzt die Wirksamkeit des Rechtsschutzes durchaus zu begrüßen.

Im Vergleich zum Eilrechtsschutzsystem der einstweiligen Anordnung ist die soeben dargestellte gerichtliche Entscheidung nach § 80 Abs. 5 VwGO außerdem besonders auffällig, da die Frage, ob das Gericht im Rahmen des Anordnungsverfahrens des § 123 VwGO auch eine rechtsgestaltende einstweilige Anordnung erlassen kann, um beispielsweise auf diesem Weg die Wirksamkeit eines umstrittenen Beschlusses des kommunalen Vertretungsorgans unmittelbar vorläufig auszusetzen, bislang in Schrifttum wie Rechtsprechung nahezu ungeklärt offengelassen wurde: Das Schrifttum hat hierzu sowieso kaum Stel-

[53] Hierzu besonders ausführl. *Schoch*, in: Schoch/Schmidt-Aßmann/Pietzner, VwGO, § 123 Rn.

[54] Statt aller *Hamann*, in: Finkelnburg/Jank, Vorläufiger Rechtsschutz, § 41 Rn. 880.

lung genommen[55], und auch in der Rechtsprechung wird die betreffende Fragestellung, soweit ersichtlich, wohl nur in einer vom Verwaltungsgericht Berlin[56] in bezug auf einen Organstreit innerhalb des (Stadt-)Bezirks[57] getroffene Eilentscheidung beiläufig erwähnt. Eben dieser konkret in der Praxis zu entscheidenden Fall einer im Rahmen des Anordnungsverfahrens des § 123 VwGO getroffenen Eilentscheidung sollte man jedoch ein wenig Aufmerksamkeit schenken. Denn das VG Berlin hat hier in seiner Entscheidung zunächst den im Streitfall gestellten Antrag, die Wirksamkeit des Beschlusses des kommunalen Vertretungsorgans vorläufig auszusetzen, schon dahingehend ausgelegt, daß das kommunale Vertretungsorgan zu *verpflichten* sei, den Antragsteller in sein bisheriges Amt vorläufig wiedereinzusetzen. Sicherlich hat das Gericht hier insofern zudem auch die Möglichkeit des Erlasses einer Gestaltungsanordnung im Rahmen des Anordnungsverfahrens quasi abgelehnt und damit nicht zuletzt seine Entscheidung der überkommenen Ansicht angepaßt, das Gericht dürfe im Rahmen des § 123 VwGO nur den Antragsgegner, also die Verwaltung, zu bestimmten Maßnahmen verpflichten und nicht an deren Stelle selbst tätig werden[58]; fraglich ist jedoch, ob diese als solche nicht allzu eindeutig[59] überkommene Ansicht denn auch zutreffend ist. Das ist jedenfalls aus folgenden beiden Gründen abzulehnen:

---

[55]Ausnahmen aber: bejahend *Felix*, Remonstrationsrecht, S. 226 ff. einerseits u. ablehnend – ohne aber jede Begründung – *Binne*, Beanstandungspflicht, S. 287; *Heermann*, Gemeinderatsbeschluß, S. 138 andererseits.

[56]*VG Berlin*, LKV 1994, 28 (29).

[57]Nach Art. 50 II, 53 ff. BerlVerf. sind die Bezirke Berlins bereits von Verfassungs wegen die den Gemeinden ähnlichen Selbstverwaltungseinheiten, so daß das VG Berlin die vorliegende Organstreitigkeit denn auch als einen KVS-Fall angesehen hat. Näher zur Bezirksverfassung Berlins im übrigen *Gern*, Deutsches KommR, Rn. 120.

[58]Vgl. dazu nur *Jank*, in: Finkelnburg/Jank, Vorläufiger Rechtsschutz, § 17 Rn. 267 m. w. Nachw. aus Lit. u. Rspr.

[59]So wird diese überkommene Ansicht in der bei *Jank*, ebd., Fn. 63 f. angegebenen Lit. u. Rspr. denn auch unterschiedlich verstanden und angewendet.

a) § 123 VwGO i. V. m. § 938 Abs. 1 ZPO als Rechtsgrundlage

Zum einen nämlich bestimmt das Gericht den Inhalt einstweiliger Anordnungen nach § 123 Abs. 3 VwGO i. V. m. § 938 Abs. 1 ZPO nach freiem Ermessen. Dank dieser großzügigen Entscheidungsfreiheit soll das Gericht hier neben der in der Praxis oft ausgesprochenen Verpflichtungs- bzw. Leistungsanordnung u. a.[60] ggf. auch eine Gestaltungsanordnung erlassen können. Die Möglichkeit einer Gestaltungsanordnung wird bislang in der gerichtlichen Praxis zwar noch kaum gesehen; ihre Zulässigkeit ist – so gleichzeitig der nächste Grund – im Hinblick auf die zwei dem Anordnungsverfahren ähnlichen Rechtsinstitute allerdings nicht zu leugnen.

b) Gestaltungsverfügung im Zivilprozeß und Gestaltungsanordnung im Normenkontrollverfahren als vergleichbare Eilentscheidungsformen

Im Zivilprozeßrecht wird der Erlaß einer Gestaltungsverfügung, sofern er zum Zwecke vorläufigen Rechtsschutzes überhaupt notwendig ist, seit jeher als im Prinzip unbedenklich ertrachtet[61]. Zwar erscheint dies auf den ersten Blick ein wenig erstaunlich, weil im Zivilprozeßrecht nach wie vor eine sogenannte Numerus-Clausus-Theorie für die gerichtliche Gestaltungsentscheidung herrscht[62]; sofern die Gestaltungsverfügung in diesem Zusammenhang aber trotz einer fehlenden, in Hinsicht auf die Numerus-Clausus-Theorie doch notwendigen ausdrücklichen Gesetzesbestimmung zulässig ist, ist dies damit begründbar, daß schon § 938 Abs. 1 ZPO hier eine rechtliche Grundlage schafft, so daß das Gericht ggf. problemlos nach seinem Ermessen und vor allem ohne die Beschränkung des Numerus Clausus eine rechtsgestaltende einstweilige Verfügung erlassen kann. Die Gestaltungsverfügung ruht hier also einzig und

---

[60]Zur umstrittenen Feststellungsanordnung s. unten Abschn. 2.

[61]Vgl. dazu grundlegend *Baur*, Studien, S. 53 ff., m. zahlreichen Beispielen. Vor allem unter Berufung auf die Lehre *Baurs* vertritt außerdem etwa auch *Grunsky*, in: Stein/Jonas, ZPO, § 938 Rn. 6 ff. m. weiteren Beispielen aus der Rechtsprechung die Zulässigkeit der Gestaltungsverfügung.

[62]Dazu grundlegend *Schlosser*, Gestaltungsklage, S. 276 ff.

allein auf § 938 Abs. 1 ZPO, ohne dabei noch irgendeiner anderen gesetzlichen Grundlage zu bedürfen[63].

Fernerhin ist auch nach § 47 Abs. 6 VwGO im Rahmen der verwaltungsgerichtlichen Normenkontrolle die Eilrechtsschutzform der einstweiligen Anordnung vorgesehen. Gerade in dieser Art von Verfahren des vorläufigen Rechtsschutzes erläßt das Gericht im Fall, daß das Vorliegen des Anordnungsanspruchs und des Anordnungsgrunds zu bejahen ist, sogar nahezu ausnahmslos eine dem Antragsteller günstige Gestaltungsanordnung[64]. Während die Verwaltungsgerichte in einem solchen Verfahren also die Wirksamkeit der umstrittenen Norm gestaltenderweise aussetzen können, können sie im Anordnungsverfahren des § 123 VwGO ebenfalls eine Gestaltungsanordnung erlassen, um etwa im kommunalen Beschlußstreit ggf. die Wirksamkeit des fraglichen Beschlusses des kommunalen Vertretungsorgans auszusetzen.

Zwar wird die einstweilige Anordnung im verwaltungsgerichtlichen Normenkontrollverfahren nach wie vor als ein nach dem Vorbild der einstweiligen Anordnung des § 32 BVerfGG geschaffenes Rechtsinstitut angesehen und deshalb im Schrifttum wie auch in der Rechtsprechung überwiegend in einem gewissen Abstand zu § 123 VwGO gehalten[65]; allerdings ist diese Betrachtungsweise des Schrifttums und der Rechtsprechung nicht unbedenklich[66] und kann jedenfalls nicht darüber hinwegtäuschen, daß auch § 32 BverfGG als solcher, genauso wie § 123 VwGO, mehr oder weniger stark an den zivilprozessualen

---

[63]So insb. die einstweilige Entziehung der Geschäftsführungs-, und/oder Vertretungsbefugnis eines Gesellschafters der offenen Handelsgesellschaft (OHG) als das bekannteste Beispiel: Nach §§ 117, 127 HGB kann die Geschäftsführungs-, bzw. Vertretungsbefugnis eines Gesellschafters der OHG zwar auch durch eine gerichtliche Entscheidung entzogen werden; allerdings soll dies nur durch ein rechtskräftiges Urteil in der Hauptsacheklage erfolgen. Eine eventuelle vorläufige Entziehung beruht hier insofern, wie u. a. *Baur*, Studien, S. 53 f. betont, allein auf dem Rechtsinstitut des einstweiligen Rechtsschutzes als solchem und dabei nicht zuletzt auf der Bestimmung des § 938 I ZPO. Andere Vorschriften wie §§ 117, 127 HGB selbst sind dabei also nicht einschlägig.

[64]Vgl. dazu ausführl. *Schoch*, in: Schoch/Schmidt-Aßmann/Pietzner, VwGO, § 47 Rn. 181 ff. (insb. 185).

[65]Dazu ebd. § 47 Rn. 136 m. w. Nachw. vor allem in Fn. 687 f.

[66]So denn auch *Schoch*, ebd. § 47 Rn. 137 m. scharfer Kritik.

einstweiligen Rechtsschutz angelehnt ist[67]. Alle Institute der einstweiligen Anordnung, sei es in § 123 VwGO, in § 47 Abs. 6 VwGO oder in § 32 BVerfGG, haben der richtigen Ansicht zufolge[68] ihre gemeinsame Wurzel im Zivilprozeßrecht, so daß die dort vorgefundenen bzw. entwickelten Grundsätze und Verfahrensregeln in gewissem Umfang überall zu einer entsprechenden und/oder ergänzenden Anwendung herangezogen werden können. In diesem Zusammenhang ist denn auch feststellbar, daß die Gestaltungsanordnung im Bereich des § 123 VwGO genauso zulässig ist wie eine solche im Verfahren der zivilprozessualen einstweiligen Verfügung und nicht zuletzt auch im Anordnungsverfahren der verwaltungsgerichtlichen Normenkontrolle gemäß § 47 Abs. 6 VwGO. Da nun allerdings das Gericht in bezug auf den kommunalen Beschlußstreit ggf. eben *unmittelbar* gemäß § 123 VwGO mittels Gestaltungsanordnung die Wirksamkeit des umstrittenen Beschlusses des kommunalen Vertretungsorgans effektiv aussetzen kann, ist eine im Hinblick auf dasselbe Ziel angestrengte *analoge* Anwendung der §§ 80 bis 80b VwGO überflüssig. Die richtige Eilrechtsschutzform für den kommunalen Beschlußstreit ist alles im allem also die einstweilige Anordnung gemäß § 123 VwGO.

III. Fazit: Die einstweilige Anordnung als richtige Eilrechtsschutzform

Nach den bisherigen Untersuchungen ist festzustellen, daß im kommunalen Beschlußstreit, sofern der vorläufige Rechtsschutz zum Thema gestellt wird, die einstweilige Anordnung des § 123 VwGO nach wie vor die richtige Eilrechtsschutzform ist. Die aufschiebende Wirkung der §§ 80 bis 80b VwGO kommt hingegen nicht in Betracht. Dieses Ergebnis ändert sich insbesondere auch nicht dadurch, daß man nun im Rahmen des kommunalen Beschlußstreits in Anlehnung an die gegenwärtig im Schrifttum verbreitete Auffassung eine der Anfechtungsklage ähnelnde allgemeine Gestaltungsklage als die rich-

---

[67] Vgl. dazu *Lechner/Zuck*, BVerfGG, § 32 Rn. 9 u. vor allem *Pestalozza*, Verfassungsprozeßrecht, § 18 Rn. 2.

[68] So etwa *Leipold*, Grundlagen, S. 176 f. in bezug auf § 32 BVerfGG; *Finkelnburg*, in: Finkelnburg/Jank, Vorläufiger Rechtsschutz, Rn. 591 a. E. in bezug auf §§ 47 VI u. 123 VwGO.

tige Hauptsacherechtsschutzform ansehen will. Es fehlt hier nämlich an der Notwendigkeit, zum Zwecke des vorläufigen Rechtsschutzes allein im Hinblick auf die Ähnlichkeit zwischen der allgemeinen Gestaltungsklage einerseits und der Anfechtungsklage andererseits eine analoge Anwendung der §§ 80 bis 80b VwGO – statt der unmittelbaren Anwendung des § 123 VwGO – auf den kommunalen Beschlußstreit zu bejahen.

In einem auf den kommunalen Beschlußstreit bezogenen Anordnungsverfahren kann das Gericht außerdem mittels Gestaltungsanordnung die Wirksamkeit des umstrittenen Beschlusses des kommunalen Vertretungsorgans einstweilen aussetzen. Die Wirkungen einer solchen Gestaltungsanordnung entsprechen hier de facto der Wirkung einer Aussetzungsentscheidung gemäß § 80 Abs. 5 VwGO. Schon von daher verbleibt in einem auf den kommunalen Beschlußstreit bezogenen Eilverfahren denn auch kein Raum mehr für den Eingriff des Rechtsinstituts der aufschiebenden Wirkung[69].

Die Zulässigkeit der Gestaltungsanordnung im Rahmen des § 123 VwGO ist im übrigen bereits durch § 123 Abs. 3 VwGO i. V. m. § 938 Abs. 1 ZPO gedeckt. Auch im zivilprozessualen Verfügungsverfahren und vor allem im normenkontrollbezogenen Anordnungsverfahren (§ 47 Abs. 6 VwGO) ist die Verwendung einer Gestaltungsverfügung bzw. Gestaltungsanordnung durchaus üblich. Es ist damit rechtlich unbedenklich, wenn das Gericht nun im Bereich der einstweiligen Anordnung des § 123 VwGO im Bedarfsfall auch eine Gestaltungsanordnung erläßt.

---

[69]Zu demselben Ergebnis gelangt *Felix*, Remonstrationsrecht, S. 226 ff. in bezug auf die Rechtsstreitigkeiten wegen dienstlicher Weisungen im Beamtenrecht, bei denen die allg. Gestaltungsklage die richtige Hauptsacheklageform sein soll.

Abschnitt 2

Zulässigkeit und Notwendigkeit der Feststellungsanordnung

I. Fragestellung: Die Feststellungsanordnung als der Feststellungsklage entsprechende Eilentscheidungsform?

Im Kommunalverfassungsstreit stellt sich nach wie vor, wie schon oben insbesondere im Hinblick auf den kommunalen Beschlußstreit dargetan[1], die Frage nach der statthaften Klageart als äußerst kontrovers dar. Nicht mehr umstritten ist allerdings, daß die Feststellungsklage im Sinne von § 43 VwGO auf jeden Fall für den Kommunalverfassungsstreit zugänglich ist. Dieser gegenwärtig im Schrifttum[2] ganz einhelligen Auffassung folgt auch die Rechtsprechung[3]. In der gerichtlichen Praxis spielt die Feststellungsklage denn auch tatsächlich eine wesentliche Rolle für den Kommunalverfassungsstreit.

Die Tatsache, daß die Rechtsprechung zur Entscheidung über den Kommunalverfassungsstreit zumeist nur die Feststellungsklage verwendet, ist für die meisten Wissenschaftler ein wohl eher unerwartetes Ergebnis. Denn nach § 43 Abs. 2 VwGO steht die Feststellungsklage unter dem Vorbehalt einer sogenannten Subsidiaritätsklausel, was aber in der Vergangenheit oftmals von den Gerichten ignoriert wurde[4] – wie etwa eben in den Fällen des kommunalen Be-

---

[1]Oben Teil II, Abschn. 1, I.

[2]Siehe nur *Pietzcker*, in: Schoch/Schmidt-Aßmann/Pietzner, VwGO, § 43 Rn. 26 in bezug auf die Innenrechtsstreitigkeiten jeglicher Art. Vgl. aber auch die leicht abweichenden Auffassungen von *Erichsen*, in: FS f. Menger, S. 211 (230); *Erichsen/Biermann*, Jura 1997, 157 (161) u. nicht zuletzt *Redeker/v. Oertzen*, VwGO, § 43 Rn. 12. Zur Kritik s. wiederum *Bauer/Krause*, JuS 1996, 413 (414).

[3]Vgl. dazu *Kopp/Schenke*, VwGO, § 43 Rn. 10 m. w. Nachw in Fn. 4.

[4]Zu beachten ist hier allerdings, daß in der Rechtsprechung eine solche Abweichung von der Subsidiaritätsklausel keineswegs eine Besonderheit des KVS darstellt. Sie gilt vielmehr generell für die Verwaltungsrechtsstreitigkeiten, und dies wiederum sieht das BVerwG

schlußstreits, in denen Beschlüsse kommunaler Vertretungsorgane vom Kläger als rechtswidrig angegriffen werden. Obwohl hier die Statthaftigkeit einer anderen Rechtsschutzform nicht von vornherein ausgeschlossen ist, bevorzugt die gerichtliche Praxis, ohne dafür genaue Gründe anzugeben, zuallermeist die Feststellungsklage. Insofern ist es nicht überraschend, daß im Schrifttum[5] die Rechtsprechung insofern immer wieder auf Kritik stößt.

Die häufige Verwendung der Feststellungsklage für die gerichtliche Austragung eines Kommunalverfassungsstreits hat in der Praxis außerdem aber auch Auswirkungen auf die Problematik des kommunalverfassungsstreitbezogenen Anordnungsverfahrens. Um vor allem im Rahmen eines kommunalen Beschlußstreits die Nichtigkeit des umstrittenen Beschlusses eben vorzeitig feststellen lassen zu können, hat der Rechtsschutzsuchende in der Vergangenheit oftmals bereits in einem Eilverfahren einen auf die Nichtigkeitsfeststellung abzielenden Anordnungsantrag gestellt[6]. Die Zulässigkeit der Feststellungsanordnung ist bekanntlich aber umstritten[7]. Ob insofern ein auf die Feststellung der Nichtigkeit des umstrittenen Beschlusses gerichteter Antrag überhaupt zulässig ist, beschäftigt die zuständigen Gerichte also immer wieder. Dabei fehlt ihnen jedoch die wissenschaftliche Unterstützung. Im Schrifttum[8] wird die Zu-

als gerechtfertigt an; so seit BVerwGE 36, 179 (181 f.) die st. Rspr. Zur ganzen Problematik s. im übrigens nur *Pietzcker*, in: Schoch/Schmidt-Aßmann/Pietzner, VwGO, § 43 Rn. 43 f.

[5]So etwa *Schoch*, JuS 1987, 783 (788) u. im Anschluß daran *Martensen*, JuS 1995, 1077 (1078); a. A. aber z. B. *Preusche*, NVwZ 1987, 854 (857 f.)

[6]So z. B. *HessVGH*, NVwZ 1988, 82: Der Antragsteller begehrte hier u. a. die *Ungültigkeitserklärung* der von ihm beanstandeten Gemeindevertretungsbeschlüsse; *OVG NW*, NWVBl. 1996, 334 (335): Die Antragstellerinnen stellten hier u. a. einen Hilfsantrag darauf, die *Rechtswidrigkeit* des von ihnen beanstandeten Ratsbeschlusses *festzustellen*; *VG Greifswald*, LKV 1999, 110: Der Antragsteller stellte hier ebenfalls einen Hilfsantrag auf *Feststellung* der *Unwirksamkeit* des umstrittenen Beschlusses.

[7]Siehe dazu *Jank*, in: Finkelnburg/Jank, Vorläufiger Rechtsschutz, Rn. 250 m. Fn. 4 m. w. Nachw. von Rspr.

[8]So z. B. *Bender*, in: FS Menger, S. 657 (659); *Jank*, in: Finkelnburg/Jank, Vorläufiger Rechtsschutz, Rn. 250; *Happ*, in: Eyermann, VwGO, § 123 Rn. 40, 64 u. 66; *Kopp/Schenke*, VwGO, § 123 Rn. 9; *Redeker/v. Oertzen*, VwGO, § 123 Rn. 13 u. 19; *Schoch*, in: Schoch/ Schmidt-Aßmann/Pietzner, VwGO, § 123 Rn. 35, 57 u. 139. A. A. aber *Felix*, Remonstrationsrecht, S. 227 f.: Die Feststellungsanordnung scheitere wegen fehlender Nützlichkeit am Gebot der Effektivität des Rechtsschutzes.

lässigkeit der Feststellungsanordnung bislang nämlich nur ganz vereinzelt und unter dem Hinweis auf die gerichtliche Gestaltungsfreiheit hinsichtlich des Inhalts der einstweiligen Anordnung gemäß § 123 VwGO i. V. m. § 938 ZPO bejaht; ob es hierzu außerdem noch eher sachliche Argumente gibt, ist dort aber nie zur Diskussion gestellt worden. Die Zulässigkeit der Feststellungsanordnung ist nun jedoch ein Thema, bei dem die bestehende wissenschaftliche Forschungslücke im Hinblick auf die Bedürfnisse der gerichtlichen Praxis nicht mehr länger hingenommen werden kann, so daß die Frage somit im folgenden insbesondere in Zusammenhang mit dem kommunalen Beschlußstreit untersucht werden soll.

Die Eilentscheidung in Form einer Feststellung wird andererseits im Zivilprozeßrecht auch „Feststellungsverfügung" genannt. Die Frage nach der Zulässigkeit dieser Verfügungsart mag anfangs ebenfalls äußerst umstritten gewesen sein; zahlreiche Teilfragen sind inzwischen jedoch dank *Kohler*[9], *Vogg*[10] und vielen anderen nach und nach geklärt worden. Diese Bemühungen des zivilprozessualen Schrifttums sollen nun im Hinblick auf ihren unverkennbaren Nutzwert für die einschlägige Diskussion im Verwaltungsprozeßrecht in der nachfolgenden Untersuchung besonders berücksichtigt werden. Die folgenden Betrachtungen zum Thema „Feststellungsanordnung im kommunalen Beschlußstreit" werden damit also vor allem anhand der einschlägigen Verwaltungsrechtsprechung[11] einerseits und der zivilprozessualen Diskussion andererseits stattfinden.

---

[9] *Kohler*, ZZP 103 (1990), 184 ff.

[10] *Vogg*, NJW 1993, 1357 ff.

[11] So insb. *OVG NW*, NWVBl. 1996, 334 (335); *HessVGH*, NJW 1989, 470 (477 f.); *HessVGH*, NVwZ 1988, 1155.

II. Untersuchung: Die Notwendigkeit der Feststellungsanordnung als entscheidender Punkt

1. Die Frage nach der Zulässigkeit der Feststellungsanordnung

a) Die Feststellungsanordnung als unstatthafte Eilentscheidungsform?

Nach Ansicht des OVG Nordrhein-Westfalen[12] kennt die Verwaltungsgerichtsordnung im Rahmen der einstweiligen Anordnung nur die Eilrechtsschutzformen von Sicherungsanordnung einerseits und Regelungsanordnung andererseits; eine Feststellungsanordnung sei insofern nicht *statthaft*[13]. Dieser Auffassung ist jedoch aus mehren Gründen nicht zu folgen:

Sicherungsanordnung und Regelungsanordnung sind nämlich nur zwei herkömmliche terminologische Abkürzungen für die in § 123 Abs. 1 Sätze 1 und 2 VwGO vorgesehenen Funktionen des Rechtsinstitutes der einstweiligen Anordnung. Allein aus dieser Gewohnheit des Begriffsgebrauchs folgt aber noch keine Antwort darauf, ob darüber hinaus die „dritte Form" der Feststellungsanordnung zulässig oder unzulässig ist.

Die Trennung von Sicherungsanordnung und Regelungsanordnung als zwei voneinander zu unterscheidender (statthafter) Eilrechtsschutzformen des § 123 VwGO ist im übrigen, wie in der vorliegenden Arbeit schon mehrfach betont wurde[14], von vornherein fragwürdig. Denn eine einstweilige Anordnung bezweckt oftmals kumulativ beide Funktionen; eine genaue Differenzierung zwischen beiden ist hier also kaum möglich. Erst recht sind die prozessualen Voraussetzungen zwischen der Sicherungsanordnung einerseits und der Regelungsanordnung andererseits im weitesten Umfang einheitlich.

---

[12] *OVG NW*, NWVBl. 1996, 334 (LS 2, 335).

[13] Irreführend insofern auch *Happ*, in: Eyermann, VwGO, § 123 Rn. 40, als der Autor dort die Feststellungsanordnung mit der Statthaftigkeit eines Anordnungsantrags in Zusammenhang gebracht hat, obwohl er gleichzeitig die Zulässigkeit der Feststellungsanordnung als ein Problem des möglichen Inhalts einer einstweiligen Anordnung angesehen und sie mithin im Hinblick auf „§ 123 Abs. 3 [VwGO], § 938 ZPO" bejaht hat.

[14] Vgl. hierzu etwa oben Teil 1, Abschn. 2, I. m. Fn. 3.

Dennoch ist die Auffassung des OVG Nordrhein-Westfalen nicht weiter erstaunlich; denn obwohl die Problematik der Zulässigkeit der Feststellungsanordnung im Rahmen des Rechtsinstituts der einstweiligen Anordnung in Wahrheit, wie noch zu zeigen sein wird[15] nur den in § 123 Abs. 3 VwGO i. V. m. § 938 ZPO geregelten Anordnungs*inhalt* betrifft, wurde eine ähnliche Problematik in der Vergangenheit bereits im Rahmen der zivilprozessualen Diskussionen öfter im Sinne der Fragestellung mißverstanden[16], ob es neben den in §§ 935 und 940 ZPO (entspricht § 123 Abs. 1 VwGO) ausdrücklich genannten zwei Formen des einstweiligen Rechtsschutzes, also der „Sicherungsverfügung" und der „Regelungsverfügung", noch eine „Feststellungsverfügung" als dritte statthafte Form einstweiligen Rechtsschutzes geben könne. Insofern wurde dort die Frage nach der Zulässigkeit einer Feststellungsverfügung nicht selten (fälschlicherweise) als eine Frage nach der Statthaftigkeit eines Verfügungsbegehrens und mithin als ein Problem dessen Sachentscheidungsvoraussetzungen eingestuft[17]. Dabei betreffen die Sicherungsverfügung/-anordnung und die Regelungsverfügung/-anordnung – in welchem prozessualen Bereich auch immer – in der Tat allenfalls den Zweck einer einstweiligen Verfügung bzw. Anordnung. Ob das Gericht nunmehr aber im Hinblick auf den Sicherungs- oder Regelungszweck nach § 123 VwGO i. V. m. § 938 ZPO (oder im zivilprozessualen Bereich nach § 938 ZPO selbst) die Feststellungsverfügung/-anordnung erlassen kann, ist ein ganz anderes Thema.

b) Die Feststellungsanordnung als eine dem Hauptsacheurteil vorgreifende Eilentscheidung?

Vereinzelt wird in der Verwaltungsrechtsprechung[18] auch behauptet, daß die Feststellungsanordnung wegen des Vorwegnahmeverbots unzulässig sei. Auch diese Auffassung ist abzulehnen. Denn nach der in der vorliegenden Arbeit

---

[15] Unten Abschn. 2, II, 2.

[16] Krit. *Vogg*, NJW 1993, 1357 (1358 m. Fn. 9).

[17] A. A. jüngst *Berger*, ZZP 110 (1997), 287 (292 ff.) in bezug auf das Zivilprozeßrecht mit allerdings ganz eigenen Argumenten. Die Auffassung *Bergers* sei im folgenden jedoch nicht mehr berücksichtigt, weil die Feststellungsanordnung, wie später im Text noch zu zeigen sein wird, im Bereich des Kommunalverfassungsstreits ohnehin unnötig ist.

[18] Vgl. etwa *HessVGH*, NJW 1989, 470 (477 f.)

vertretenen Ansicht existiert im Rahmen des geltenden Verwaltungsprozeßrechts schon das Dogma des sogenannten Vorwegnahmeverbots nicht[19]. Da jedoch die Feststellungsanordnung im konkreten Fall darüber hinaus, wie es für die einstweilige Anordnung jeglicher Art üblich ist, keinerlei präjudizielle Auswirkung auf die Hauptsacheentscheidung hat, ist hier denn auch keine sogenannte *rechtliche* Vorwegnahme der Hauptsache[20] zu befürchten[21], wonach die Eilentscheidung angeblich eine entsprechende Entscheidung in der Hauptsache präjudizieren könnte.

Was also die Diskussion über die Zulässigkeit der Feststellungsanordnung betrifft, ist somit in Wahrheit, was sich im einschlägigen Schrifttum[22] denn auch oftmals bestätigt findet, nur die Frage von entscheidender Bedeutung, ob es im konkreten Fall und zu ein und demselben Eilrechtsschutzzweck neben der umstrittenen Feststellungsanordnung überhaupt auch noch andere Arten von einstweiliger Anordnung gibt, so daß sich jede weitere Diskussion im Hinblick auf die Problematik der Zulässigkeit der Feststellungsanordnung[23] von vornherein erübrigt. Diese Frage ist zu bejahen, zumal im Rahmen des kommunalverfassungsstreitbezogenen Anordnungsverfahrens der Erlaß einer umstrittenen Feststellungsanordnung häufig eben gar nicht sinnvoll ist. Denn die Feststellungsanordnung wird in der gerichtlichen Praxis bislang vor allem zur vor-

---

[19]Vgl. oben Teil 1, Abschn. 3, I.

[20]Siehe nur *Schoch*, in: Schoch/Schmidt-Aßmann/Pietzner, VwGO, § 123 Rn. 154 m. w. Nachw. *Schoch* verwendet hier die Begriffe der „tatsächlichen" und der „rechtlichen" Vorwegnahme der Hauptsache jedoch nicht allzu deutlich.

[21]So aber *Grunsky*, JuS 1976, 277 (284 f.); *ders*, in: Stein/Jonas, ZPO, Vor § 935 Rn. 60 in bezug auf ZPO; Krit. wiederum etwa *Berger*, ZZP 110 (1997), 287 (298 f.); *Kohler*, ZZP 103 (1990), 184 (188).

[22]Vgl. dazu die oben in Teil 2, Abschn. 2 Fn. angegebene Lit.

[23]Zu dieser Problematik gehört, vor allem die Vollstreckungsunfähigkeit der Feststellungsanordnung. Insofern lehnt das *OVG RP*, DVBl. 1986, 1215 = NVwZ 1987, 145 die Zulässigkeit der Feststellungsanordnung denn auch kategorisch ab. Im Gegensatz dazu – und wohl durchaus zu Recht – sieht der *HessVGH*, ESVGH 42, 216 (219) darin aber kein nennenswertes Hindernis dafür, eine Feststellungsanordnung eventuell doch zuzulassen. Diese Problematik sei hier allerdings nicht näher behandelt, weil die Feststellungsanordnung, wie gleich noch zu zeigen sein wird, für den KVS kaum von Bedeutung ist. Zur genaueren Auseinandersetzung sei nur auf *Kohler*, ZZP 103 (1990), 184 (189 ff.) einerseits und *Berger*, ZZP 110 (1997), 287 (297 ff.) andererseits hingewiesen.

läufigen Feststellung der Nichtigkeit des umstrittenen Beschlusses eines kommunalen Vertretungsorgans eingesetzt; diese gerichtliche Praxis erweist sich jedoch, wie gerade im folgenden zu zeigen sein wird, als nicht überzeugend:

2. *Die Frage nach der Notwendigkeit der Feststellungsanordnung*

a) Die Feststellungsanordnung als die *einzige* Form einstweiliger Anordnung im Rahmen der Feststellungsklage?

Nach Ansicht des Bundesverfassungsgerichts[24] kann der Rechtsschutzsuchende in einschlägigen Streitfällen neben der Feststellungsklage zusätzlich noch im Wege des vorläufigen Rechtsschutzes einen Antrag auf einstweilige Feststellung des zur Hauptsache sachlich Begehrten stellen[25]. Gerade im Hinblick auf diese Auffassung des deutschen höchsten Gerichts erhebt sich nun jedoch die Frage, ob im Rahmen der Feststellungsklage das zusätzliche Ziel des vorläufigen Rechtsschutzes tatsächlich nur mittels einer Feststellungsanordnung erreicht werden kann. Diese Frage ist zu verneinen[26].

Denn in einem Fall des eben auf den kommunalen Beschlußstreit bezogenen Anordnungsverfahrens hat der Hessische VGH[27] bereits unmißverständlich darauf hingewiesen, daß im Rahmen der Klage zur Feststellung der Rechtswidrigkeit bzw. der Unwirksamkeit eines Beschlusses der Stadtverordnetenversammlung der einschlägige Eilrechtsschutz mit der Verpflichtungsanordnung, „die Durchführung des strittigen Beschlusses vorläufig auszusetzen", begehrt werden könne[28]. Ungeachtet der Frage, ob im vorliegenden Fall, der weniger den kommunalen Beschlußstreit im Hauptsacheverfahren, sondern eher den im Anordnungsverfahren betrifft, aufgrund des bereits ausführlich darge-

---

[24]BVerfGE 71, 305 (347).

[25]Bestätigt wiederum in *BVerfG*, NJW 1988, 249. Der Auffassung des BVerfG folgt etwa *HessVGH*, NJW 1994, 1750 (1751).

[26]Bejahend aber *Schoch*, in: Schoch/Schmidt-Aßmann/Pietzner, VwGO, § 123 Rn. 35, 57.

[27]In: NVwZ 1988, 1155 f.

[28]Vgl. dazu *Vogg*, NJW 1993, 1357 (1359; 1363) in bezug auf den rechtswidrigen Beschluß im Gesellschaftsrecht als ein paralleles Beispiel.

stellten Umstands, daß die rechtswidrigen Beschlüsse kommunaler Vertretungsorgane lediglich aufhebbar sind[29], nicht tatsächlich etwa die allgemeine Gestaltungsklage, sondern trotz alledem *nur* die Feststellungsklage statthaft ist, hat das Gericht in seiner Entscheidung immerhin gezeigt, daß auch im Rahmen der Feststellungsklage, sofern es dabei um den Eilrechtsschutz geht, eine andere Art von einstweiliger Anordnung als die Feststellungsanordnung durchaus möglich ist[30]. Gerade diese Möglichkeit wird vom Bundesverfassungsgericht jedoch übergangen, und dasselbe gilt nicht zuletzt auch für die meisten Verwaltungsgerichte, wenn sie sich in bezug auf den kommunalen Beschlußstreit mit der richtigen Form der einstweiligen Anordnung haben auseinandersetzen müssen[31].

b) Die einstweilige Anordnung im Normenkontrollverfahren als vergleichbare Eilentscheidungsform

Dennoch ist die Ansicht des Hessischen VGH im soeben angegeben konkreten Fall[32] aber auch nicht ganz einwandfrei. Zwar ist es richtig, daß in einem auf den kommunalen Beschlußstreit bezogenen Anordnungsverfahren das zuständige Gericht die Wirksamkeit des umstrittenen Beschlusses des kommunalen Vertretungsorgans zunächst nicht in Frage stellen, sondern, wie der Hessische VGH dies getan hat, lediglich dessen Durchführung vorläufig aussetzen kann; fraglich ist allerdings, in welcher Form diese dem Eilrechtsschutzsuchenden günstige einstweilige Anordnung erlassen werden soll. Hier bevorzugt der Hessische VGH die *Verpflichtungs*anordnung; demzufolge wird das Anliegen des Eilrechtsschutzsuchenden (im vorliegenden Fall also: des Gemeindevertreters) erst dann erfüllt werden können, wenn sein Gegner (im vorliegenden Fall also: die Stadtverordnetenversammlung) tatsächlich entsprechend der ge-

---

[29]Oben Teil 2, Abschn. 1, I u. II, 1.

[30]Diese Möglichkeit kennt *VG Greifswald*, LKV 1999, 110, aber nicht. Nach dessen Ansicht ist der rechtswidrige Beschluß des kommunalen Vertretungsorgans im Eilverfahren allenfalls durch eine Feststellungsanordnung vorläufig für unwirksam zu erklären, weil fehlerhafte Beschlüsse der kommunalen Vertretungsorgane in materiellrechtlicher Hinsicht nicht nur aufhebbar, sondern bereits nichtig seien.

[31]So exemplarisch die oben in Teil 2, Abschn. 2 Fn. 6 angegebene Rechtsprechung.

[32] *HessVGH*, NVwZ 1988, 1155 f.

richtlichen Anordnung die Wirksamkeit des umstrittenen Beschlusses aussetzt. Warum aber sollte es nicht möglich sein, daß die erwünschte Aussetzung unmittelbar vom zuständigen Gericht vorgenommen wird, so daß das Anliegen des Eilrechtsschutzsuchenden bereits im Moment des Erlasses der einstweiligen Anordnung erfüllt wird, wie dies mit einer *Gestaltungs*anordnung erreichbar wäre?

Die Zulässigkeit der Gestaltungsanordnung in der Form, daß die Wirksamkeit des Beschlusses des kommunalen Vertretungsorgans unmittelbar durch die erlassene Anordnung rechtsgestaltend ausgesetzt wird, wurde in der vorliegenden Arbeit bereits dargelegt[33]. Auch wurde nicht zuletzt der Vorteil dieser Anordnungsart im Vergleich zur Verpflichtungsanordnung erklärt. Allerdings wurden die insofern einschlägigen Darlegungen zur Gestaltungsanordnung bislang sämtlich nur im Zusammenhang mit dem Problem der richtigen Eilrechtsschutzform im Rahmen der sogenannten allgemeinen Gestaltungsklage vorgenommen. Da nun aber gemäß einer nach wie vor in der Rechtsprechung bevorzugten Ansicht[34] – und so denn auch gemäß der Ansicht des Hessischen VGH im hier besprochenen Beispielsfall – die rechtswidrigen Beschlüsse kommunaler Vertretungsorgane von vornherein nichtig sind und insofern im kommunalen Beschlußstreit die Feststellungsklage die richtige Rechtsschutzform im Hauptsacheverfahren ist, erhebt sich hier die Frage, ob in einem kommunalen Beschlußstreit das zuständige Gericht trotz der Feststellungsklage als der richtigen Rechtsschutzform im Hauptsacheverfahren nunmehr eine Gestaltungsanordnung zum Zwecke des vorläufigen Rechtsschutzes erlassen kann, um die Wirksamkeit des umstrittenen Beschlusses des kommunalen Vertretungsorgans auf diesem Weg unmittelbar vorläufig auszusetzen. Diese Frage ist zu bejahen, und es soll hier zur Begründung – noch einmal[35] – der Eilentscheidungsmodus der verwaltungsgerichtlichen Normenkontrolle im Sinne des § 47 Abs. 6 VwGO herangezogen werden:

---

[33]Oben Teil 2, Abschn. 1, II, 4.

[34]Vgl. bereits oben Teil 2, Abschn. 2, I.

[35]Die Möglichkeit einer Heranziehung des Eilentscheidungsmodus der verwaltungsgerichtlichen Normenkontrolle zugunsten der Zulässigkeit der Gestaltungsanordnung im Anordnungsverfahren des § 123 VwGO wurde bereits oben in Teil 2, Abschn. 1, II, 4, b dargetan.

Die verwaltungsgerichtliche Normenkontrolle ist (in der Regel)[36] nämlich eine Feststellungsklage besonderer Art[37], welche gemäß § 47 Abs. 5 Satz 2 VwGO im stattgebenden Fall, wie auch sonst bei der Feststellungsklage, durch eine Feststellungsentscheidung abgeschlossen wird[38]. Sofern es aber im konkreten Fall auch noch um den einstweiligen Rechtsschutz gemäß § 47 Abs. 6 VwGO geht, wird in der gerichtlichen Praxis[39] als stattgebende Eilentscheidung nahezu ausnahmslos eine Gestaltungsanordnung verwendet in der Form, die Anwendung – also die Vollziehung – der fraglichen Norm einstweilig auszusetzen. Diese Rechtsprechungspraxis soll nun, so man mit der herrschenden Ansicht der Rechtsprechung die Feststellungsklage als die richtige Hauptsacherechtsschutzform im kommunalen Beschlußstreit annimmt, auf den kommunalen Beschlußstreit übertragen werden: Auch in einem auf den kommunalen Beschlußstreit bezogenen Anordnungsverfahren ist eine Gestaltungsanordnung etwa in der Form, daß die Vollziehung des angeblich *nichtigen* Beschusses vorläufig ausgesetzt wird, also durchaus anzuerkennen. Es geht hier darum, die Verpflichtungsanordnung zu vermeiden, bei der die zusätzliche Aussetzung der Vollziehung des umstrittenen Beschusses noch einer entsprechenden Handlung des Prozeßgegners bedarf und mit der damit zuungunsten des Eilrechtsschutzsuchenden stets die Gefahr böswilliger Unterlassung seitens des Prozeßgegners verbunden ist; nicht zuletzt erweist sich damit aber auch die nach wie vor im Hinblick auf ihre Zulässigkeit noch nicht geklärte Feststellungsanordnung als durchaus unnötig.

---

[36] Auf eine weitere Auseinandersetzung mit der Unvereinbarkeitsfeststellung, der Apellentscheidung usw. wird hier nämlich verzichtet. Denn diese sog. anderen Entscheidungsmöglichkeiten der Normenkontrolle sind äußerst umstritten und können allenfalls als eng begrenzte Ausnahmen angesehen werden. Vgl. dazu ausführl. *Gerhardt*, in: Schoch/ Schmidt-Aßmann/Pietzner, VwGO, § 47 Rn. 113 ff.; *Kopp/Schenke*, VwGO, § 47 Rn. 92 ff.

[37] So spricht *Hufen*, VwPrR, § 13 Rn. 11, hinsichtlich der Normenkontrolle denn auch von einer „Sonderform der Feststellungsklage".

[38] H. M.; vgl. statt aller *J. Schmidt*, in: Eyermann, VwGO, § 123 Rn. 90 m. w. Nachw.

[39] Statt vieler *BayVGH*, BayVBl. 1984, 370. Hier sagt das Gericht ausdrücklich: die Anordnung des § 47 VI VwGO habe die „rechtsgestaltende Wirkung" und „keinen vollstrekkungsfähigen Inhalt"; zustimmend *Schoch*, in: Schoch/Schmidt-Aßmann/Pietzner, VwGO, § 47 Rn. 181, 185.

c) Der psychologische Vorteil der gestaltenden Aussetzungsanordnung im Rahmen der Feststellungsklage

Voraufgehend wurde in bezug auf den kommunalen Beschlußstreit die Zulässigkeit der Gestaltungsanordnung im Rahmen der Feststellungsklage befürwortet. Für die Gestaltungsanordnung zur Aussetzung der Vollziehung eines rechtswidrigen und somit nach herrschender Auffassung der Rechtsprechung nichtigen Beschlusses des kommunalen Vertretungsorgans spricht zusätzlich aber auch noch ein unverkennbarer psychologischer Vorteil: Denn im Vergleich zu einer vorläufigen Feststellung der Nichtigkeit des fraglichen Beschlusses ist die Gestaltungsanordnung in besagter Form relativ neutral und sanft; für den betroffenen Verfahrensgegner ist sie also eher akzeptabel. Schließlich nimmt niemand gerne hin, daß sein rechtliches Handeln, hier also die Beschlußfassung, prozessual ohne gründliche sachliche Aufarbeitung, bereits aufgrund einer bloß summarischen Prüfung[40] unmittelbar als nichtig sanktioniert wird.

III. Fazit: Die Feststellungsanordnung als überflüssige Eilentscheidungsform

Nach den bisherigen Untersuchungen ist festzustellen, daß im Kommunalverfassungsstreit ein auf die Feststellungsanordnung gestellter Antrag nicht etwa am Erfordernis der Statthaftigkeit scheitert. Die Feststellungsanordnung ist hier vielmehr in weitestgehendem Umfang schlicht unnötig[41]. Dieses Untersu-

---

[40]Die summarische Natur der gerichtlichen Prüfung im Eilverfahren wurde in der vorliegenden Arbeit bereits oben in Teil 1, Abschn. 3, II unter betonter Ablehnung der Gegentendenz der gerichtliche Praxis behandelt.

[41]Es sei hier allerdings betont, daß es in andersartigen Verwaltungsstreitigkeiten doch viele Beispielsfälle gibt, in denen statt der Leistungs- (Verpflichtungs-) bzw. Gestaltungsanordnung wohl nur eine Feststellungsanordnung den geeigneteren Inhalt der einstweiligen Anordnung darstellen könnte. Vgl. hierzu etwa *HessVGH*, NJW 1994, 1750 (1751) zum vorbeugenden vorläufigen Rechtsschutz; *HambOVG*, NJW 1987, 1215 (1216) in bezug auf einen rechtswidrigen Geschäftsverteilungsplan des Gerichts (bestätigt wiederum von *BayVGH*, NJW 1994, 2308 [2308 f.]). Gerade in solchen Fällen ist eine auf die ganze Problematik der Feststellungsanordnung bezogene Untersuchung dringend erforderlich; im Schrifttum fehlt eine solche jedoch nach wie vor.

chungsergebnis gilt insbesondere für den kommunalen Beschlußstreit. In einem im Hinblick auf einen kommunalen Beschlußstreit eingeschalteten Anordnungsverfahren ist zum Zwecke des vorläufigen Rechtsschutzes nämlich eine Gestaltungsanordnung etwa in der Form, daß die Vollziehung des betreffenden Beschlusses des kommunalen Vertretungsorgans einstweilen ausgesetzt wird, durchaus zulässig und tauglich.

Gegen diese Auffassung läßt sich nun auch nicht einwenden, daß die rechtswidrigen Beschlüsse der kommunalen Vertretungsorgane nach der bisher in der Rechtsprechung immer noch herrschenden Ansicht nicht aufhebbar, sondern eo ipso nichtig sind. Denn auch die rechtswidrigen Normen, über die nach § 47 VwGO im Normenkontrollverfahren zu entscheiden ist, sind im Prinzip von vornherein nichtig, was allerdings bislang nicht zu verhindern vermochte, daß die Rechtsprechung im eben auf die Normenkontrolle bezogenen Anordnungsverfahren (§ 47 Abs. 6 VwGO) die einstweilige Anordnung durchaus in einer dahingehenden rechtsgestaltenden Form erläßt, daß die Vollziehung der betreffenden Norm vorläufig ausgesetzt wird. Diese gerichtliche Entscheidungspraxis ist auch auf den Bereich des kommunalen Beschlußstreits übertragbar, so daß eine auf die Aussetzung der Vollziehung des umstrittenen Beschlusses des kommunalen Vertretungsorgans gerichtete Gestaltungsanordnung ebenfalls unbedenklich ist[42].

---

[42] Zu demselben Ergebnis – aber mit anderer Begründung – gelangt *Felix*, Remonstrationsrecht, S. 228 f. in bezug auf die Rechtsstreitigkeiten wegen dienstlicher Weisungen im Beamtenrecht, in denen die umstrittenen Weisungen nicht nur aufhebbar, sondern durchaus nichtig sind.

Abschnitt 3

Der richtige Antragsgegner

I. Fragestellung: Kommune, Vertretungsorgan oder Vollzugsorgan als richtiger Antragsgegner

Ebenso wie viele andere Sachentscheidungsvoraussetzungen gehört auch die passive Prozeßführungsbefugnis zu den klassischen umstrittenen Themen des Kommunalverfassungsstreitverfahrens[1]. Zündstoff bietet dabei die Frage, gegen wen eine kommunalverfassungsstreitbezogene Klage bzw. ein Eilrechtsschutzantrag zu richten ist. Zwar war diese üblicherweise auch durch das Stichwort des „richtigen Verfahrensgegners" markierte Frage dank der angestrengten Bemühungen der Rechtsprechung einerseits und des Schrifttums andererseits[2] bereits mehr oder weniger geklärt gewesen[3]; nachdem nun aber der Kommunalverfassungsstreit als Problematik der gerichtlichen Praxis nicht mehr allein im Klageverfahren dominiert, sondem sich nach und nach auch ins Problemfeld des vorläufigen Rechtsschutzes geschoben hat, ist die Frage nach dem richtigen Verfahrensgegner, auch wenn sie nunmehr in einer etwas veränderten Form zu stellen ist, durchaus wieder aktuell geworden. Dies gilt insbesondere hinsichtlich solcher Probleme, die im Zusammenhang mit dem Eilverfahren des kommunalen Beschlußstreits aufgeworfen werden[4]. Die sonst vorherrschende Auffassung, die sich im Laufe der Zeit eben nur allgemein in

---

[1]So wurde die Frage bereits bei *Bleutge*, KVS, S. 143 f., gestellt und diskutiert.

[2]Hierzu nach wie vor grundlegend: *Bleutge*, KVS, S. 143 f.; vgl. zudem auch *Ehlers*, in: FS Menger, S. 379 (394 f.); *Hufen*, VwPrR, § 21 Rn. 10; *Rausch*, JZ 1994, 696 (701), jeweils m. w. Nachw. von Lit. u. Rspr.

[3]Zum gegenwärtigen Meinungsstand vgl. nur *Meissner*, in: Schoch/Schmidt-Aßmann/Pietzner, VwGO, § 78 Rn. 50.

[4]Zu anderen Streitfragen, die dank der bereits überzeugenden Klärung durch die Rechtsprechung im Rahmen der vorliegenden Arbeit nicht weiter untersucht werden müssen, vgl. *HessVGH*, NVwZ 1988, 88 f.; *VG Frankfurt/M*, NVwZ 1983, 373.

bezug auf den richtigen Verfahrensgegner des Kommunalverfassungsstreitverfahrens gebildet hat[5], hilft hier nämlich nicht weiter.

Zunächst noch einmal zum materiellen Kommunalverfassungsrecht[6]: Im deutschen Kommunalrechtssystem sind Beschlüsse kommunaler Vertretungsorgane grundsätzlich durch die kommunalen Vollzugsorgane[7] im Sinne einer Umsetzung nach außen zu vollziehen[8]; erst danach entfalten sie ihre außenrechtlichen Wirkungen etwa als Verwaltungsakte der Kommunen den Bürgern gegenüber. Beschlüsse kommunaler Vertretungsorgane sind vor der Umsetzung nach außen aber kommunalintern bereits von Bedeutung. Problematisch ist hier insbesondere etwa der Fall, daß der Beschluß eines kommunalen Vertretungsorgans rechtswidrig in der Abwesenheit bestimmter Mitglieder des Vertretungsorgans gefaßt worden ist. Solche rechtswidrigen Beschlüsse verletzen das organschaftliche Recht der abwesenden Mitglieder des Vertretungsor-

---

[5]Zu dieser h. M. eingehend sogleich im Text.

[6]Vgl. dazu auch oben Teil 1, Abschn. 3, II, 2, a; Teil 2, Abschn. 1, I u. II Anfang, wo die Rechtsnatur der Beschlüsse kommunaler Vertretungsorgane bereits teilweise und insb. im Hinblick auf ihre Beziehungen zum VA geklärt worden ist.

[7]Entsprechend dem Begriff „kommunales Vertretungsorgan" (s. dazu Einl. Fn. 36) wird der Begriff „kommunales Vollzugsorgan" in dieser Arbeit stets als Sammelbezeichnung für diejenigen kommunalen zweiten Hauptorgane verwendet, die vor allem mit Widerspruchs- und Beanstandungsrecht für die Vollziehung der Beschlüsse kommunaler Vertretungsorgane zuständig und nach wie vor bundesweit je nach den Bestimmungen der einschlägigen kommunalen Gesetze der Länder unterschiedlich als (Erster, bzw. Ober-)Bürgermeister, Gemeindevorstand (Magistrat), Landrat, Kreisausschuß usw. bezeichnet sind. Zum Überblick über die Zusammensetzung, die Bezeichnungen und die Aufgaben der kommunalen Vollzugsorgane sowie ihre Beziehungen zu kommunalen Vertretungsorganen auf der Gemeinde- und (Land-)Kreisebene s. *v. Mutius*, KommR, Rn. 651 ff.

[8]Die Frage, ob die Beschlüsse kommunaler Vertretungsorgane sämtlich durch die Vollzugsorgane i. S. einer Umsetzung nach außen zu vollziehen sind, ist im Schrifttum durchaus umstritten; besonders schwierig zu beachten sind dabei u. a. wohl diejenigen Beschlüsse, die allein die sog. kommunalinternen Organisationsakte betreffen (so etwa *Heermann*, Gemeideratsbeschluß, S. 154 ff. einerseits u. *Karst*, Gemeideratsbeschluß, S. 38 ff. m. Fn. 70 andererseits). Diese Frage kann im Rahmen der folgenden Untersuchung jedoch dahingestellt bleiben. Denn nach der in der vorliegenden Arbeit vertretenen Auffassung (s. unten II, 2, b) ist im Eilverfahren die Aussetzung der Vollziehung der umstrittenen Beschlüsse ohnehin eine Wirksamkeitshemmung für die betreffenden Beschlüsse als solche; die Tätigkeiten der Vollzugsorgane haben damit also nichts zu tun.

gans; hinsichtlich ihres Rechtsschutzes sind diese wiederum eben auf das Kommunalverfassungsstreitverfahren verwiesen. Die Mitglieder des Vertretungsorgans können ggf. also auf dem Verwaltungsrechtsweg ihr Recht behaupten und die Rechtswidrigkeit der Beschlüsse rügen.

In der Vergangenheit pflegten die Mitglieder des Vertretungsorgans in einschlägigen Fällen in der gerichtlichen Praxis allerdings nicht nur Klage zu erheben. Eben bedingt durch die zunehmende Verlangsamung des gerichtlichen Prozesses haben sie vielmehr oftmals neben dem ordentlichen Verfahren gleichzeitig oder sogar schon zuvor noch ein Eilverfahren eingeschaltet, aus Angst, daß der rechtswidrige Beschluß bereits während des sich hinziehenden Hauptsacheverfahrens vollzogen werden könnte. Der einmal nach außen vollzogene Beschluß etwa als Verwaltungsakt ist bekanntlich aus Gründen des Vertrauensschutzes und/oder auch aus zahlreichen anderen Gründen schwerlich wieder aufzuheben. Die Verwirklichung des organschaftlichen Rechtes des Vertretungsorgansmitglieds könnte nun also endgültig vereitelt werden, so daß als effektive Vorkehrungsmaßnahme somit wohl nur der vorläufige Rechtsschutz in Frage kommt. In einem eben zu diesem Zweck angestrengten Eilverfahren erwartet das klagende Mitglied des Vertretungsorgans nämlich, daß das Gericht, etwa durch eine einstweilige Anordnung, die Vollziehung des umstrittenen Beschlusses vorübergehend aufhält.

Nach herrschender Auffassung[9] ist im Kommunalverfassungsstreitverfahren nun der richtige Verfahrensgegner nicht die Kommune als solche, sondern dasjenige kommunale Organ bzw. der Organteil, dem die behauptete Verletzung des organschaftlichen Rechtes anzulasten ist. Zwar ist als ein solches im Fall des auf den kommunalen Beschlußstreit bezogenen Klageverfahrens eindeutig das durch seinen Beschluß das Recht des Mitglieds verletzende kommunale Vertretungsorgan zu betrachten; beantragt das betroffene Mitglied hier zudem aber noch vorläufigen Rechtsschutz, stellt sich die Frage, welches Organ in einem insofern eingeschalteten Anordnungsverfahren der richtige Anordnungsgegner ist: Das kann hier z. B. gleichfalls das Vertretungsorgan sein, weil eben sein Beschluß im betreffenden Fall strittig ist. Es kann hier aber auch das Vollzugsorgan als richtiger Anordnungsgegner in Betracht gezogen wer-

---

[9]Statt aller: *Happ*, in: Eyermann, VwGO, § 78 Rn. 12; *Meissner*, in: Schoch/Schmidt-Aßmann/Pietzner, VwGO, § 78 Rn. 50; *Schoch*, in: Schoch/Schmidt-Aßmann/Pietzner, VwGO, § 123 Rn. 108 in bezug auf das KVS-Anordnungsverfahren, jeweils m. w. Nachw.

den; denn im betreffenden Anordnungsverfahren erwartet der Rechtsschutzsuchende, daß die Vollziehung des umstrittenen Beschlusses zunächst ausgesetzt wird, und für diese Vollziehung ist nun eben nicht das Vertretungsorgan zuständig, sondern das jeweilige Vollzugsorgan der Kommune. So werfen die beiden hier umrissenen Möglichkeiten ein bislang ungelöstes Problem auf, wobei durchaus fraglich ist, welche Ansicht hier die überzeugendere ist. Diese Frage belastet denn auch seit längerem die gerichtliche Praxis, wobei allerdings auch von ihr noch keine einheitliche Lösung vorgelegt wurde[10]. Die Frage soll daher zugunsten einer überzeugenden Ausübung gerichtlicher Praxis[11] im folgenden untersucht werden – ein letztes Untersuchungsthema, mit dem die vorliegende Arbeit zugleich beenden wird.

Wie soeben schon erwähnt, soll im Kommunalverfassungsstreitverfahren ganz allgemein nicht die Kommune, sondern das kommunale Organ der richtige Verfahrensgegner sein. Diese sowohl in der Rechtsprechung wie auch im Schrifttum vorherrschende Auffassung stoßt jedoch in Bayern auf Widerstand: Vor allem der Bayerische VGH[12] vertritt nach wie vor nämlich die gerade gegenteilige Ansicht, wonach nicht das kommunale Organ, sondern die Kommune als solche in den betreffenden Rechtsstreitigkeiten stets der richtige Verfahrensgegner sein soll. Diese spezielle bayerische Lösung stellt zwar eine Mindermeinung dar[13]; in einer Untersuchung, in der die Frage nach dem rich-

---

[10]So etwa *HessVGH*, NVwZ 1988, 1155 (1156); *OVG Lüneburg*, OVGE 39, 489; *OVG NW*, NWVBl. 1990, 191; *VG Aachen*, NVwZ-RR 1996, 414, für das Vertretungsorgan als richtigen Anordnungsgegner einerseits und *HessVGH*, NVwZ 1987, 919; NVwZ 1988, 82; *OVG NW*, DVBl. 1973, 646 (648); NVwZ-RR 1993, 157, für das Vollzugsorgan andererseits, wobei das OVG NW in beiden letztgenannten Entscheidungen schließlich jedoch ausdrücklich auf eine Vertiefung der Frage verzichtet.

[11]Da bislang die Rechtsprechung eben keine einheitliche Lösung in bezug auf dieses Problem gefunden hat, haben die Antragsteller in der Vergangenheit wohl aus Ungewißheit nicht selten auch in ihren Anträgen die jeweiligen denkbaren organschaftlichen Einheiten als Antragsgegner genannt. So z. B. in *OVG Lüneburg*, OVGE 27, 351 (352), gegen das Vertretungs- und das Vollzugsorgan; in *OVG NW*, NVwZ-RR 1993, 157, gegen das Vertretungsorgan und die kommunale Körperschaft als solche und in *OVG NW*, DVBl. 1973, 646 (648), wiederum gegen das Vollzugsorgan und die kommunale Körperschaft.

[12]Ständige Rspr. seit BayVGHE n. F. 8, 97 (98); zuletzt etwa in: BayVBl. 2000, 309.

[13]Im Schrifttum wird die Ansicht des BayVGH vor allem nur von den in Bayern tätigen Autoren, wie z. B. *Knemeyer*, BayKommR, Rn. 289; *Kopp*, VwGO, 10. A., § 63 Rn. 3c u. § 78 Rn. 2 (aufgehoben von *Schenke* in 11. A., § 78 Rn. 2); *Lissack*, BayKommR, § 4 Rn.

tige Verfahrensgegner wie soeben thematisiert wird, darf sie jedoch nicht einfach ignoriert werden. Denn sofern der Ansicht des Bayerischen VGH tatsächlich zuzustimmen wäre, bedürfte jene ungelöste Frage, welches kommunale Organ, das Vertretungs- oder das Vollzugsorgan, in einem auf den kommunalen Beschlußstreit bezogenen Anordnungsverfahren als der richtige Gegner anzusehen ist, keiner weiteren Erörterung. Eben aus diesem Grunde wird die folgende Untersuchung sich zunächst mit der genannten bayerischen Sonderauffassung beschäftigen.

II. Untersuchung: Das Zurechnungssubjekt des umstrittenen Beschlusses als entscheidender Punkt

1. Die kommunale Körperschaft als Rechtssubjekt auch innerhalb des Innenrechtsverhältnisses? – Zur bayerischen Sonderauffassung

Wie schon dargetan, vertritt der Bayerische VGH[14] nach wie vor die Auffassung, daß im Kommunalverfassungsstreitverfahren nicht das kommunale Organ, sondern die kommunale Körperschaft, deren Organe bzw. Organteile gegeneinander in Streitigkeiten geraten, der richtige Verfahrensgegner sei. Diese Auffassung ist allerdings abzulehnen.

Die Ansicht des Bayerischen VGH hat ihren Ursprung nämlich in der alten Rechtsprechungspraxis dieses Gerichts[15]: So wurde im Fall, daß ein Beschluß des kommunalen Vertretungsorgans rechtswidrig das organschaftliche Recht anderer Organe bzw. Organsteile beeinträchtigt hat, die an sich rein kommunalinterne Maßnahme im Rahmen einer Fiktion als außenrechtlicher Verwal-

---

170; *Schmitt Glaeser/Horn*, VwPrR, Rn. 393 m. Fn. 14. vertreten; in der Rechtsprechung wird sie allerdings gelegentlich auch von den nichtbayerischen Gerichten geteilt. So etwa früher *VGH BW*, ESVGH, 23, 203 (207); *SaarlOVG*, AS 10, 82 (85) und jüngst vor allem in einigen neuen Bundesländern: *ThürOVG*, ThürVBl. 2000, 104; *VG Dessau*, LKV 1994, 188; *VG Dresden*, SächsVBl. 1996, 286.

[14] Siehe bereits oben Teil 2, Abschn. 3, I Fn. 11

[15] Vgl. nur *BayVGH*, BayVBl. 1984, 77 m. w. Nachw. aus früherer Rspr. schon in der Zeit vor Inkrafttreten der VwGO.

tungsakt der kommunalen Körperschaft angesehen[16]. Nachdem nun das Gericht seine Verwaltungsakts-Theorie aber ausdrücklich aufgehoben hat und nunmehr den Kommunalverfassungsstreit – der heute durchaus unumstrittenen Auffassung nachkommend – für eine Verwaltungsrechtsstretigkeit innenrechtlicher Art hält[17], ist im Grunde auch dem Standpunkt, daß die Kommune stets die richtige Verfahrensgegnerin sei, längst der Boden entzogen[18].

Gelegentlich begründet der Bayerische VGH seine nicht mehr haltbare Auffassung aber zudem noch damit, daß der Beschluß eines kommunalen Vertretungsorgans auch dann der kommunalen Körperschaft zuzurechnen sei, wenn es sich um eine Maßnahme des Innenrechtsbereichs handele[19]. Diese Begründung trifft aber ebenfalls nicht zu[20]; sie vermengt nämlich das innenrechtliche Verhältnis mit dem außenrechtlichen, so daß die im Innenrechtsbereich zu bejahende Rechtsposition der kommunalen Organe bzw. Organteile und mithin die Rechtsqualität des Innenrechtsverhältnisses als solche in unzulässiger Weise ausgeblendet werden.

Alles in allem ist hier also festzustellen, daß im Kommunalverfassungsstreitverfahren auf jeden Fall, wie auch die herrschende Auffassung dies vertritt, nicht die Kommune, sondern einzig und allein das kommunale Organ bzw. der Organteil der richtige Verfahrensgegner sein kann; denn nur ein solches bzw. einer solcher selbst – und nicht die Kommune – ist in einem Innenrechtsverhältnis, in dem eben der Kommunalverfassungsstreit verankert ist, das *Rechtssubjekt*: Alle innenrechtlichen Maßnahmen, die ein solches Rechtssubjekt vornimmt, werden ihm zugerechnet; nicht zuletzt kämpft es auch prozessual im eigenen Namen. Die kommunalen Organe bzw. Organteile sind insofern im Kommunalverfassungsstreitverfahren genauso, wie sie sich auf der offensiven Seite selbst als Kläger verhalten können, auf der defensiven Seite die

---

[16]So insb. BayVGHE n. F. 8, 97 (98).

[17]BayVGHE n. F. 21, 74 (75).

[18]So aber BayVGHE n. F. 21, 74 (76), jedoch ohne Begründung. Krit. bereits *Heermann*, Gemeinderatsbeschluß, S. 307 Fn. 2.

[19]*BayVGH*, BayVBl. 1985, 339.

[20]Krit. auch *Bleutge*, KVS, S. 143.

richtigen Verfahrensgegner[21]. Der herrschenden Auffassung[22] ist damit zuzustimmen.

2. *Das kommunales Vertretungsorgan als Zurechnungssubjekt des umstrittenen Beschlusses*

In bezug auf die Frage, welches kommunale Organ im Fall, daß im Eilverfahren eine Aussetzung der Vollziehung gegen den umstrittenen Beschluß des kommunalen Vertretungsorgans als Inhalt einer einstweiligen Anordnung im Betracht kommt, der richtige Antragsgegner ist, gibt es innerhalb der Recht-

[21]In diesem Zusammenhang sei noch darauf hingewiesen, daß die bislang im Text behandelte Ansicht des BayVGH mit der Fragestellung, ob § 78 I Nr. 1, 1. Halbs. VwGO außer auf die Anfechtungs- und Verpflichtungsklage auch auf andere Klage- und Eilverfahrensarten analog anzuwenden ist, nichts zu tun hat (so mißverständlich aber *Kopp*, VwGO, 10. A., § 78 Rn. 2 [aufgeben von *Schenke* in 11. A., § 78 Rn. 2]; *Lissack*, BayKommR, § 4 Rn. 17). Diese Frage mag als solche ebenfalls umstritten sein, betrifft die hier interessierende Frage, ob die kommunale Körperschaft oder das kommunale Organ im KVS-Verfahren der richtige Verfahrensgegner ist, aber nicht. Denn im Rahmen jener Fragestellung wird vor allem darüber gestritten, ob im Verwaltungsstreitverfahren die sog. passive Prozeßführungsbefugnis außerhalb der Anfechtungs- und Verpflichtungsklage im allgemeinen in Anlehnung an den einschlägigen zivilprozessualen Grundsatz unmittelbar dem passivlegitimierten *Rechtssubjekt* zustehen soll, oder aber ob sie hier nicht eher gem. § 78 I Nr. 1, 1 Halbs. VwGO entsprechend zu ermitteln ist, so daß nun der im Streitverfahren Passivprozeßführungsbefugte ggf. auch ein ganz anderer Rechtssubjekt sein kann als der für die Streitsache Passivlegitimierte. Die herrschende Auffassung bevorzugt hier die erste Variante (dazu *Jestaedt*, NWVBl. 1989, 45 [50]) und die Mindermeinung die zweite (so insb. *Ehlers*, in: FS Menger, S. 379 [386]). Sofern nun aber diese Frage insbesondere in bezug auf das KVS-Verfahren gestellt wird, gehen dann die Anhänger der beiden Auffassungen doch wieder einheitlich davon aus, daß die kommunale Körperschaft im KVS-Verfahren weder die Passivlegitimation noch die passive Prozeßführungsbefugnis hat, weil sie – so wird zu Recht angenommen – im Innenrechtsverhältnis *keinerlei Rechtssubjekt* ist, welches allerdings in jedem Fall einzig und allein als möglicher Inhaber der passiven Prozeßführungsbefugnis und der Passivlegitimation in Betracht kommen kann. Vgl. hierzu vor allem *Ehlers*, in: FS Menger, S. 379 (394 f.). Zur Frage „des richtigen Verfahrensgegners als Problem der Passivlegitimation oder als Problem der passiven Prozeßführungsbefugnis" vgl. im übrigen bereits oben Einl. Fn. 38.

[22]Siehe bereits oben Teil 2, Abschn. 3, I.

sprechung, wie ebenfalls schon oben erwähnt[23], bislang zwei unterschiedliche Auffassungen: Während manche Gerichte hier unmißverständlich vom kommunalen Vertretungsorgan sprechen, halten die anderen eher das kommunale Vollzugsorgan für den richtigen Antragsgegner. Der letztgenannten Auffassung ist allerdings, wie noch näher darzulegen sein wird, nicht zu folgen, auch wenn sie richtigerweise darauf hinweist, daß für die Vollziehung, also die sogenannte Umsetzung der Beschlüsse nach außen hin, nicht das kommunale Vertretungsorgan selbst, sondern eben das kommunale Vollzugsorgan zuständig ist.

a) Der Beschluß des kommunalen Vertretungsorgans als Streitursache

In einem Anordnungsverfahren, in dem die Aussetzung der Vollziehung des Beschlusses des kommunalen Vertretungsorgans in Frage kommt, ist zwar auf den ersten Blick die Vollziehung des Beschlusses der Streitgegenstand; bei Lichte besehen stellt allerdings eher die rechtliche Fragwürdigkeit des streitigen Beschlusses die wahre Ursache dar, weil das einschlägige Eilverfahren hier nicht durch die Vollziehung des Beschlusses, sondern eben durch den umstrittenen Beschluß als solchen herbeigeführt worden ist. Nähme man nun aber trotzdem das kommunale Vollzugsorgan als den richtigen Antragsgegner an, würde dieses sozusagen als ein unbeteiligter Dritter dazu gezwungen, auf eigenes Risiko auf einen fremden Prozeß einzugehen. Das aber ist schwerlich zu akzeptieren, und dies gilt insbesondere dann, wenn das kommunale Vollzugsorgan – etwa gemäß der hessischen (unechten[24]) Magistratsverfassung – die Beschlußfassung des kommunalen Vertretungsorgans kaum rechtzeitig zu beeinflussen vermag:

In der hessischen Magistratsverfassung sind nach § 65 Abs. 2 S. 1 HessGO die Mitglieder des Gemeindevorstands (Vollzugsorgan) nämlich keine Gemeindevertreter. Hinzu kommt, und das ist der größte Unterschied etwa zur

[23]Vgl. oben Teil 2, Abschn. 3, I.

[24]Die Rechtsgeschichte kennt auch noch die *echte* Magistratsverfassung. Während bei dieser die Beschlüsse der Gemeindevertretung im Prinzip der Zustimmung des Magistrats bedurften, entfällt dieses Erfordernis nunmehr bei der unechten Magistratsverfassung völlig (s. dazu *Gönnenwein*, Gemeinderecht, S. 326 f.) Die echte Magistratsverfassung gibt es in Deutschland schon lang nicht mehr.

süddeutschen Ratsverfassung[25], daß der Bürgermeister als der Vorsitzende des Gemeindevorstands (§ 65 Abs. 1 HessGO) die Gemeindevertretung überhaupt nicht vertritt. Die Gemeindevertretung ihrerseits hat vielmehr einen eigenen Vorsitzenden (§ 57 Abs. 1 S. 1 HessGO); nur er allein steuert die Sitzungen der Gemeindevertretung und repräsentiert diese auch nach außen hin (§ 58 HessGO). Der Bürgermeister – sowie das gesamte Vollzugsorgan des Gemeindevorstands überhaupt – hat damit in rechtlicher Hinsicht[26] insofern gar keinen nennenswerten Einfluß auf die Fassung des Beschlusses der Gemeindevertretung, geschweige denn auf die Frage, ob das organschaftliche Recht eines einzelnen Gemeindevertreters durch den Beschluß der Gemeindevertretung mittelbar oder unmittelbar verletzt wird[27]. Falls nun aber der Gemeindevorstand bzw. der Bürgermeister trotzdem wegen einer in der Hauptsache auf den Beschluß der Gemeindevertretung bezogenen Kommunalverfassungsstreitigkeit, anstelle dieses Organs bzw. dessen Vorsitzenden selbst als der richtige Antragsgegner im Eilverfahren fungierte; führte dies zu mindestens zwei unausweichlichen Nachteilen[28]:

---

[25]Vgl. dazu insofern die kurzen Darstellungen bei *Knemeyer*, BayKommR, Rn. 239 ff. über die unverkennbare Macht des kommunalen Vollzugsorgans im kommunalen Vertretungsorgan, also beispielsweise die Macht des ersten Bürgermeisters im Gemeinderat gem. Art. 36 ff. BayGO.

[26]Nicht berücksichtigt seien nämlich dabei die möglichen partei- bzw. fraktionspolitischen Einflüsse, die allenfalls in *faktischer* Hinsicht bestehen.

[27]Nach § 59 HessGO hat der Gemeindevorstand zwar das Recht zur Teilnahme an den Sitzungen der Gemeindevertretung; das Stimmrecht für die Fassung der Beschlüsse steht ihm dabei jedoch nicht zu. Auch das Beanstandungsrecht des Gemeindevorstands gegen die Beschlüsse der Gemeindevertretung (§ 63 HessGO) spricht zudem wenig für die Einflußmöglichkeit des Gemeinderatsvorstands auf die *Fassung* des Beschlusses der Gemeindevertretung; denn die Beanstandung kann der Gemeindevorstand erst nach dem Abschluß des Beschlußvorgangs erheben, wobei allerdings eine Präventionsfunktion fehlt. Die einzige bedeutsame und rechtlich denn auch begründete Einflußmöglichkeit des Gemeindevorstands auf die Fassung der Beschlüsse der Gemeindevertretung liegt schließlich wohl nur bei der sog. Vorbereitungskompetenz des Gemeindevorstands für die Beschlüsse der Gemeindevertretung gem. § 66 I 3 Nr. 2 HessGO (s. dazu *H. Meyer*, HessKommR, S. 199 f.); diese Kompetenz des Gemeindevorstands ist jedoch nicht stark genug, um auch auf das Problem des organschaftlichen Rechtes des einzelnen Gemeindevertreters in der Gemeindevertretung Einfluß zu nehmen.

[28]Etwas Ähnliches fand sich aber auch in der noch vor Jahren in Niedersachsen (bis 1996) und Nordrhein-Westfalen (bis 1994) geltenden norddeutschen Ratsverfassung in

(1) Zum ersten wäre die prozessuale Grundregel verletzt, daß derjenige, der etwas getan hat, auch dafür im Prozeß einzustehen hat[29]: Das Vollzugsorgan kann nicht in eine Streitsache „hineingezogen" werden, für die es eben nicht verantwortlich ist.

(2) Darüber hinaus ist in einem Anordnungsverfahren, in dem die Aussetzung der Vollziehung des Beschlusses des kommunalen Vertretungsorgans in Betracht kommt, eine solche einstweilige Anordnung in der Regel[30] nur beim Vorliegen des Anordnungsanspruchs (§ 123 Abs. 3 VwGO i. V. m. § 920 Abs. 2 ZPO) zu erlassen. Die Frage wiederum, ob der Anordnungsanspruch nun tatsächlich gegeben ist, hängt aber weitgehend von der Rechtswidrigkeit des fraglichen Beschlusses ab. Auch dies spricht gegen die Auffassung, daß das kommunale Vollzugsorgan im vorliegenden Anordnungsverfahren der richtige Antragsgegner ist. Das kommunale Vertretungsorgan, also der Urheber des fraglichen Beschlusses, könnte hier seine Position nämlich nicht aus eigener Kraft verteidigen, weil es nicht der Antragsgegner wäre.

b) Die Aussetzung der Vollziehung des umstrittenen Beschlusses als Wirksamkeitshemmung

In einer einstweiligen Anordnung, in der man von Aussetzung der Vollziehung des Beschlusses des kommunalen Vertretungsorgans redet, bezieht sich – bei

---

Form der sog. „Doppelspitze" von Bürgermeister als Vorsitzendem des Gemeinderats einerseits und Gemeindedirektor als Verwaltungsleiter andererseits. Auch dort herrschte insofern der Antagonismus zwischen kommunalem Vertretungsorgan und kommunalem Vollzugsorgan (vgl. dazu nur *Schmidt-Jortzig*, DÖV 1987, 281 [283 ff.]), und so war *OVG NW*, DVBl. 1973, 646 (648) denn auch mehr oder weniger unschlüssig darüber, warum im vorliegenden Fall nicht der Bürgermeister bzw. der Rat, sondern der Stadtdirektor der richtiger Antragsgegner sei. Das Gericht hat die Frage letztlich jedoch offengelassen. Die verschiedenen Verfassungssysteme mit – bzw. ohne – Doppelspitze in Kommunen erstrecken sich außerdem auch auf die hier nicht mehr berücksichtigte (Land-)Kreisebene (dazu näher *Gern*, Deutsches KommR, Rn. 873 ff.), so daß sich sämtliche Probleme also dort in gleicher Weise stellen.

[29] *Hufen*, VwPrR, § 32 Rn. 39.

[30] Vgl. dazu vor allem oben Teil 1, Abschn. 3, II, 2.: dynamischer Eilentscheidungsmodus

richtiger Betrachtung[31] – zudem die vorzunehmende Aussetzung auf die *Wirksamkeit* des Beschlusses. Hier kommt nicht nur die Einstellung der Vollziehung, also das Unterbleiben der Umsetzung des fraglichen Beschlusses durch das kommunale Vollzugsorgan nach außen in Betracht, sondern wird vielmehr auch die ganze Wirksamkeit des Beschlusses, wie dies bei der gerichtlichen Vollziehungsaussetzung im Aussetzungsverfahren des § 80 Abs. 5 VwGO der Fall ist, vorläufig gehemmt. Denn nur auf diese Weise kann das organschaftliche Recht des Antragstellers auch vor etwaigen Dritten, die die angebliche Wirksamkeit des umstrittenen Beschlusses behaupten, gesichert, und mithin auch der Zweck des vorläufigen Rechtsschutzes in vollem Umfang erreicht werden.

Im Bereich des Aussetzungsverfahrens des § 80 Abs. 5 VwGO ist zwar bekanntlich die Frage nach der „Wirksamkeitshemmungstheorie“ oder der „Vollziehungshemmungstheorie“ nach wie vor umstritten[32]; diese Frage kann hier jedoch offengelassen werden. Denn zwischen beiden Ansichten findet sich mehr oder weniger nur ein rechtstheoretischer Unterschied; im Ergebnis hat man sich dahin geeinigt, daß der Verwaltungsakt hier vorübergehend keine Rechtsverbindlichkeit entfaltet. Ansonsten käme eine Aussetzung der „Vollziehung“ der gestaltenden und der feststellenden Verwaltungsakte gar nicht in Frage, was allerdings im Hinblick auf § 80 Abs. 1 Satz 2 VwGO eben nicht der Fall ist.

Entsprechend der hier vertretenen Ansicht, daß in einer einstweiligen Anordnung die sogenannte Aussetzung der Vollziehung des Beschlusses in der Tat auf die Hemmung der Wirksamkeit des fraglichen Beschlusses gerichtet ist, sollte schließlich im vorangehenden Anordnungsverfahren das kommunale Vertretungsorgan der richtige Antragsgegner sein. Denn in diesem Verfahren ist nunmehr nur die Frage entscheidend, ob die Wirksamkeit eines umstrittenen Beschlusses des kommunalen Vertretungsorgans bis auf weiteres aufgeschoben werden soll. Der Streit betrifft hier also nur das kommunale Vertretungsorgan, dessen Beschluß in Hinsicht auf die Wirksamkeit in Frage gestellt wird; das Vollzugsorgan ist daran gar nicht beteiligt. Es wird zwar mit einer

---

[31]So unmißverständlich denn auch *HessVGH*, NVwZ 1988, 1155 (1156 a. E.).

[32]So etwa *Schoch*, in: Schoch/Schmidt-Aßmann/Pietzner, VwGO, § 80 75 ff. (Wirksamkeitshemmung) einerseits; *Finkelnburg*, in: Finkelnburg/Jank, Vorläufiger Rechtsschutz, 639 ff. (Vollziehungshemmung) andererseits.

einstweiligen Anordnung, in der die Aussetzung der Wirksamkeit des Beschlusses des kommunalen Vertretungsorgans ausgesprochen wird, die Vollziehungsmaßnahme des Vollzugsorgans ebenfalls verhindert; allerdings ist dies nur eine der logischen rechtlichen Folgen der Aussetzung der Wirksamkeit des betroffenen Beschlusses. In dem ursprünglichen Streit ist die Vollziehung oder Nichtvollziehung des kommunalen Vollzugsorgans – zumindest noch – nicht einbezogen.

Die einstweilige Anordnung, die tatsächlich auf eine Wirksamkeitshemmung des Beschlusses des kommunalen Vertretungsorgans zielt, ist im übrigen in Form der *Gestaltungsanordnung* zu erlassen[33]. Zwar ist hier eine Verpflichtung des kommunalen Vertretungsorgans, die Wirksamkeit des Beschlusses etwa durch einen neu gefaßten Beschluß aufzuschieben, nicht von vornherein ausgeschlossen; allerdings erscheint dies eher als ein Umweg. Im Hinblick auf die Eilbedürftigkeit des vorläufigen Rechtsschutzes ist vielmehr die viel effektivere Gestaltungsanordnung zu befürworten, mit der das Gericht die Wirksamkeit des umstrittenen Beschlusses selbst aussetzt[34].

III. Fazit: Das kommunale Vertretungsorgan als richtiger Antragsgegner

Nach den bisherigen Untersuchungen ist festzustellen, daß in einem Anordnungsverfahren, in dem die Aussetzung der Vollziehung eines umstrittenen Beschlusses des kommunalen Vertretungsorgans in Betracht kommt, das kommunale Vertretungsorgan der richtige Antragsgegner ist. Dafür sprechen zumindest zwei Gründe:

Zum einen ist im Kommunalverfassungsstreit, in dem das kommunale Innenrechtsverhältnis im Vordergrund steht, nicht die kommunale Körperschaft als solche, sondern nur das kommunale Organ bzw. der Organteil das Rechts-

---

[33]A. A. offenbar *SaarlOVG*, NVwZ 1992, 281 f.: das Gericht spricht zwar ausdrücklich von der Aussetzung der „Gültigkeit" des Wahlbeschlusses der Stadtratssitzung, verpflichtet jedoch den Antragsgegner zu ihrer Vornahme. Das Gericht erläßt hier offenbar nur eine Verpflichtungs-, nicht jedoch eine Gestaltungsanordnung.

[34]Vgl. dazu auch oben Teil 1, Abschn. 2, II, 2, b.

subjekt; insofern kommt als richtiger Antragsgegner die kommunale Körperschaft nicht in Betracht.

Zum anderen bezieht sich in einem kommunalverfassungsstreitbezogenen Anordnungsverfahren, in dem die Aussetzung der Vollziehung des umstrittenen Beschlusses des kommunalen Vertretungsorgans zum Thema gestellt wird, die vorgesehene Aussetzungsmaßnahme de facto auf die Wirksamkeit des umstrittenen Beschlusses selbst. Die eventuelle Einstellung der Vollziehung des Beschlusses ist dabei nur die Folge der beabsichtigten Wirksamkeitshemmung. In diesem Zusammenhang scheidet auch das kommunale Vollzugsorgan aus dem Bereich der möglichen Antragsgegner aus, da es in der betreffenden Streitsache von vornherein nur ein völlig unbeteiligter Dritter ist. Der Urheber des umstrittenen Beschlusses soll nun also im einschlägigen Eilverfahren den Prozeß (passiv) führen, um auf diesem Weg die Wirksamkeit seines Beschlusses zu verteidigen.

Zusammenfassung

Die vorliegende Arbeit beschäftigt sich mit dem vorläufigen Rechtsschutz im Kommunalverfassungsstreit, einem Thema, dessen praktische Relevanz jüngst zwar in starkem Maße zugenommen hat, ohne daß dadurch aber eine entsprechende Forschungsneugier in der Wissenschaft hervorgerufen worden wäre.

Während im ersten Teil der Arbeit die Vorwegnahme der Hauptsache als ein allgemein für das Verfahren der einstweiligen Anordnung relevantes Problem, insbesondere in bezug auf den Kommunalverfassungsstreit, zum Gegenstand der Untersuchung gemacht worden ist, wurden nun im Anschluß daran im zweiten Teil drei – jeweils im Hinblick auf Beschlüsse des kommunalen Vertretungsorgans – ausgewählte Fragen der Sachentscheidungsvoraussetzungen des kommunalverfassungsstreitbezogenen Anordnungsantrags zur Diskussion gestellt.

Die Gesamtergebnisse dieser Arbeit lassen sich wie folgt zusammenfassen:

Die Vorwegnahme der Hauptsache als allgemeines Problem im Anordnungsverfahren

In der gerichtlichen Praxis des kommunalverfassungsstreitbezogenen Anordnungsverfahrens wird das Problem der Vorwegnahme der Hauptsache oftmals thematisiert. Auch hier ist nämlich eine einstweilige Anordnung mit der Vorwegnahme der Hauptsache zuallermeist nicht zu vermeiden. Die Rechtsprechung hat sich verschiedentlich mit diesem Thema beschäftigt, wobei die einschlägigen Gerichtsentscheidungen nahezu ausnahmslos vom sogenannten Vorwegnahmeverbot ausgegangen sind. Jedoch ist der eigentlich springende Punkt hier keineswegs, wie die Gerichte angenommen haben, die Frage, ob das kommunalverfassungsstreitbezogene Anordnungsverfahren trotz der Nichtanwendbarkeit des Art. 19 Abs. 4 Satz 1 GG am Gebot effektiven Rechtsschutzes und damit am Vorteil der Ausnahme vom Vorwegnahmeverbot teilhaben kann. Entscheidend ist hier vielmehr die Frage, ob das Dogma des Vorwegnahmeverbots im geltenden Recht überhaupt existiert. Diese Frage ist, wie viele Autoren im Schrifttum schon bewiesen haben, zu verneinen. Die These vom „Vorwegnahmeverbot mit Ausnahmen" kann das Problem der Vorwegnahme der Hauptsache nicht lösen. Die Vorwegnahme der Hauptsache bleibt nach wie vor also ein allgemeines Problem im Anordnungsverfahren jeglicher Art.

In jüngerer Zeit wurde das Problem der Vorwegnahme der Hauptsache im Schrifttum erfolgreich untersucht; große Verdienste kommen dabei insbesondere *Friedrich Schoch* zu. Nach seiner nach und nach allgemein anerkannten „*Funktionsadäquanz*-Theorie" hat der vorläufige Rechtsschutz im Hinblick auf das Gebot effektiven Rechtsschutzes außer der Sicherungsfunktion noch die bislang insbesondere von der Verwaltungsrechtsprechung verkannte *interimistische Befriedungsfunktion*. Die Eilentscheidung soll demnach stets eine abschließende gerichtliche Zwischenregelung des vorläufigen, d. h. bis spätestens zum Abschluß des Hauptsacheverfahrens bestehenden Zustands darstellen. Einstweilige Anordnungen mit dem Inhalt der Vorwegnahme der Hauptsache seien insofern, falls sie für die Zwischenregelung notwendig sei, nicht nur zulässig, sondern der Funktion des vorläufigen Rechtsschutzes adäquat.

Auf der Grundlage von *Schochs* Theorie stellt sich das Problem der Vorwegnahme der Hauptsache auch vor dem Hintergrund des Themas „Minimierung des Fehl(eil)entscheidungsrisikos". Um ein solches Risiko minimieren zu können, schlägt er den Modus der *materiell-akzessorischen* Prüfung vor. Die Prüfung der materiellrechtlichen Lage (Anordnungsanspruch) ist demnach hier die wesentliche Voraussetzung für eine einstweilige Anordnung. Eine demgemäß zustande gekommene einstweilige Anordnung mit dem Inhalt der Vorwegnahme der Hauptsache sei nicht nur unbedenklich; sie könne vielmehr eine weitgehende Deckungsgleichheit mit der Hauptsacheentscheidung erzielen, da die Hauptsacheentscheidung eben durch eine materiellrechtliche Prüfung erreicht werde.

Eine Vorwegnahme der Hauptsache rechtfertigt sich – ebenfalls *Schochs* Theorie zufolge – schließlich bereits aufgrund des positiven Rechts. § 123 Abs. 3 i. V. m. § 938 Abs. 1 ZPO sei hier einschlägig. Danach bestimmt das Gericht den Inhalt der einstweiligen Anordnung ohnehin in freiem Ermessen, und die Vorwegnahme der Hauptsache sei davon gedeckt. Zwar dürfe nach § 123 Abs. 1 VwGO nur die *vorläufige* Vorwegnahme der Hauptsache zulässig sein (arg.

„einstweilige Anordnung", „vorläufiger Zustand"); dennoch sei die *endgültige* Vorwegnahme der Hauptsache insbesondere bei strikt zeitgebundenen Streitigkeiten im Hinblick auf das Gebot der Rechtsschutzeffektivität des § 19 Abs. 4 Satz 1 GG ggf. zuzulassen.

Die vorliegende Arbeit folgt grundsätzlich der Theorie *Schochs*. Zwei Fragen sind dabei allerdings zu klären:

Im Rahmen der Funktionsadäquanz-Theorie *Schochs* spielt das Gebot der Effektivität des Rechtsschutzes eine zentrale Rolle. Dabei will *Schoch* dieses Gebot im Anschluß an die herrschende Auffassung aus Art. 19 Abs. 4 Satz 1 GG ableiten; das ist jedoch abzulehnen. Das Gebot effektiven Rechtsschutzes, welches man heutzutage ohnehin nicht unmittelbar gemäß dem Wortlaut der zitierten Verfassungsvorschrift versteht, sondern eher in Anlehnung vor allem an die Ansicht des Bundesverfassungsgerichts, ist vielmehr bereits der *Verwaltungsgerichtsordnung* immanent.

Der Begriff der Effektivität des Rechtsschutzes ist im Sinne einer Ausgewogenheit des Rechtsschutzes auszulegen: Das Interesse des Rechtsschutzsuchenden soll prozessual effektiv berücksichtigt werden; das öffentliche Interesse, das in einem Verwaltungsprozeß oftmals von der Gegenpartei, also von der Verwaltung vertreten wird, darf dabei jedoch nicht vernachlässigt werden. Die Effektivität des Rechtsschutzes in diesem Sinne wird bei Lichte besehen eben mittels der auf eine endgültige Beilegung der Rechtsstreitigkeiten der beteiligten beiden Parteien abzielenden Verwaltungsgerichtsordnung durchgesetzt (arg. § 40 Abs. 1 Satz 1 VwGO u. a.). Sofern in einem konkreten Fall die Effektivität des Rechtsschutzes in Rede steht, muß diese Frage also nicht erst unter Berufung auf Art. 19 Abs. 4 Satz 1 GG geklärt werden. Hier führt vielmehr oftmals schon eine richtige Interpretation der Verwaltungsgerichtsordnung zur Lösung.

Der vorläufige Rechtsschutz ist ein Vermittlungsmechanismus zwischen Vollständigkeit der gerichtlichen Klärung der Streitsache einerseits und zeitlicher Angemessenheit des Rechtsschutzes andererseits. Die interimistische Befriedungsfunktion dieses Rechtsmechanismus wird dadurch besonders in den Vordergrund gerückt, was sich allerdings schon anhand einer richtigen Auslegung etwa der Bestimmung des § 123 Abs. 1 Satz 2 VwGO ergibt, ohne daß dabei zusätzlich noch Art. 19 Abs. 4 Satz 1 GG herangezogen werden müßte. Im Hinblick auf diese Funktion wird somit die Zulässigkeit der vorläufigen Vorwegnahme der Hauptsache von § 123 VwGO selbst gedeckt, sofern eine solche Vorwegnahme im konkreten Fall nötig ist. Dieses Auslegungsergebnis wird zudem durch § 80 VwGO bekräftigt: die aufschiebende Wirkung stellt nämlich immer eine Art von vorläufiger Vorwegnahme der Hauptsache dar. Die Funktionen der aufschiebenden Wirkung einerseits und der einstweiligen Anordnung andererseits sind im übrigen identisch.

Die endgültige Vorwegnahme der Hauptsache ist grundsätzlich unzulässig. Falls eine solche im konkreten Fall aber etwa wegen strikter Zeitgebundenheit des Rechtsstreits notwendig erscheint, ist sie jedoch im Hinblick auf das der Verwaltungsgerichtsordnung immanente Gebot effektiven Rechtsschutzes doch als zuzulassende Rechtsfortbildung des Rechtsinstituts des vorläufigen Rechtsschutzes anzusehen, da hier ein jeder Hauptsacherechtsbehelf versagt und das *Eil*-Verfahren die einzige Schutzmöglichkeit darstellt.

Im Hinblick auf die juristische Methodenlehre ist der These einer Verankerung des Gebots effektiven Rechtsschutzes innerhalb des einfachen Gesetzes denn auch zuzustimmen. Die behaupteten Auswirkungen des Art. 19 Abs. 4 Satz 1 GG auf die Auslegung des Verwaltungsprozeßrechts betreffen in der Tat die „Ausstrahlungswirkung der Grundrechte"; hier ist daher die Methode der verfassungskonformen bzw. -orientierten Auslegung und Rechtsfortbildung des einfachen Gesetzes anzuwenden. Dem sind aber Grenzen gezogen. Auslegung und Rechtsfortbildung innerhalb des einfachen Gesetzes als solchem sollen nach wie vor *zuerst* vorgenommen werden, und die Verfassung dient allenfalls der *letzten* Kontrolle.

Die Annahme, die Garantie der Effektivität des Rechtsschutzes sei bereits der Verwaltungsgerichtsordnung immanent, kann schließlich für das Thema „vorläufiger Rechtsschutz im Kommunalverfassungsstreit" fruchtbar gemacht werden. Der Kommunalverfassungsstreit fällt zwar nicht in den Anwendungsbereich des Art. 19 Abs. 4 Satz 1 GG, aber für ihn ist trotzdem der Rechtsweg nach § 40 Abs. 1 Satz 1 VwGO geöffnet. Damit ist festzustellen, daß im Anordnungsverfahren, in dem keine Außenrechtsstreitigkeit, sondern etwa nur ein Kommunalverfassungsstreit als Innenrechtsstreitigkeit eigener Art Verfahrensgegenstand ist, auch eine *notwendige* Vorwegnahme der Hauptsache unbedenklich ist, weil hier eine funktionsadäquate Eilentscheidung, die sich aus der Effektivität des Rechtsschutzes ergibt, – ohne Rückgriff auf Art. 19 Abs. 4 Satz 1 GG – schon aufgrund der Verwaltungsgerichtsordnung geboten ist.

Nach der Funktionsadäquanz-Theorie soll insbesondere bei der Vorwegnahme der Hauptsache eine eingehende Prüfung des Anordnungsanspruchs geboten sein. Es soll erforderlich sein, daß die Erfolgsaussicht des Hauptsacherechtsschutzes als hochwahrscheinlich festgestellt wird. Diese Ansicht berücksichtigt aber vor allem das Interesse der Gegenpartei und ist auch sonst nicht unumstritten. Das Verfahren des vorläufigen Rechtsschutzes ist nämlich ein *Eil*verfahren und soll in *beschleunigter* Weise die Streitigkeiten während der Dauer des Hauptsacheverfahrens vorläufig beilegen. Falls nun die gerichtliche Prüfung im Eilverfahren ebenfalls in nahezu vollem Umfang wie im Hauptsacheverfahren vorgenommen wird, verliert das Eilverfahren jegliche Bedeutung. Im Eilverfahren sollte der Ausgang der Eilentscheidung vielmehr je nach den verschiedenen Umständen schon allein aufgrund des Vorliegens des Anordnungsanspruchs *oder* des Vorliegens des Anordnungsgrunds entschieden werden. Statt einmaliger sorgfältiger Prüfung des Anordnungsanspruchs und des Anordnungsgrunds ist eher ein dynamischer Eilentscheidungsmodus angemessen. Zwischenentscheidungen (Hängebeschlüsse) und Abänderungsentscheidungen können dabei helfen.

Die Zwischenentscheidung ist aus dem Gebot effektiven Rechtsschutzes abzuleiten; die Abänderungsentscheidung findet in einer Analogie zu § 80 Abs. 7 VwGO ihre rechtliche Grundlage.

Im Fall des möglichen Eintritts einer vorläufigen Vorwegnahme der Hauptsache ist die Zwischenentscheidung beispielsweise dann vorab vorzunehmen, wenn der Prozeßgegner seinerseits vollendete Tatsachen schaffen könnte (z. B. durch sofortige Umsetzung des umstrittenen Beschlusses des kommunalen Vertretungsorgans nach außen hin zu einem Verwaltungsakt). Die ordentliche Eilentscheidung ist erst später zu treffen. Gerade in der Zwischenentscheidung sollen die einschlägigen Prüfungen aber nur *summarisch* stattfinden. Fehlerhafte Eilentscheidungen können später im Abänderungsverfahren auf Antrag oder von Amts wegen korrigiert werden, und zwar ggf. sogar mehrmalig. Die Abänderungsentscheidung dient dabei insbesondere zur Reaktion auf neue Erkenntnisse tatsächlicher und rechtlicher Art, die das Gericht im parallel laufenden Hauptsacheverfahren erworben hat.

Bei den strikt zeitgebunden Rechtsstreitigkeiten, in denen eine endgültige Vorwegnahme der Hauptsache üblicherweise nicht zu vermeiden ist (z. B. bei der Frage der Zulassung des Abhörens einer auf die Gemeinderatssitzung bezogenen Tonbandaufzeichnung für die Vorbereitung der bevorstehenden nächsten Gemeinderatssitzung), hilft die Abänderungsentscheidung jedoch wenig. Das Gericht kann hier nur – muß es aber auch – den Anordnungsanspruch und den Anordnungsgrund einmalig eingehend überprüfen. Allerdings bietet dabei etwa § 86 Abs. 1 Satz 1, 2 Halbs., Abs. 3 VwGO dem Gericht die Möglichkeit, bei der Aufklärung der Sache die Beteiligten heranzuziehen.

Die Sachentscheidungsvoraussetzungen als besonderes Problem im kommunalverfassungsstreitbezogenen Anordnungsverfahren

Die richtige Eilrechtsschutzform im Rahmen der allgemeinen Gestaltungsklage

Hinsichtlich des Kommunalverfassungsstreits, in dem die Rechtmäßigkeit bzw. Rechtswidrigkeit eines Beschlusses des kommunalen Vertretungsorgans Streitgegenstand ist (kommunaler Beschlußstreit), ist die Frage, ob die sogenannte allgemeine Gestaltungsklage hier die richtige Rechtsschutzform in der Hauptsache ist, bekanntlich äußerst umstritten. Diese Kontroverse spielt jedoch für ein ebenfalls wegen des kommunalen Beschlußstreits eingeleitetes Eilverfahren keine Rolle. In einem solchen Eilverfahren hat die Rechtsprechung denn bislang auch stets nur die einstweilige Anordnung des § 123 VwGO als die richtige Eilrechtsschutzform angenommen. Die gerichtliche Praxis ist damit unberührt von der Frage, ob man nun in dem auf den kommunalen Beschlußstreit bezogenen Hauptsacheverfahren – statt der allgemeinen Leistungsklage bzw. der Feststellungsklage – die sogenannte allgemeine Gestaltungsklage als die richtige Rechtsschutzform ansehen will. Die im Schrifttum gelegentlich vertretene Ansicht, daß im kommunalen Beschlußstreit entsprechend der Heranziehung der allgemeinen Gestaltungsklage als richtiger Hauptsacherechtsschutzform das Rechtsinstitut der aufschiebenden Wirkung nunmehr in *analoger* Anwendung der §§ 80 bis 80b VwGO als richtige Eilrechtsschutzform eintreten solle, ist abzulehnen.

Beschlüsse kommunaler Vertretungsorgane sind innenrechtliche Regelungen eigener Art. Im Falle ihrer Rechtswidrigkeit behalten sie einer im Vordringen begriffenen Auffassung zufolge und richtigerweise zunächst noch ihre Rechtsbindungswirkung. Rechtswidrige Beschlüsse kommunaler Vertretungsorgane sind prozessual also trotz ihrer innenrechtlichen Natur – genau wie rechtswidrige Verwaltungsakte auch – nur aufhebbar, nicht jedoch von Anfang an nichtig. In diesem Zusammenhang sind sie zwar in dem nun gerade auf sie bezogenen Eilverfahren – ebenso wie rechtswidrige Verwaltungsakte – der Anwendung der aufschiebenden Wirkung *fähig*. Allerdings bedeutet dies keineswegs, daß hier eine tatsächliche (analoge) Anwendung des Rechtsinstituts der aufschiebenden Wirkung insofern auch *notwendig* wäre. Im Gegenteil: Zum Zwecke des vorläufigen Rechtsschutzes gegen den Eingriff der Beschlüsse kommunaler Vertretungsorgane ist die analoge Anwendung der §§ 80 bis 80b VwGO überflüssig. Die Gegenansichten, mögen sie nun auf der Überlegung der Effektivität des Rechtsschutzes beruhen oder auf der Basis der sogenannten Kompensationstheorie, sind nicht überzeugend.

Im Bereich der aufschiebenden Wirkung der §§ 80 bis 80b VwGO ist gegenwärtig nur das in § 80 Abs. 5 VwGO geregelte Aussetzungsverfahren praktisch wie rechtsdogmatisch von Relevanz. Die Bedeutung dieses gerichtlichen Eilverfahrens erschöpft sich jedoch darin, daß das Gericht hier – nach einer summarischen Prüfung – *(negativ-)gestaltungsartig* die Rechtsbindungswirkung des umstrittenen Verwaltungsakts bis auf weiteres zugunsten des Eilrechtsschutzsuchenden unmittelbar und mithin effektiv aussetzen kann. Für das Problem, ob in einem auf den kommunalen Beschlußstreit bezogenen Eilverfahren das Rechtsinstitut der aufschiebenden Wirkung tatsächlich – wie manche behaupten – in analoger Anwendung der §§ 80 bis 80b VwGO als richtige Eilrechtsschutzform in Frage kommen soll, ist damit offenkundig die Frage besonders entscheidend, ob auch im Anordnungsverfahren das Gericht in einer *Gestaltungsanordnung* die Rechtsbindungswirkung des umstrittenen Beschlusses des kommunalen Vertretungsorgans unmittelbar aussetzen kann. Diese Frage ist zu bejahen: Zum einen hat das Gericht nach § 123 Abs. 3 VwGO i. V. m. § 938 Abs. 1 VwGO bei der Entscheidung über den Inhalt der einstweiligen Anordnung ohnehin große Ermessensfreiheit. Zum anderen ist in dem – dem Anordnungsverfahren des § 123 VwGO ähnelnden – zivilprozessualen Verfügungsverfahren oder dem verwaltungsgerichtlichen normenkontrollbezogenen Anordnungsverfahren des § 47 Abs. 6 VwGO die Gestaltungsanordnung ebenfalls zulässig. Da nun somit im Anordnungsverfahren des § 123 VwGO die Möglichkeit zur Aussetzung der Rechtsbindungswirkung des fraglichen Beschlusses des kommunalen Vertretungsorgans völlig unbedenklich ist, ist zum Zweck des vorläufigen Rechtsschutzes gegen den Eingriff der Beschlüsse kommunaler Vertretungsorgane eine analoge Anwendung der §§ 80 bis 80b VwGO nicht mehr nötig. Das Rechtsinstitut der einstweiligen Anordnung des § 123 VwGO ist hier also nach wie vor die richtige Eilrechtsschutzform.

Zulässigkeit und Notwendigkeit der Feststellungsanordnung

Bei der Fragestellung nach der „Zulässigkeit der Feststellungsanordnung" handelt es sich darum, ob das Gericht im Rahmen des vorläufigen Rechtsschutzes eventuell auch durch eine einstweilige Anordnung das Bestehen oder Nichtbestehen eines Rechtsverhältnisses oder die Nichtigkeit (bzw. die Rechtswidrigkeit) etwa eines Beschlusses des kommunalen Vertretungsorgans vorläufig feststellen kann. Zwar wird diese Frage äußerst kontrovers beantwortet; für das auf den kommunalen Beschlußstreit bezogene Anordnungsverfahren ist sie jedoch nicht von besonderer Bedeutung. In einem solchen Anordnungsverfahren ist der Einsatz einer sogenannten Feststellungsanordnung nämlich in vollem Umfang *entbehrlich*.

Ein Antrag auf Feststellungsanordnung scheitert jedoch nicht deshalb an fehlenden Sachentscheidungsvoraussetzungen des Eilrechtsschutzgesuchs, weil § 123 Abs. 1 VwGO, wie das OVG Nordrhein-Westfalen in bezug auf einen Fall des kommunalen Beschlußstreits angenommen hat, nur die Sicherungsanordnung und die Regelungsanordnung kennte, so daß eine Feststellungsanordnung nicht statthaft wäre. Denn Sicherungsanordnung und Regelungsanordnung sind nur zwei herkömmliche terminologische Abkürzungen für die in § 123 Abs. 1 Satz 1 und Satz 2 VwGO vorgesehenen Funktionen des Rechtsinstitutes der einstweiligen Anordnung. Hier steht vielmehr die Frage nach dem *Zweck* einer einstweiligen Anordnung im Vordergrund. Bei der Frage nach der Zulässigkeit der Feststellungsanordnung handelt es sich aber darum, ob das Gericht nur im Hinblick auf solche Zwecke der einstweiligen Anordnung eine inhaltlich auf eine bestimmte Feststellung gerichtete einstweilige Anordnung erlassen kann. Hier ist also die Frage nach dem zulässigen *Inhalt* der einstweiligen Anordnung einschlägig. Aus der Behauptung, daß es in § 123 VwGO nur Sicherungsanordnung und Regelungsanordnung gebe, ergibt sich deshalb keine Antwort darauf, ob eine Feststellungsanordnung zulässig oder unzulässig ist.

Ebensowenig ist die Feststellungsanordnung aber auch wegen des Vorwegnahmeverbots unzulässig; denn dieser angebliche prozeßrechtliche Grundsatz existiert als solcher überhaupt nicht. Da fernerhin eine Feststellungsanordnung, wie dies auch bei einstweiligen Anordnungen sonstiger Art üblich ist, keinerlei präjudizielle Auswirkung auf die Hauptsacheentscheidung hat, ist hier auch keine sogenannte *rechtliche* Vorwegnahme der Hauptsache zu befürchten.

Eine Feststellungsanordnung ist in dem auf den kommunalen Beschlußstreit bezogenen Anordnungsverfahren allerdings nicht besonders sinnvoll. Wenn demgegenüber in der Praxis vor allem gerade die Feststellungsanordnung zur vorläufigen Feststellung der Nichtigkeit eines umstrittenen Beschlusses des kommunalen Vertretungsorgans eingesetzt wird; so befindet sich die gerichtliche Praxis hierbei im Irrtum:

Rechtswidrige Beschlüsse der kommunalen Vertretungsorgane sind gemäß der nach wie vor in der Rechtsprechung herrschenden Auffassung zwar nichtig und sollten damit im Hauptsacheverfahren mittels Feststellungsklage und Feststellungsurteils entschieden werden; das heißt jedoch nicht unbedingt, daß auch im entsprechenden Anordnungsverfahren nur der Feststellungsantrag und die Feststellungsanordnung einschlägig wären. Auch die Normenkontrolle ist nämlich eine Feststellungsklage besonderer Art, wobei allerdings, falls nun der Erlaß einer einstweiligen Anordnung gemäß § 47 Abs. 6 VwGO in Frage kommt, in der Praxis stets eine Gestaltungsanordnung in der Form, die Anwendung – also die Vollziehung – der fraglichen Norm vorläufig auszusetzen, als übliche Eilentscheidung verwendet wird. Diese Rechtsprechungspraxis ist nunmehr auf den kommunalen Beschlußstreit übertragbar. Auch in dem auf den kommunalen Beschlußstreit bezogenen Anordnungsverfahren ist eine Gestaltungsanordnung etwa in der Form, daß die Vollziehung des umstrittenen Beschusses vorübergehend ausgesetzt wird, durchaus denkbar, so daß eine Verwendung der nach wie vor zweifelhaften Feststellungsanordnung hier unnötig ist.

Der richtige Antragsgegner

Gegen einen trotz Verletzung des organschaftlichen Rechts des Mitglieds eines kommunalen Vertretungsorgans gefaßten Beschluß des kommunalen Vertretungsorgans ist im Eilverfahren grundsätzlich die vorläufige Aussetzung der Vollziehung des betreffenden Beschlusses die geeignete einstweilige Anordnung. Der richtige Verfahrensgegner (Antragsgegner) hierbei ist weder die kommunale Körperschaft als solche noch das kommunale Vollzugsorgan. Es kommt vielmehr einzig und allein das kommunale Vertretungsorgan in Betracht.

Der Bayerische VGH vertritt demgegenüber nach wie vor die Auffassung, daß im Kommunalverfassungsstreitverfahren allein die kommunale Körperschaft, deren Organe bzw. Organteile gegeneinander in Streitigkeiten geraten, der richtige Verfahrensgegner sei. Diese Auffassung ist aber abzulehnen; das Gericht verkennt hier nämlich u. a., daß im Innenrechtsverhältnis, in dem der Kommunalverfassungsstreit angesiedelt ist, das außenrechtliche Rechtssubjekt, wie z. B. die kommunale Körperschaft nicht existiert. Im Rechtsverhältnis des Kommunalverfassungsstreits bestehen nach wie vor nur die kommunalen Organ bzw. Organteile als Rechtssubjekte. Im Kommunalverfassungsstreitverfahren können also nur die kommunalen Organe bzw. Organteile die richtigen Verfahrensgegner sein, ähnlich wie sie im übrigen auf der offensiven Seite selbst als Rechtssubjekt die Klage erheben oder den Eilantrag stellen können.

In bezug auf die Frage, welches kommunale Organ in dem Fall, daß im Eilverfahren eine Vollziehungsaussetzung gegen den umstrittenen Beschluß des kommunalen Vertretungsorgans als Inhalt der einstweiligen Anordnung in Betracht kommt, der richtige Antragsgegner ist, finden sich innerhalb der Rechtsprechung bislang zwei Auffassungen: Während manche Gerichte hier unmißverständlich vom kommunalen Vertretungsorgan sprechen, halten die anderen eher das kommunale Vollzugsorgan für den richtigen Antragsgegner. Der letztgenannte Auffassung ist allerdings nicht zu folgen, auch wenn sie richtigerweise darauf hinweist, daß für die Vollziehung, also die sogenannte Umsetzung der Beschlüsse nach außen, nicht das kommunale Vertretungsorgan selbst, sondern das kommunale Vollzugsorgan zuständig ist. Denn in einem Anordnungsverfahren, in dem von einer Aussetzung der Vollziehung des Beschlusses des kommunalen Vertretungsorgans die Rede ist, ist u. a. zunächst schon einmal nicht die Vollziehung des strittigen Beschlusses, sondern dessen rechtliche Fragwürdigkeit als solche die eigentliche Streitursache und somit der richtige Streitgegenstand. Darüber hinaus wird in diesem Verfahren als Verfahrensziel, welches eben mittels einer Aussetzung anzustreben ist, ebenfalls nicht nur die Einstellung der Vollziehung im Sinne des Unterbleibens der Umsetzung des Beschlusses durch das kommunale Vollzugsorgan nach außen hin, sondern vielmehr die vorläufige Hemmung der *Wirksamkeit* des Beschlusses insgesamt in Betracht gezogen, so daß nun keineswegs das kommunale Vollzugsorgan, sondern gerade das Vertretungsorgan selbst als der Urheber des fraglichen Beschlusses sowohl die Rechtmäßigkeit des Beschlusses wie auch dessen Wirksamkeit verteidigen können muß. Hier ist alles in allem also das kommunale Vollzugsorgan gar nicht eigentlich am Streit beteiligt; nur das kommunale Vertretungsorgan ist deshalb der richtige Verfahrensgegner.

Die einstweilige Anordnung, die in der Tat auf eine Wirksamkeitshemmung gegen den Beschluß des kommunalen Vertretungsorgans zielt, ist im übrigen in Form der *Gestaltungsanordnung* zu erlassen. Zwar ist hier eine Verpflichtung des kommunalen Vertretungsorgans, die Wirksamkeit des Beschlusses etwa durch einen neu gefaßten Beschluß aufzuschieben, nicht von vornherein ausgeschlossen; allerdings wäre dies eher ein Umweg. Im Hinblick auf die Eilbedürftigkeit des vorläufigen Rechtsschutzes ist vielmehr von der weit effektiveren Gestaltungsanordnung Gebrauch zu machen. Das Gericht muß dabei die Wirksamkeit des umstrittenen Beschlusses also selbst aussetzen.

Anhang

Gerichtsentscheidungen zum vorläufigen Rechtsschutz im Kommunalverfassungsstreit

Nicht aufgenommen sind hier solche Gerichtsentscheidungen, die den Einwohner-, bzw. Bürgerantrag, das Bürgerbegehren oder den Bürgerentscheid betreffen (vgl. hierzu oben Einl. Fn. 18).

Baden-Württemberg (VGH Mannheim)

NVwZ-RR 1989, 425, Beschl. v. 26. 1. 1989 (Anerkennung als Fraktion des Gemeinderats)

NVwZ 1990, 893, Beschl. v. 22. 3. 1990 (Mitwirkung eines fraktionslosen Ratsmitglieds in Ausschüssen des Gemeinderats)

Bayern (VGH München)

BayVBl. 1985, 88, Beschl. v. 26. 10. 1984 (Setzen eines Antrags auf die Tagesordnung einer Sitzung des Kreistags)

BayVBl. 1988, 83, Beschl. v. 6. 10. 1987 (Nichtausführung eines Stadtratsbeschlusses)

NVwZ-RR 1990, 99, Beschl. v. 18. 7. 1989 (Abhalten einer außerordentlichen Sitzung des Stadtrats)

BayVBl. 1995, 502, Beschl. v. 14. 3. 1995 (Durchführung einer Sitzung des Stadtbezirksausschusses in einem rauchfreien Raum)

Berlin

VG Berlin, LKV 1994, 28, Beschl. v. 29. 1. 1993 (Nichtausführung eines Beschlusses der Bezirksverordnetenversammlung)

Brandenburg

1. OVG Frankfurt

LKV 1999, 34, Beschl. v. 23. 2. 1998 (Beantwortung einer kleinen Anfrage in der Stadtverordnetenversammlung)

2. Verwaltungsgerichte

VG Potsdam, LKV 1998, 409, Beschl. v. 19. 11. 1997 (Einschränkung der Vertretungsbefugnis des Beigeordneten durch Anordnung des Bürgermeisters)

Bremen (OVG Bremen)

NVwZ 1990, 1195 = DVBl. 1990, 829, Beschl. v. 31. 5. 1990 (Mitwirkung eines fraktionslosen Stadtverordneten in einem Ausschuß der Stadtverordnetenversammlung)

Hessen

1. VGH Kassel

NVwZ 1984, 54, Beschl. v. 4. 8. 1983 (Anerkennung als Fraktion des Kreistags)

HSGZ 1985, 161 = NVwZ 1985, 849, Beschl. v. 17. 1. 1984 (Nichtausführung eines Wahlbeschlusses der Stadtverordnetenversammlung)

NVwZ 1985, 604, Beschl. v. 3. 7. 1985 (Nichtsetzen eines Tagesordnungspunkts für die bevorstehende Sitzung des Kreistags)

HSGZ 1987, 209, Beschl. v. 2. 8. 1984 (Ausschluß aus einer Fraktion der Stadtverordnetenversammlung)

NVwZ 1987, 919, Beschl. v. 5. 1. 1987 (Nichtausführung eines Beschlusses der Stadtverordnetenversammlung)

NVwZ 1988, 82, Beschl. v. 26. 8. 1986 (Nichtausführung von Beschlüssen der Gemeindevertretung)

NVwZ 1988, 81, Beschl. v. 30. 10. 1986 (geheime Abstimmung über einen Tagesordnungspunkt der bevorstehenden Sitzung des Kreistags)

NVwZ 1988, 88, Beschl. v. 6. 4. 1987 (Abhören der bei einer Gemeindevertretersitzung hergestellten Tonträgeraufzeichnungen)

NVwZ 1988, 1155, Beschl. v. 5. 1. 1988 (Nichtausführung eines Beschlusses der Stadtverordnetenversammlung)

NVwZ 1990, 391 = DVBl. 1990, 830, Beschl. v. 13. 12. 1989 (Ausschluß aus einer Fraktion der Gemeindevertretung)

NVwZ 1992, 506, Beschl. v. 6. 11. 1991 (Ausschluß aus einer Fraktion des Verbandstags im Umlandverband Frankfurt)

NVwZ-RR 1995, 538, Beschl. v. 22. 12. 1994 (Nichtausführung eines Beschlusses des Magistrats)

NVwZ-RR 1995, 689, Beschl. v. 20. 1. 1995 (Nichtausführung eines Beschlusses der Stadtverordnetenversammlung)

DVBl. 1995, 932, Beschl. v. 11. 5. 1995 (Gewährung von Zuwendungen für die Kosten der Geschäftsführung einer Fraktion des Kreistags)

NVwZ-RR 1998, 773, Beschl. v. 24. 3. 1998 (Gewährung des mündlichen Fragerechts eines Stadtverordneten in der Stadtverordnetenversammlung)

NVwZ-RR 1999, 188, Beschl. v. 21. 11. 1997 (Gewährung von Zuwendungen für die Kosten der Geschäftsführung einer Fraktion des Kreistags)

2. Verwaltungsgerichte

VG Darmstadt, NVwZ-RR 1990, 104, Beschl. v. 30. 6. 1989 (Ausschluß aus einer Fraktion der Gemeindevertretung)

VG Frankfurt, NVwZ 1983, 373, Beschl. v. 2. 6. 1982 (Setzen eines Antrags auf die Tagesordnung einer Sitzung der Stadtverordnetenversammlung)

VG Kassel, NVwZ 1983, 372, Beschl. v. 17. 9. 1982 (Weiterleiten eines Fraktionsantrags an den zuständigen Ausschuß der Stadtverordnetenversammlung)

Mecklenburg-Vorpommern

1. OVG Greifswald

LKV 1999, 109, Beschl. v. 20. 5. 1998 (zeitgerechte Übersendung der Beschlußunterlagen an die Gemeindevertreter durch die Verwaltung)

2. Verwaltungsgerichte

VG Greifswald, LKV 1999, 110, Beschl. v. 22. 5. 1998 (Aufhebung eines Beschlusses der Bürgerschaft bzw. Feststellung der Unwirksamkeit dieses Beschlusses)

VG Schwerin, LKV 1998, 74, Beschl. v. 10. 6. 1997 (u. a. zur Untersagung eines bestimmten Beschlusses durch den Hauptausschuß)

VG Schwerin, LKV 1998, 76, Beschl. v. 9. 7. 1997 (Untersagung eines bestimmten Beschlusses durch die Bürgerschaft)

VG Schwerin, LKV 2000, 167, Beschl. v. 29. 6. 1999 (Untersagung eines bestimmten Beschlusses durch die Bürgerschaft)

Niedersachsen

1. OVG Lüneburg

OVGE 39, 489, Beschl. v. 22. 10. 1986 (Nichtausführung eines Beschlusses des Kreistags)

NVwZ 1994, 506 = DÖV 1993, 1101, Beschl. v. 24. 3. 1993 (Ausschluß aus einer Ratsfraktion)

NdsVBl. 1998, 140, Beschl. v. 26. 2. 1998 (Sitzverteilung in den Ausschüssen des Rates)

2. Verwaltungsgerichte

VG Göttingen, NdsVBl. 1999, 218, Beschl. v. 20. 4. 1999 (Neubesetzung der Aufsichtsrat einer kommunalen Beteiligungsgesellschaft nach der Änderung des Stärkeverhältnisses der im Rat vertretenen Fraktionen und Gruppen)

Nordrhein-Westfalen

1. OVG Münster

DVBl. 1952, 24 = OVGE 3, 79, Beschl. v. 20. 9. 1950 (Aussetzung der sofortigen Vollziehung eines Ratsbeschlusses nach § 51 MRVO 165)

DÖV 1958, 787 = OVGE 13, 350, Beschl. v. 10. 7. 1958 (Aussetzung der sofortigen Vollziehung eines Ratsbeschlusses nach § 51 MRVO 165)

DVBl. 1973, 646, Beschl. v. 8. 3. 1973 (Nichtausführung eines Wahlbeschlusses des Rates)

NVwZ 1985, 843 = OVGE 38, 14, Beschl. v. 7. 1. 1985 (Einsichtnahme in die Wahlunterlagen bei einer Kommunalwahl)

DVBl. 1989, 940 = NJW 1989, 1105 = NWVBl. 1989, 130, Beschl. v. 21. 11. 1988 (Ausschluß aus einer Ratsfraktion)

NWVBl. 1990, 191 = DVBl. 1990, 834, Beschl. v. 12. 2. 1990 (Nichtausführung eines Ratsbeschlusses)

DVBl. 1993, 212, Beschl. v. 12. 6. 1992 (Gewährung von Zuwendungen für die Kosten der Geschäftsführung einer Ratsfraktion)

DVBl. 1993, 213 = NVwZ 1993, 399, Beschl. v. 20. 7. 1992 (Ausschluß aus einer Ratsfraktion)

NVwZ-RR 1993, 157, Beschl. v. 12. 11. 1992 (Nichtausführung von Beschlüssen eines Ausschusses des Rates)

NWVBl. 1996, 7, Beschl. v. 13. 9. 1995 (Nichtausführung eines Ratsbeschlusses)

NWVBl. 1996, 191, Beschl. v. 21. 12. 1995 (Untersagung der Mitwirkung des Bürgermeisters im Rat)

NWVBl. 1996, 334, Beschl. v. 25. 4. 1996 (Bestimmung des Vorsitzes von Ausschüssen des Rates; Feststellung der Rechtswidrigkeit einer solchen Bestimmung als Hilfsantrag)

NVwZ-RR 1998, 325, Beschl. v. 7. 8. 1997 (Nichtausführung eines Ratsbeschlusses)

2. Verwaltungsgerichte

VG Aachen, NVwZ-RR 1996, 414, Beschl. v. 19. 9. 1995 (Nichtausführung eines Ratsbeschlusses)

Rheinland-Pfalz (OVG Koblenz)

AS 5, 412, Beschl. v. 18. 4. 1957 (Untersagung der Amtsführung des Bürgermeisters nach § 64 VGG RP)

NVwZ-RR 1990, 98, Beschl. v. 13. 3. 1989 (Einschreiten gegen Rauch in Rats- und Ausschußsitzungen)

Saarland (OVG Saarlouis)

NVwZ 1992, 281, Beschl. v. 4. 9. 1991 (Aussetzung der Gültigkeit eines Wahlbeschlusses des Stadtrats)

NVwZ-RR 1994, 40, Beschl. v. 11. 6. 1993 (Untersagung einer bestimmten Beschlußfassung des Stadtrats)

NVwZ-RR 1996, 462, Beschl. v. 29. 9. 1995 (Ausschluß aus einer Gemeinderatsfraktion)

Sachsen

1. OVG Bautzen

NVwZ-RR 97, 665 = SächsVBl. 1997, 120, Beschl. v. 31. 7. 1996 (Untersagung der weiteren Verwirklichung einer vom Oberbürgermeister getroffenen, aber angeblich doch der Zuständigkeit des Stadtrats unterfallenden Entscheidung)

SächsVBl. 1997, 13 = LKV 1997, 229, Beschl. v. 15. 8. 1996 (Setzen eines Antrags auf die Tagesordnung einer Sitzung des Stadtrats)

2. Verwaltungsgerichte

VG Chemnitz, LKV 1998, 412, Beschl. v. 29. 10. 1997 (Untersagung eines bestimmten Beschlusses durch den Gemeinderat)

VG Dresden, SächsVBl. 1996, 286, Beschl. v. 18. 10. 1995 (Nichtausführung von Stadtratsbeschlüssen)

Sachsen-Anhalt

VG Dessau, LKV 1994, 188, Beschl. v. 26. 8. 1993 (Nichtausführung eines Beschlusses des Kreistags)

Schleswig-Holstein (OVG Lüneburg)

OVGE 27, 351, Beschl. v. 8. 12. 1970 (Nichtausführung eines Wahlbeschlusses der Stadtvertretung)

DVBl. 1976, 402, Beschl. v. 17. 3. 1976 (Nichtbesetzung einer Beamtenstelle durch den Oberbürgermeister – ein Fall des *Inter*organstreits von Ratsversammlung gegen Oberbürgermeister)

DVBl. 1983, 814, Beschl. v. 16. 5. 1983 (Setzen eines Antrags auf die Tagesordnung einer Sitzung der Stadtverordnetenversammlung)

Thüringen

1. OVG Weimar

ThürVBl. 2000, 104, Beschl. v. 30. 9. 1999 (Untersagung des Absetzens der Anträge einer Fraktion von der Tagesordnung einer Kreistagssitzung)

2. Verwaltungsgerichte

VG Meiningen, LKV 1996, 421, Beschl. v. 13. 12. 1995 (Untersagung der Neuwahl eines Beigeordneten durch den Stadtrat)

Friedrich E. Schnapp (Hrsg.)

Finanzierungsfragen der Sozialversicherung

Am Beispiel des Arbeitsförderungsrechts
Tagungsband zum 31. Praktikerseminar des Instituts für Sozialrecht am 28. November 1998 in Bochum

Frankfurt/M., Berlin, Bern, Bruxelles, New York, Wien, 2000. 120 S.
Bochumer Schriften zum Sozialrecht. Herausgegeben von Friedrich E. Schnapp. Bd. 4
ISBN 3-631-35799-0 · br. DM 45.–*

Die aktuelle Situation der Systeme der sozialen Sicherheit ist seit geraumer Zeit durch erhebliche Finanzierungsprobleme gekennzeichnet, die auf die demographische und gesamtwirtschaftliche Entwicklung mit nachlassendem Wirtschaftswachstum und einer zunehmenden Anzahl von Arbeitslosen und Frührentnern zurückzuführen ist. Dem Arbeitsförderungsrecht kommt in diesem Zusammenhang insofern besondere Bedeutung zu, als die anhaltend hohe Arbeitslosigkeit sowohl Einnahmeausfälle als auch Ausgabensteigerungen zur Folge hat. Im Rahmen des 31. Praktikerseminars des Instituts für Sozialrecht haben sich ausgewiesene Fachleute mit dem Problem der Beitragsfinanzierung in der Arbeitslosenversicherung befaßt und alternative Finanzierungsformen vorgestellt.

Aus dem Inhalt: Sozialversicherungsbeitrag und Finanzverfassung · Versicherungsfremde Leistungen und Beitragsfinanzierung · Alternative und ergänzende Finanzierungsformen

www.ingramcontent.com/pod-product-compliance
Ingram Content Group UK Ltd.
Pitfield, Milton Keynes, MK11 3LW, UK
UKHW021904290926
8980IPUK00015B/1039

9 783631 374566